大连海事大学校企共建特色教材

大连海事大学–海丰国际教材建设基金资助

U0650733

船舶锅炉与蒸汽动力设备

主　编　李　伟　张洪朋　张力伟

主　审　陈海泉

大连海事大学出版社

DALIAN MARITIME UNIVERSITY PRESS

ⓒ 李 伟 张洪朋 张力伟 2023

图书在版编目(CIP)数据

船舶锅炉与蒸汽动力设备 / 李伟，张洪朋，张力伟
主编. —大连：大连海事大学出版社，2023.12
ISBN 978-7-5632-4497-3

Ⅰ.①船… Ⅱ.①李… ②张… ③张… Ⅲ.①船舶机
械—蒸汽锅炉—高等学校—教材 ②船舶机械—蒸汽动力装
置—高等学校—教材 Ⅳ.①U664.111

中国版本图书馆 CIP 数据核字(2023)第 252939 号

大连海事大学出版社出版

地址：大连市黄浦路523号 邮编：116026 电话：0411-84729665(营销部) 84729480(总编室)
http://press.dlmu.edu.cn E-mail：dmupress@dlmu.edu.cn

大连永盛印业有限公司印装　　　　　　　　大连海事大学出版社发行
2023 年 12 月第 1 版　　　　　　　　　　　2023 年 12 月第 1 次印刷
幅面尺寸：184 mm×260 mm　　　　　　　　印张：11.25
字数：274 千　　　　　　　　　　　　　　　印数：1~500 册
出版人：刘明凯
责任编辑：沈荣欣　　　　　　　　　　　　　责任校对：刘若实
封面设计：张爱妮　　　　　　　　　　　　　版式设计：张爱妮

ISBN 978-7-5632-4497-3　　　定价：28.00 元

大连海事大学校企共建特色教材

编 委 会

总前言

　　航运业是经济社会发展的重要基础产业,在维护国家海洋权益和经济安全、推动对外贸易发展、促进产业转型升级等方面具有重要作用,对我国建设交通强国、海洋强国具有重要意义。大连海事大学作为交通运输部所属的全国重点大学、国家"双一流"建设高校,多年来为我国乃至国际航运业培养了大批高素质航运人才,对航运业的发展起到了重要作用。

　　进入新时代以来,党中央、国务院及教育主管部门对高等教育的人才培养体系提出了更高要求,对教材工作尤为重视。根据要求,学校大力开展了新工科、新文科等建设及产教融合、科教融合等改革。在教材建设方面,学校修订了教材管理相关制度,建立了校企共建本科教材机制,大力推进校企共建教材工作。其中,航运特色专业的核心课程教材是校企共建的重点,涉及交通运输、海洋工程、物流管理、经济金融、法律等领域。

　　2021年以来,大连海事大学与海丰国际控股有限公司签订了校企共建教材协议,共同成立了"大连海事大学校企共建特色教材编委会"(简称"编委会"),负责指导、协调校企共建教材相关工作,着力建成一批政治方向正确、满足教学需要、质量水平优秀、航运特色突出、符合国家经济社会发展需求和行业需求的高水平专业核心课程教材。编委会成员主要由大连海事大学校领导和相关领域专家、海丰国际控股有限公司领导和相关行业专家组成。

　　校企共建特色教材的编写人员经学校二级单位推荐、学校严格审查后确定,均具有丰富的教育教学和教材编写经验,确保了教材的科学性、适用性。公司推荐具有丰富实践经验的行业专家参与共建教材的策划、编写,确保了教材的实践性、前沿性。学校的院、校两级教材工作委员会、党委常委会通过个人审读与会议评审相结合、校内专家与校外专家相结合等不同形式对教材内容进行学术审查和政治审查,确保了教材的学术水平和政治方向。

　　在校企共建特色教材的编写与出版过程中,海丰国际控股有限公司还向学校提供了经费资助,在此表示感谢。大连海事大学出版社对教材校审、排版等提供了专业的指导与服务,在此表示感谢。同时,感谢各方领导、专家和同仁的大力支持和热情帮助。

　　校企共建特色教材的编写是一项繁重而复杂的工作,鉴于时间、人力等方面的因素,教材内容难免有不妥之处,希望专家不吝指正。同时,希望更多的航运企事业单位、专家学者能参与到此项工作中来,为我国培养高素质航运人才建言献策。

大连海事大学校企共建特色教材编委会

2022年12月6日

前　言

　　船舶锅炉与蒸汽动力设备等组成的蒸汽动力装置是大型船舶重要的动力装置类型。船舶锅炉与蒸汽动力设备的基本结构、工作原理、性能特点、运行管理和保养维修等是现代远洋船舶轮机人员和机务管理人员的重要业务。本书是编者在大连海事大学长期使用的《船舶锅炉与汽轮机》教材基础上，结合多年教学和船舶工作经验，根据轮机工程专业"船舶锅炉与蒸汽动力设备"课程教学大纲编写而成的，涵盖船舶锅炉概述、船舶锅炉的结构和附件、船舶锅炉的燃油设备及系统、船舶锅炉的汽水系统、船舶锅炉的运行与管理、船舶汽轮机概述、船舶汽轮机的理论基础、船舶汽轮机的结构、船舶汽轮机-齿轮机组、船舶汽轮机的调速系统和自动保护系统、船舶汽轮机组的技术管理等内容。本书可以作为高等院校轮机工程专业相关课程的教材，还可作为蒸汽动力装置船舶轮机人员培训考证教材，对于从事船舶蒸汽锅炉和汽轮机设计制造的工作人员也有一定的参考价值。

　　本书由大连海事大学李伟、张洪朋和大连海洋大学张力伟主编，大连海事大学陈海泉主审。其中第一章由张洪朋、杨帆、曹涛编写；第二章、第三章由张力伟编写；第四章由李伟、张金男、沈岩、孙德平编写；第五章至第十章由李伟编写；第十一章由李伟、蒋福伟、刘东、韩晓双编写。刘雨、王鑫参加了部分编写和整理工作。

　　在编写过程中，编者参阅、引用了有关图书资料，在此向相关作者致以诚挚谢意。张存有、王飞老师提供了部分资料和宝贵建议。汪承杰、杨朝旭、刘雨、刘博、钟雨航、郑景泽、张鑫玲、林雨橦、曹阳参与了部分插图绘制和资料整理工作。本书在编写过程中得到有关领导和专家的大力支持与帮助，在此一并表示感谢！

　　由于本书编写工作时间紧，加之编者水平所限，在具体选材、编写细节方面疏漏之处在所难免，恳请同行专家和读者批评指正，以便再版时得到完善。

编　者

2023 年 9 月 9 日

目　录

第 1 章　船舶锅炉概述

1.1　船舶锅炉的用途和分类

1.1.1　锅炉概述

锅炉是利用燃料燃烧释放的热能,或其他热能对水或其他介质进行加热,以获得规定参数(压力、温度)和品质的蒸汽、热水或其他工质的设备。顾名思义,锅炉包括"锅"和"炉"两部分。对于蒸汽锅炉或热水锅炉而言,"锅"是锅炉中盛水的部分,其作用是吸收"炉"释放出的热量,将水加热到一定温度和压力(即热水锅炉),或者将水加热使其转变为蒸汽(蒸汽锅炉)。"炉"则是锅炉中燃料燃烧的部分,其作用是尽量释放燃料燃烧的热量,供"锅"吸收,并传递给锅内介质。当然,为了保证锅炉的正常运行,还应配备必要的附件、仪表、自动控制装置和辅助设备等。

除了水之外,锅炉加热的介质也可以是油,即导热油锅炉,或称热油锅炉、热油加热器。它一般以煤、油、气为燃料,以导热油为介质,利用热油循环油泵强制介质进行液相循环,将热能输送给用热设备后再返回锅炉重新加热,可在较低的压力下获得较高的工作温度,并且能对介质运行进行高精密控制。如无特别说明,本书中所阐述的"锅炉"是指船舶蒸汽锅炉。

锅炉的用途十分广泛,与国民经济密切相关。它是火力发电厂的"心脏",是化工、轻工、纺织等行业的关键设备。同时,它在食品加工、医疗消毒、集中供暖等方面同样承担着重要角色。除了在陆地上的大量应用外,大型远洋商船、军舰上也往往配备有锅炉,即船舶锅炉,它是船舶动力装置的重要组成部分。

1.1.2　船舶锅炉的用途

船舶锅炉是船舶动力装置的重要组成部分,其作用随着船型和主推进动力装置的不同而有所差异。在以汽轮机作为主推进动力装置的船舶上,蒸汽锅炉产生的高温高压蒸汽用来驱动主汽轮机运行,推动船舶前进。同时,该锅炉也为船上的蒸汽辅机以及其他以蒸汽为热源的设备提供不同质量的蒸汽。这种以驱动主汽轮机运转为主要任务的蒸汽锅炉称为主锅炉,其提供的蒸汽压力为 6.0~10.0 MPa,温度为 520~545 ℃。采用蒸汽动力装置的船舶一般装设两台主锅炉。而采用蒸汽动力装置的舰船,根据其种类和吨位不同,可能装设有更多的主锅炉。

目前,大部分商船以柴油机作为主推进动力装置。在这种船舶上,蒸汽锅炉产生的蒸汽主要用于加热燃油、润滑油、工作水,驱动蒸汽辅机以及提供各种生活用汽。这种锅炉称为辅助锅炉,其蒸汽参数也较低。在采用柴油机动力装置的干货船上,一般装设一台产生饱和蒸汽的辅助锅炉,其蒸汽压力为 0.5~0.8 MPa,蒸发量为 0.4~2.5 t/h。而在柴油机动力装置的油船上,因加热货油、驱动货油泵、锅炉给水泵和各种甲板机械以及洗舱需要消耗大量的蒸汽,所以一般装设有 1~2 台蒸汽压力为 1.3~1.7 MPa、蒸发量在 20 t/h 以上的产生饱和蒸汽的辅助锅炉。在采用柴油机动力装置的客船上,一般也装设两台辅助锅炉,以满足众多船员和旅客的正常生活需求,并提高供汽的可靠性。

不同的船舶锅炉使用的燃料也有所不同,一般主要是柴油或重油。

在柴油机动力装置的船舶上,如果主机是大型低速二冲程柴油机,其排烟温度一般在 300 ℃ 以上,如果主机是四冲程中速机,其排烟温度可达 400 ℃ 以上。而水蒸气在压力为 0.5 MPa 时,其饱和蒸汽温度为 165 ℃;压力为 1.3 MPa 时,饱和蒸汽的温度也仅为 194 ℃。因此,在船舶航行时,可利用设置在主机烟道上的锅炉吸收排烟的热能,把锅炉中的水加热成饱和蒸汽,代替辅助锅炉向全船供汽。这不仅提高了动力装置的热效率,还可降低柴油机排气噪声,这种锅炉称为废热锅炉,或称废气锅炉,在一些资料中也被称作废气经济器(EGE, Exhaust Gas Economizer)。在有的远洋船舶上,废气锅炉与辅助锅炉被设计为一体,其水侧共用,烟侧隔离,即组合式锅炉。

1.1.3 船舶锅炉的分类

1.按锅炉的热源分类

按船舶锅炉燃用的燃料或热源不同,可将锅炉分为燃煤锅炉、燃油锅炉、燃气锅炉和废气锅炉等,其燃料或热源分别为煤、燃油(柴油或重油)、燃气(一般为天然气)和主柴油机的废气。随着船舶工业的发展,燃煤锅炉在远洋商船上已被燃油锅炉所取代。一些大型液化天然气(LNG)船配备的主锅炉为双燃料锅炉,既可以燃用柴油或重油,也可以燃用货舱的蒸发气。在大部分采用柴油机动力装置的远洋船舶上,都配备有废气锅炉。本书主要介绍燃油锅炉和废气锅炉。

2.按锅炉的构造分类

锅炉中的主要受热面是管子。如果燃料燃烧产生的高温烟气在受热面管内流动,加热管外的水,这种锅炉称为火管锅炉,或称烟管锅炉。火管锅炉按管子的布置形式又可分为立式和卧式两种。

如果高温烟气在管外流动,加热受热面管中的水或汽水混合物,这种锅炉称为水管锅炉。而在锅炉受热面的管束中,如果一部分管子按火管锅炉方式产生蒸汽,另一部分按水管锅炉方式产生蒸汽,这种锅炉则称为混合式锅炉。

近些年来,一种新型的针形管锅炉在远洋船舶上也得到了广泛的应用。这种锅炉在烟道中布置有带"针"的水管,即针形管,其具体结构详见本书第二章。

3.按水循环的方法分类

对于水管锅炉,管中的水必须沿一定的路线流动起来,这样才能将管束吸收的热量及时带走。如果流动的动力来自水和汽水混合物的密度差,这种锅炉就称为自然循环锅炉。如果流动的动力来自外来动力(如水泵),这种锅炉就称为强制循环锅炉,该水泵称为强制循环泵。

大部分船舶锅炉为自然循环锅炉,而在一些柴油机动力装置的船舶上,废气锅炉采用强制循环方式。

4.按锅炉的气压分类

锅炉按气压可分为低压锅炉、中压锅炉、中高压锅炉和高压锅炉。其分类所依据的蒸汽压力并非固定不变,而是随着动力机械的发展而不断变化。目前来说,低压锅炉蒸汽压力一般在2.0 MPa以下,中压锅炉蒸汽压力一般为2.0~4.0 MPa,中高压锅炉蒸汽压力一般为4.0~6.0 MPa,高压锅炉蒸汽压力一般在6.0 MPa以上。

1.2 锅炉的主要性能指标

1.2.1 蒸汽参数

蒸汽参数表征锅炉产生蒸汽的质量。当锅炉向外供应饱和蒸汽时,蒸汽参数用饱和蒸汽压力来表示。当锅炉供应过热蒸汽时,蒸汽参数用蒸汽压力和蒸汽温度来表示。表示蒸汽压力的符号为p,单位为MPa。表示蒸汽温度的符号为t,单位为K或℃。

1.2.2 蒸发量

锅炉每小时产生的蒸汽量称为蒸发量,又称产汽量,通常用符号D表示,单位是kg/h或t/h。锅炉通常标注的蒸发量是在设计工况下的额定蒸发量。

1.2.3 效率

锅炉效率是指锅炉中从水变为蒸汽所得到的有效热量与向锅炉内供应的热量之比,用符号η表示。锅炉效率表示燃料完全燃烧所能放出的热量被锅炉有效利用的程度,其计算公式为:

$$\eta = \frac{\Sigma D(h_{q} - h_{g})}{BQ_{D}} \times 100\% \tag{1-1}$$

式中:ΣD ——锅炉供应的各种参数蒸汽的蒸发量,kg/h;

B ——每小时燃料消耗量,kg/h;

Q_{D} ——燃料的低位发热量,kJ/kg;

h_{q} ——所供蒸汽的比焓,kJ/kg;

h_{g} ——给水的比焓,kJ/kg。

把给水变成蒸汽的有效利用热量又可用向锅炉供入的热量减去各种热损失来表示,因此锅炉效率又可表示为:

$$\eta = \frac{BQ_{D} - B(Q_{1} + Q_{2} + Q_{3} + Q_{4})}{BQ_{D}} \times 100\% = 1 - (q_{1} + q_{2} + q_{3} + q_{4}) \tag{1-2}$$

式中:Q_{1} ——排烟热损失,kJ/kg;

Q_{2} ——化学不完全燃烧热损失,kJ/kg;

Q_{3} ——机械不完全燃烧热损失,kJ/kg;

Q_{4} ——散热损失,kJ/kg。

1.2.4 受热面积

主锅炉的受热面积除蒸发受热面积(炉水被加热产生饱和蒸汽的受热面积)外,一般还包括过热器、空气预热器、经济器(预热给水)等附加设备的受热面积,单位是 m^2。辅锅炉通常没有上述附加设备,其受热面积即为蒸发受热面积。

1.2.5 蒸发率

锅炉的蒸发率又称产汽率,表示单位蒸发受热面积每小时产生的蒸汽量,单位为 $kg/m^2 \cdot h$。蒸发率用于评价锅炉蒸发受热面的平均传热强度,也用于表征锅炉结构的紧凑程度。蒸发率越高,锅炉越紧凑。因锅炉受热面各部分的受热量大小不等,故蒸发率为平均值。火管锅炉蒸发率较低,仅为 25 $kg/(m^2 \cdot h)$ 左右,水管锅炉蒸发率为 30~50 $kg/(m^2 \cdot h)$。

1.2.6 炉膛容积热负荷

炉膛容积热负荷表示每单位炉膛容积在单位时间内燃料燃烧放出的热量,用符号 q_v 表示。

$$q_v = \frac{BQ_D}{3\ 600\ V_1} \tag{1-3}$$

式中: V_1 ——炉膛容积, m^3。

燃油锅炉在燃油耗量和热值一定的条件下, q_v 值越大,意味着炉膛相对容积越小,因而燃油在炉膛内燃烧停留时间越短,炉膛内烟气平均温度也越高。 q_v 是影响燃烧质量、锅炉效率、工作可靠性以及锅炉尺寸和重量的一个重要参数。

选择燃油锅炉的依据主要是蒸汽参数和蒸发量,选择废气锅炉的依据则是受热面积和蒸汽工作压力。

第 2 章　船舶锅炉的结构和附件

　　蒸汽动力装置船舶多采用水管锅炉作为主锅炉,而柴油机动力装置船舶上的辅助锅炉则有火管锅炉和水管锅炉两种。任何形式的锅炉都可看作由锅炉本体、附加设备、锅炉系统及锅炉附件等几大部分构成。本章以几种典型的船舶锅炉为例介绍船舶锅炉的主要结构及其附件。

2.1　D 形水管锅炉

　　D 形水管锅炉是一种典型的船舶锅炉,因其本体形状类似英文字母"D"而得名。其结构布置比较合理、工作性能比较完善、经济技术指标也比较先进,还可满足不同蒸发量的需求。同时,由于其附加设备可增可减,D 形锅炉既可用作蒸汽动力装置船舶上的主锅炉,也可用作大型柴油机动力装置船舶的辅助锅炉,其在油船上应用较多。

2.1.1　D 形水管锅炉的构成及工作原理

1.锅炉本体

　　图 2-1 是一台典型 D 形水管锅炉的工作示意图。如图所示,该锅炉本体是由汽包(又称上锅筒)、水筒(又称下锅筒)、联箱、水冷壁、蒸发管束(又称沸水管束)、过热器、炉膛及燃烧器等部分构成。除炉膛和燃烧器以外,其他部件都承受着锅炉的蒸汽压力。

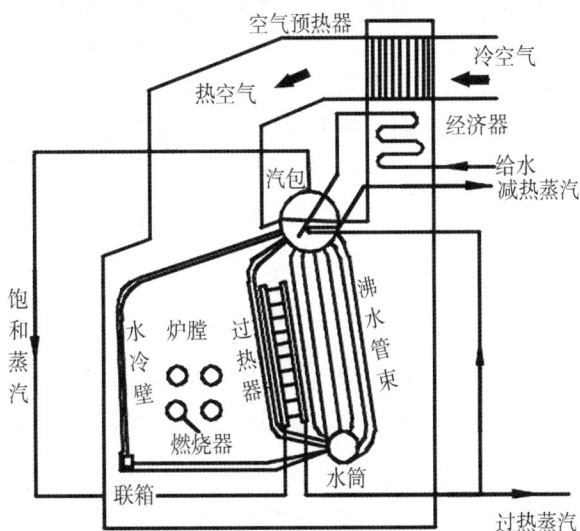

图 2-1　D 形水管锅炉的工作示意图

（1）汽包

汽包又称汽鼓或上锅筒,虽然不是受热面,但在水管锅炉中,它有以下重要作用:

①汽包可以降低锅炉对给水调节和燃烧调节的要求。因为汽包可以储存一定量的水(约为锅炉蓄水量的1/3),当锅炉给水量和产汽量不平衡时,汽包中水位可上下波动,从而降低对给水调节的要求。另外,它又使锅炉具有一定的蓄热能力,当锅炉输出的热量与吸收的热量不平衡时,汽包中的水可暂时释放或吸收一部分热量,以缓解蒸汽压力的波动,从而降低对燃烧调节的要求。

②汽包是锅炉汽水系统的一个重要汇集点。汽包向蒸发受热面管子输水,同时接收来自蒸发管束的汽水混合物,并在其中进行汽水分离。锅炉接收给水和向外供汽也要经过汽包。此外,一些重要的锅炉附件也装设在汽包上。

③给水进入锅炉后在汽包内进行水处理和上排污,以排掉盐度较高的炉水以及漂浮在水面上的油质和泡沫等杂质,以防止在受热面上结水垢和受热面腐蚀。

④给水可在汽包中预热和除气。锅炉给水温度比炉水低且溶有氧气,给水进入汽包后,被周围炉水加热至接近饱和温度,同时溶解的氧气也析出,从而减轻了汽包的热应力和氧对汽包的腐蚀。

（2）水筒和联箱

水筒又称水鼓或下锅筒,它和联箱也都不是受热面。联箱用来固定水冷壁管子并使水冷壁内形成正常的水循环。水筒则用来固定除水冷壁以外的蒸发受热面管子并连接其水循环,同时也有一定的蓄水能力。它们能通过下排污排掉炉水中沉淀出来的泥渣。

（3）蒸发受热面管束

锅炉中直接受热产生饱和蒸汽的受热面称为蒸发受热面。水冷壁及靠近炉膛的前三排蒸发管束称为辐射受热面,因为烟气主要通过辐射传热的方式将热量传递给管中的炉水。其余的蒸发管束则称为对流受热面,因为烟气主要通过对流换热的方式传递热量。

（4）炉膛

炉膛又称燃烧室,其作用是为燃油雾化和燃烧提供足够的空间,使其充分燃烧,同时使燃烧发出的热量不散失到锅炉外面。炉膛由耐火砖墙和水冷壁组成。水冷壁就是铺设在炉膛内壁上的蒸发受热面管子,它可吸收高温火焰和烟气的辐射热量,有冷却炉墙的作用,可保证耐火砖不至于过热而烧坏。另外,通过在炉膛不同部位布置不同数量的水冷壁受热面,可控制炉膛中烟气的温度和温度场分布,保证炉膛内的良好燃烧。水冷壁作为整个锅炉蒸发受热面的重要组成部分,还可提高锅炉的蒸发率。水冷壁吸收的辐射热占锅炉整个受热面吸热量的1/3左右,使烟气由理论燃烧温度(约 2 000 K)下降到炉膛出口温度(1 500～1 750 K)。烟气离开炉膛后,流到蒸发管束中去。

（5）燃烧器

燃油锅炉的燃烧器是由喷油器和配风器等组成。喷油器将送入炉膛的燃油雾化,配风器将助燃空气合理地导入炉膛,使之与雾化的燃油及时、充分地混合,从而保证良好的燃烧。

2.锅炉附加设备

（1）蒸汽过热器

当锅炉需要供应过热蒸汽时,需要加装蒸汽过热器。根据对过热蒸汽温度要求的高低,蒸汽过热器可布置在蒸发管束中间或蒸发管束后面。它接收来自汽包中的饱和蒸汽,将其加热成过热蒸汽再向外供汽。

（2）经济器

经济器又称省煤器，用于加热进入锅炉的给水。它安装在锅炉本体后面，可利用流出锅炉本体烟气的余热加热给水，从而起到节省燃料的作用。

（3）空气预热器

空气预热器通常安装在经济器后面，利用烟气的余热来加热助燃的空气，既可达到回收热量的目的，又可改善燃油的燃烧条件。

经济器和空气预热器都安装在锅炉本体的后面，统称为尾部受热面。由于尾部受热面使锅炉装置的尺寸、造价增加，管理工作（吹灰、防止低温腐蚀等）也相应增加，所以一般只用于蒸发量较大、蒸汽参数较高的大、中型锅炉。而对于小型辅助锅炉，为简化管理和减小尺寸，一般不装设尾部受热面。

除锅炉本体和附加设备外，锅炉上还装设有各种附件（详见本章第五节）。燃油锅炉还配备有燃油和通风系统（详见本书第三章），以及蒸汽、凝水和给水系统（详见本书第四章）。随着自动化程度的不断提高，锅炉还配备有较完善的自动化系统，主要包括给水过程自动调节系统、过热蒸汽温度自动调节系统和各种安全保护系统等。

2.1.2　D形水管锅炉实例及特点

图2-2是一种典型D形水管锅炉的结构简图。该锅炉的蒸发量为13 t/h，蒸汽压力为3.2 MPa，蒸汽温度为400 ℃。图中管束右侧空间为炉膛12，炉膛右侧的炉墙内侧布置有水冷壁5，其一直延伸至炉顶。锅炉左侧布置有上、下锅筒1和2，以及将两者连接在一起的对流蒸发管束4。管束与垂线约成30°倾角，这样能得到较好的烟气扫刷性。三个燃烧器8以"品"字形布置在炉膛的前墙上。燃油雾化燃烧后，高温火焰和烟气与炉膛水冷壁5受热面和水帘管6受热面进行强烈的辐射换热，之后烟气流向对流换热烟道。在进入过热器9之前，烟气先穿过三排水帘管6以适当降温，使过热器9免受炉膛高温火焰的直接照射。这样既可避免过热器管壁温度过高，又可使其具有对流和辐射两种传热方式，从而提高过热器工作的可靠性和稳定性。水冷壁5、水帘管6和对流蒸发管束4中的水吸热蒸发而上行，对流管束的后两排管束和设置在烟道外的不受热水筒供水管7和供水管11从上锅筒引炉水下行，形成了锅炉自然水循环回路。在自然水循环回路中，水上升的管子称为上升管，水下降的管子称为下降管。

烟气流出对流蒸发管束4时的温度尚有300 ℃以上，为提高锅炉效率和简化烟囱绝热问题，有的锅炉在本体后面装设尾部受热面，进一步回收热量和降低排烟温度。具体可根据实际需求装设经济器10或空气预热器（图中未标出），或者二者都装。一般来说，蒸汽参数较低、功率较小的蒸汽推进系统，锅炉给水温度较低，当给水系统装有除氧器时，多装设经济器。在锅炉燃用渣油，要求助燃空气温度较高时，则装设空气预热器。而对于使用高温、高压蒸汽的大功率推进系统，锅炉给水温度较高，为更有效地降低排烟温度，一般二者皆装。

综上所述，D形水管锅炉主要有以下特点：

（1）在本体受热面布置上，D形水管锅炉可以很方便地增减尺寸和数量，易于组成不同蒸发量的锅炉。

（2）D形水管锅炉蒸发管束位于炉膛旁侧，而不在炉膛上方。因此，随着蒸发量增加，锅炉高度并不会显著增加。同时，尾部受热面也可设置于锅炉侧面，这样布置也不会增加锅炉高度。

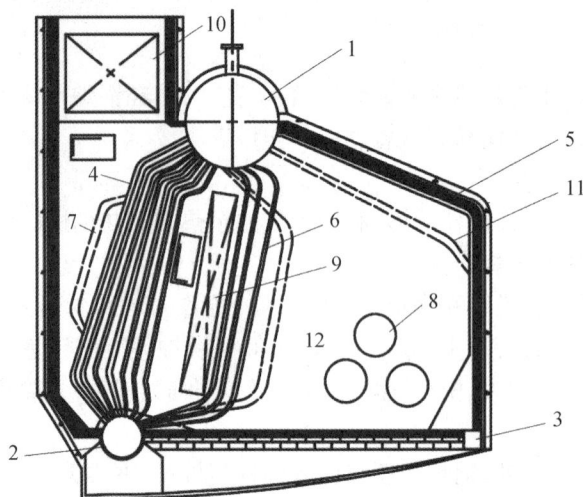

图 2-2　D 形水管锅炉的结构简图

1—上锅筒(汽包)；2—下锅筒(水筒)；3—联箱；4—对流蒸发管束；5—水冷壁；6—水帘管；
7—水筒供水管；8—燃烧器；9—过热器；10—经济器；11—供水管；12—炉膛

（3）当船舶装设两台 D 形水管锅炉时，两台锅炉可以横向并列安装，位置相反而对称，它们的尾部上升烟道靠在一起，位于船舶横剖面的中部，这样能使锅炉外形与炉舱形状相近，可有效地利用炉舱空间。

（4）D 形水管锅炉炉墙上普遍设置水冷壁受热面，以减少高温火焰对炉墙的直接辐射和燃烧劣质燃油对炉墙的侵蚀，有效地冷却和保护炉墙。另外，水冷壁还能提高锅炉的蒸发率，同时抑制炉膛出口烟气温度过分升高。对于不同蒸发量的锅炉，在不同炉膛容积热负荷的条件下，可通过增减布置水冷壁受热面积来控制炉膛出口的烟气温度。

（5）D 形水管锅炉气路曲折，需要安装导气隔板，烟气对蒸汽过热器冲刷不良，同时气流做 180° 的转向使烟灰易于淤积在受热面上，也加大了烟气的流动阻力。

2.1.3　炉墙、炉衣和水冷壁

1.炉墙和炉衣

锅炉的各种受热面须由炉墙和炉衣包围，以形成炉膛和烟道等烟气流动通道。炉墙长期与高温烟气接触，要求具有耐高温能力和抵抗灰渣侵蚀的特性，并要有良好的绝热性能，以免向外散失过多热量。另外，为了防止外界空气漏入炉膛内或正压燃烧时烟气漏至炉舱，还应保持炉膛的气密性。因此，炉墙一般由耐火层、隔热层和密封层叠加而成，如图 2-3 所示。

与火焰接触的耐火层通常采用耐火砖 1，隔热层可用硅藻土砖 2 和石棉板 3。在新式锅炉中，只设一层兼有耐火和隔热性能的矿物玻璃纤维成型板，其主要成分为氧化铝和氧化硅，这样不仅重量轻，施工也简单。最外面的密封层又称炉衣，通常由薄钢板或镀锌铁板制成，还能起到锅炉外表美观的作用。风口等不规则造型部位可用耐火塑料或异形耐火砖砌成，前者抗灰渣侵蚀能力不及耐火砖。炉底的耐火层受灰渣侵蚀严重，一般均由耐火砖砌成，厚度可以减半。

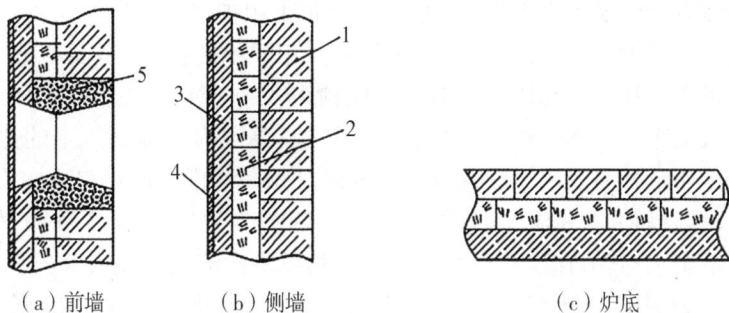

（a）前墙　　　　（b）侧墙　　　　　　　　（c）炉底

图 2-3　锅炉炉墙结构图

1—耐火砖;2—硅藻土砖;3—石棉板;4—密封薄钢板;5—耐火塑料

对流蒸发管束以后的低温烟道处,仅由隔热层和密封层组成的炉衣为其外壳,可以不设耐火层。密封层由约 3 mm 厚的薄钢板制成,内设耐热纤维板或矿渣棉等隔热材料。我国《钢质海船入级规范》规定:"锅炉壳体应有良好的绝热层,外面用金属皮包裹,在工作时外表温度一般应不超过 60 ℃。"

新式的水管锅炉在耐火隔热层外面采用了双层罩壳的炉墙结构,它的两层隔板之间通以去燃烧器助燃的空气。由于风机送来的助燃空气比炉膛烟气压力高,从而避免了烟气漏至炉外的可能。这种结构在提高助燃空气温度的同时,还可减少锅炉散热损失,故隔热层可以减薄。

2.水冷壁

水冷壁垂直布置在炉膛的内壁面上,它构成了水冷壁水循环回路的上升管,是锅炉不可缺少的蒸发受热面,其主要作用如下:

(1)炉膛中的高温火焰对水冷壁进行辐射换热,水冷壁内的水吸收热量后变成汽水混合物。

(2)由于火焰对水冷壁的辐射传热与火焰热力学温度的四次方成正比,炉膛内火焰温度很高,水冷壁的辐射吸热很强烈。所以,采用水冷壁比对流蒸发管束节省金属,可降低锅炉受热面的造价。

(3)在炉膛敷设一定数量的水冷壁,可保护炉墙,并使炉膛烟气出口温度降到灰的软化温度以下,防止炉墙及受热面结渣,提高锅炉运行的安全可靠性。

(4)装设水冷壁可使炉墙内壁温度大大降低,从而可使炉墙厚度减小,重量减轻,为采用轻型炉墙创造条件。

水冷壁管子一般采用锅炉用无缝钢管制成,主要形式有光管式、膜式和销钉式三种。

2.2　立式横烟管锅炉

图 2-4 所示是一种立式横烟管锅炉,它的不同型号蒸发量为 1~4.5 t/h,最大工作气压为1.0~1.7 MPa。该锅炉具有一个直立的锅壳 1,由锅炉钢板卷制焊接而成,其顶部和底部均为椭圆形封头 2,以承受内部蒸汽压力。在锅壳 1 内部下方设有炉胆 3,炉胆顶部靠后有一圆形出烟口 4,通往上面的方形燃烧室 5。在方形燃烧室 5 和烟箱 12 之间设有后管板 6 和前管板

7,两个管板之间装有数百根水平烟管8。烟管与管板采用扩接或焊接相连。

炉胆3和烟管8将整个锅壳1内部分成两个互相隔绝的空间,里面是烟气,外面充满着水。燃油依次通过电动油泵9和燃烧器10的喷油嘴喷入炉膛(即炉胆3)燃烧,同时鼓风机11经风门将空气送入炉膛内助燃。燃油在炉胆3内燃烧,高温火焰与烟气中的热量主要通过辐射方式经炉胆壁传递给外面的水。未燃烧完的燃油和烟气经圆形出烟口4向上流入方形燃烧室5中继续燃烧,然后顺烟管8流至烟箱12,最后从烟囱排入大气。烟管8中的烟气通过对流方式将热量传递给炉水,其流速越高,扰动越强,对管壁的对流放热能力就越强,因此在烟管中常设有加强烟气扰动的长条螺旋片。可见,烟管锅炉中的炉胆、燃烧室和烟管都是蒸发受热面,被炉水所包围,而烟气在其中流过,这就是烟管锅炉的结构特点。

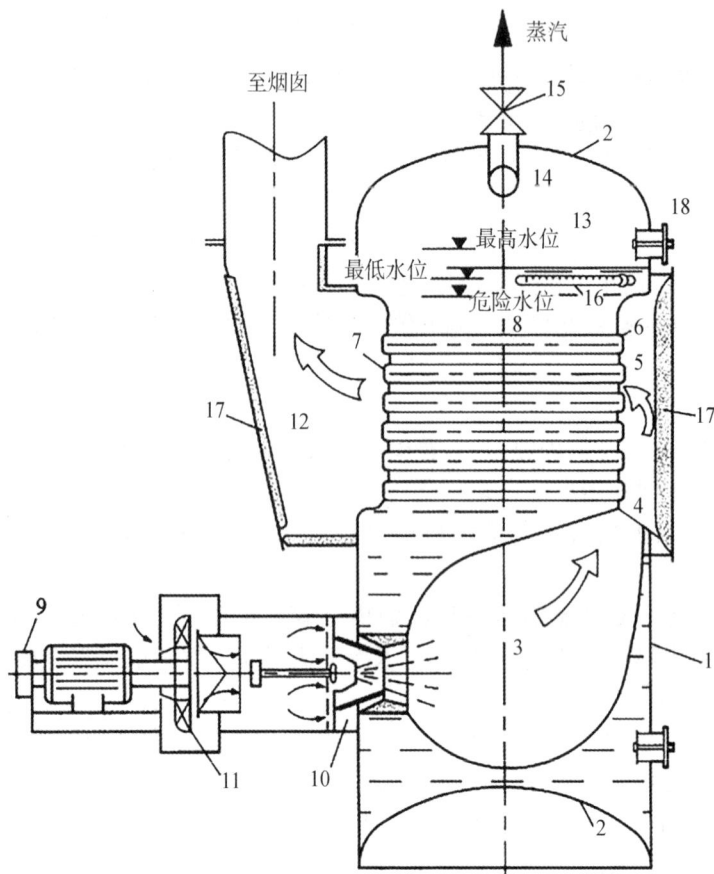

图 2-4 立式横烟管锅炉

1—锅壳;2—椭圆形封头;3—炉胆;4—圆形出烟口;5—方形燃烧室;6—后管板;7—前管板;8—烟管;9—电动油泵;10—燃烧器;11—鼓风机;12—烟箱;13—汽空间;14—集汽管;15—停汽阀;16—内给水管;17—检查门;18—人孔门

锅壳1中的水面只需比蒸发受热面高一些即可,在水面上部为汽空间13。炉水吸热沸腾而汽化,在水中产生大量蒸汽气泡,蒸汽自水面逸出后聚集在汽空间13中,然后经锅炉顶部的集汽管14和停汽阀15输出,由蒸汽管道输送到全船各处使用。随着炉水不断蒸发成汽,水位随之降低。当水位下降至最低工作水位时,水位自动调节器动作,给水泵自动启动,给水经给水阀和内给水管16补入。当水位上升至最高工作水位时,调节器动作,给水泵自动停止。

在方形燃烧室 5 背后和烟箱 12 前面都有可开启的检查门 17,以便于清除积存在烟管 8 内的烟灰,以及更换或用堵棒封堵损坏的烟管。在锅壳 1 上部还设有人孔门 18,以便工作人员进入锅壳内部进行维修或清除积存的污垢。在锅壳 1 下部还设有手孔门。同 D 形水管锅炉类似,锅壳外部同样包裹有隔热材料,最外面则是一层薄铁皮外罩(即炉衣)。

烟管锅炉受热面的布置方法决定了它有如下特点:

(1)蒸发率和热效率都较低。炉胆和燃烧室仅占整个锅炉受热面的 10% 左右,但由此传给水的热量却占整个锅炉的一半以上。这是因为这部分受热面受到火焰直接照射,温度极高(火焰中心处温度为 1 300~1 400 ℃),热辐射非常强烈,属辐射受热面,蒸发率大。而烟管的传热方式以对流为主,属对流受热面。烟气在烟管中流动时,其温度在进口处为 600~700 ℃,流入烟箱时已降为 300 ℃ 左右,故烟管中的烟气和烟管外的炉水之间温差不是很大。同时,烟气在烟管中流动时,流速也小。因此,烟气对烟管的对流换热效果不佳。虽然烟管面积占整个锅炉受热面积的 90%,但其传热量却占不到一半,致使整个锅炉受热面蒸发率很低,一般仅为 25 kg/(m² · h) 左右。如在图 2-4 所示的锅炉中,即便使用了悬空式球形炉胆,并在烟管中布置有螺旋板条,但蒸发率也不过 40 kg/(m² · h) 左右。烟管锅炉的排烟损失也较大,热效率只能达到 72% 左右。

(2)体积和重量相对较大,适用工作压力较低,蒸发量较小。烟管锅炉的受热面蒸发率低,因此需要较大的受热面才能达到一定的蒸发量。另外,在结构上也必须有一个较大的厚壁锅壳将全部受热面包在其中,这使整个锅炉的蓄水量也较大,相当于锅炉蒸发量的 3~4 倍。因此,烟管锅炉比较笨重,其总重量(包括水量)往往达蒸发量的 6~8 倍。上述特点使烟管锅炉的工作压力和蒸发量都受到限制,工作压力限于 2 MPa 以下,蒸发量也不超过 10 t/h。

(3)点火升汽时间长。烟管锅炉的刚性较大,再加上蓄水量大,因此蓄热量也大,故点火升汽的时间必须较长,往往需要数小时,以免热应力太大损坏锅炉。

(4)蒸汽压力和水位变动慢,容易调节。烟管锅炉蓄水、蓄热量大使其蒸汽压力和水位变动慢,易于实现自动调节。

(5)对水质要求低。虽然烟管锅炉炉胆部分传热强度高,但其外壁的水垢容易清除干净。烟管间的水垢虽然难以清除干净,但该处烟气温度较低,传热性能又差,故运行时管壁温度不高。因此,烟管锅炉对炉水质量要求不高。关于锅炉的水质控制详见本书第五章。

烟管锅炉因性能指标较差,目前应用已较少。但是在柴油机动力装置干货船上,辅助锅炉的蒸发量小,重量和体积并不是一个突出的问题,加上烟管锅炉蓄水量大,熄火后仍能较长时间继续供汽,同时对水质要求不高,工作可靠,管理方便,因此在柴油机动力装置船舶的辅助锅炉中,目前仍有应用。

2.3 针形管燃油锅炉

如图 2-5(a)所示为一种针形管燃油锅炉。该锅炉圆筒形锅壳 10 下部为炉膛 3,炉膛 3 周围和上方为水腔 B,水腔 B 上部为汽空间 A。炉膛底板 11 焊接在炉膛本体上,上面覆盖有耐火层 12。炉膛 3 侧面设有一个燃烧器接口 C 用于安装燃烧器,同时也可供工作人员进入炉膛检查和清洁。炉膛 3 通过一系列垂直布置且直径较大的烟管 4 与烟箱 1 连通。每个烟管 4 中布置有一个针形管 5。

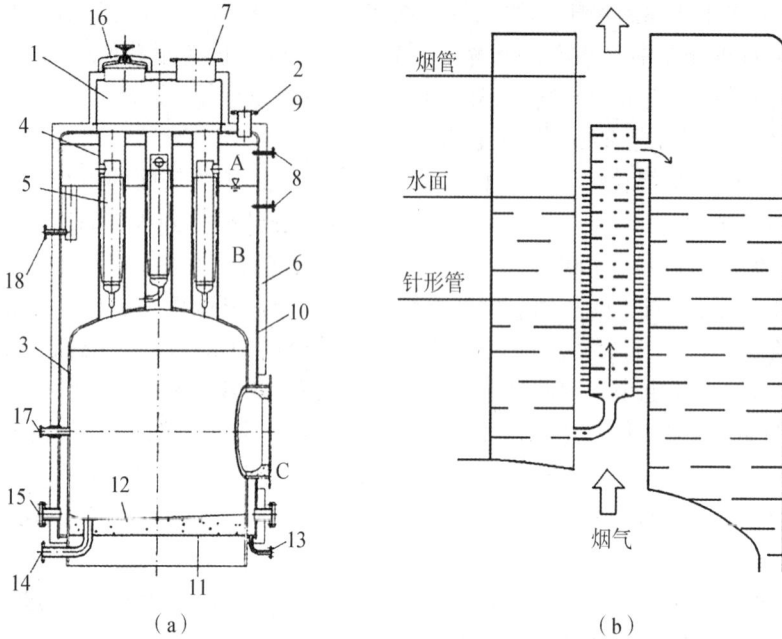

图 2-5　针形管燃油锅炉

1—烟箱；2—主蒸汽阀接口；3—炉膛；4—烟管；5—针形管；6—隔热层；7—烟囱；8—水位计接口；9—安全阀接口；10—锅壳；11—炉膛底板；12—耐火层；13—下排污口；14—炉膛冲洗水泄放口；15—泥渣孔；16—人孔；17—火焰观察镜；18—锅炉给水接口；A—汽空间；B—水空间；C—燃烧器接口

　　每一个烟管及其内部的针形管构成一个单元，如图 2-5(b)所示。针形管本体为无缝钢管，外壁上焊有许多细长的钢针，以改善烟气与针形管之间的传热效果。针形管上、下两端分别通汽、水空间，这种结构保证了炉水能够从针形管下部的水空间流入上部的汽空间，形成良好的自然循环。

　　该锅炉运行时，炉膛内的高温火焰和烟气主要通过辐射换热的方式将热量传递给炉膛 3 内壁，进而加热炉膛外面的炉水。烟气进入烟管 4 后主要通过对流换热的方式将热量传递给烟道内壁和针形管 5，以加热烟道外围和针形管 5 内的炉水。流经各烟管的烟气最终汇聚到烟箱 1，然后经顶部的烟囱 7 排至大气中。针形管 5 内的水被加热后产生蒸汽进入锅炉汽空间 A，蒸汽经由主蒸汽阀和蒸汽管路供全船使用。

　　针形管锅炉是在立式烟管锅炉的基础上发展起来的，保留有烟管锅炉的某些特点，包括以容积较大的锅壳存水；炉膛中产生的热量主要通过辐射的方式传递给周围的炉水。但由于引入了针形管，也具有水管锅炉的特点，水自然循环良好。一个针形管元件可以顶替很多根烟管，使锅炉的蒸发率明显提高，结构也更加紧凑。在该锅炉中，约有 50% 的热量来自炉膛的辐射传热，其余的热量来自针形管的对流传热。针形管锅炉的主要缺点是清洁不便。由于烟管和针形管结构较复杂，且体积较小，不论是烟侧还是水侧，要进行人工清洗都显得比较困难。

2.4 废气锅炉

柴油机动力装置船舶上装设的废气锅炉利用主柴油机的排气余热来加热炉水,产生水蒸气,不仅能够节约燃油,还能起到柴油机排气消声器的作用。例如,一艘万吨级油船,利用废气锅炉产生的蒸汽来加热货油舱,平均每月可节省燃油约 50 t。废气锅炉产生的蒸汽量在满足加热和供日常生活使用外一般还有剩余,有的船还将多余蒸汽用于驱动汽轮发电机。

2.4.1 废气锅炉的结构形式

1.立式烟管废气锅炉

图 2-6 所示为立式烟管废气锅炉结构简图。其结构非常简单,在圆筒形的锅壳 1 中垂直贯穿着数百根烟管 2,锅筒两端的封头 3 兼作管板。为了使封头 3 不致向外凸出变形和减少烟管 2 所承受的拉力,在管群中用少量厚壁管 4 与封头强固连接,这些管子称为牵条管。此锅炉的上下两端还分别装有出口和进口烟箱。柴油机排气自下烟箱流经烟管释放热量使炉水蒸发,然后从上烟箱排出。

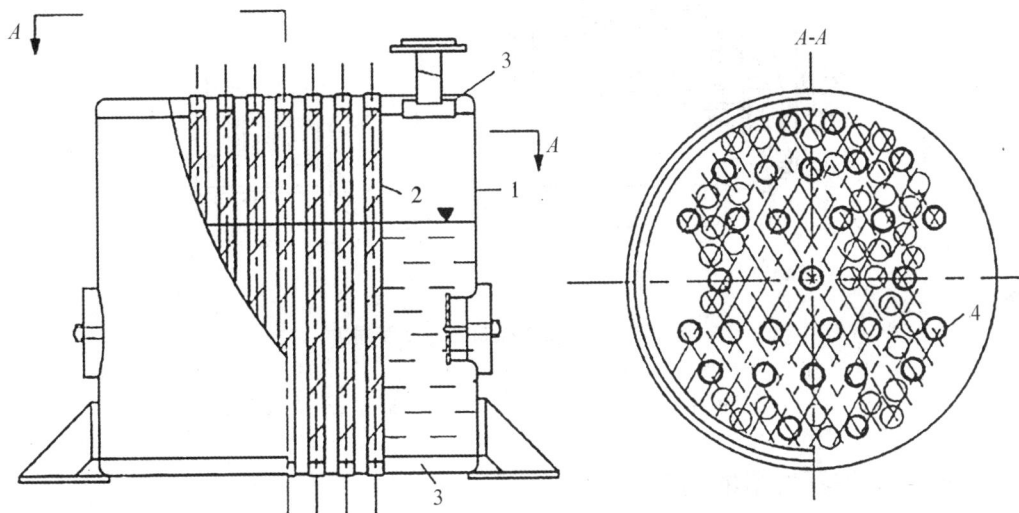

图 2-6 立式烟管废气锅炉的结构简图
1—锅壳;2—烟管;3—封头;4—牵条管

2.强制循环式废气锅炉

强制循环式废气锅炉主要有两种形式:蛇形管式和盘香管式。限于篇幅,本书只介绍蛇形管式强制循环废气锅炉。

图 2-7 所示为某蛇形管式强制循环废气锅炉的结构。在废气锅炉本体 1 内,垂直并列布置有多组蛇形翅片管 2(蛇形管外部焊接有翅片,以改善传热效果)。各组翅片管的进、出口分别与水平布置的进口联箱 3 和出口联箱 4 相连。两个联箱均布置在废气锅炉本体内,只有进、出口接口 5 和 6 露在外面。在有联箱的一侧,各水管都被焊接到废气锅炉本体上,而水管的另外一侧是浮动的,以便各管有热胀冷缩的余地。各组翅片管紧贴在一起,构成了废气锅炉的主

体。每上、下两层水管之间由弯管7相连,构成蛇形管。废气锅炉本体上覆盖有隔热层,并包有铁皮外罩8。整个废气锅炉坐落在钢架9上,而废气烟箱10则焊接于本体上、下两端。本体的侧面分布有上、中、下三个检修道门11,而正面则分布有三个蒸汽吹灰器12,各检修道门与吹灰器位于同一高度,以方便检修和清洁。在工作过程中,主柴油机排气在翅片管的外侧流过,水则由专门的循环水泵从燃油锅炉水腔吸入,压送到废气锅炉进口联箱3,再进入各翅片管内部被柴油机排气加热,然后以汽水混合物的形式由出口联箱4汇集,并输送回燃油锅炉进行汽水分离。

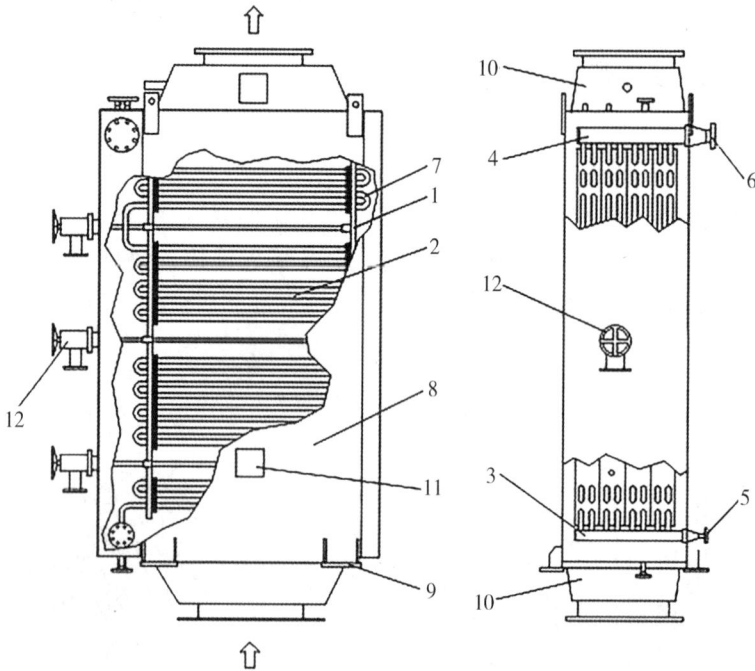

图 2-7　蛇形管式强制循环废气锅炉

1—本体;2—蛇形翅片管;3—进口联箱;4—出口联箱;5—进口接口;6—出口接口;
7—弯管;8—外罩;9—钢架;10—废气烟箱;11—道门;12—蒸汽吹灰器

2.4.2　废气锅炉蒸发量的调节

废气锅炉的蒸发量取决于主机的排气量和排气温度,即主机的功率。在定速航行时,主机功率较为稳定,但船舶对于蒸汽的需求量随着航区和季节等因素的改变而有所不同,因此常常需要调节废气锅炉的蒸发量。

1.烟气旁通法

远洋船舶曾普遍应用烟气旁通调节法。在废气锅炉烟道进出口间加设一个旁通烟道,并在废气锅炉烟道入口和旁通烟道入口分别设置开、闭相互联动的两个调节挡板。当蒸汽压力升高时,手动或用伺服电机转动挡板使排气经旁通烟道的流量增加,限制蒸汽压力上升;反之,当气压降低时,改变挡板开度使通过废气锅炉的排气流量增加,限制蒸汽压力下降。烟气旁通后,废气锅炉内的烟气流速降低,烟灰易于在废气锅炉换热面上沉积,严重时可造成低温腐蚀,甚至积灰复燃。目前在实船上,除了一些只能开或关的双位式烟气旁通调节装置外,这种调节方法已经比较少见了。

2.改变有效受热面积法

为了适应不同蒸发量的需求,立式烟管废气锅炉可以通过调节水位来改变有效受热面积。盘香管式废气锅炉可在进口联箱上将盘香管分为 2~3 组,需要减少蒸发量时可停止向上面 1~2 组供水,只让下面的盘香管工作。由于盘香管弹性大,且烟气温度一般都低于碳钢允许工作温度(450 ℃),管中无水流过也不会损坏管子。

但是,废气锅炉一般也不宜完全无水"空炉"工作,以防受热面上积存的烟灰着火烧坏管子。如果因给水系统故障不得已"空炉"工作,应注意如下事项:(1)开启废气锅炉的泄放阀和空气阀;(2)用吹灰器将烟管表面的积灰清除干净;(3)烟气温度必须低于 350 ℃;(4)重新通水时应避免"热冲击",即先降低主机负荷以减小传热温差,再逐渐引入循环水,并检查阀件和接头的连接有无松动。

3.蒸汽冷凝法

严格来说,蒸汽冷凝法并不是对废气锅炉蒸发量进行调节,而是当产汽量超过蒸汽耗量使气压升高时,蒸汽压力调节阀开启,将多余蒸汽泄放至大气冷凝器,使锅炉蒸汽压力不再升高。在组合式锅炉中,常常采用这种方法调节锅炉蒸汽压力。

2.4.3 废气锅炉与燃油锅炉的联系

废气锅炉与燃油锅炉之间的联系方式主要有三种:

1.二者独立

废气锅炉和燃油锅炉有各自的给水管路,由给水泵分别从热水井供水,所产生的蒸汽由各自的蒸汽管路输出,至总蒸汽分配阀箱处才汇集一处。其系统如图 2-8(a)所示。这种方式因运行管理方便,所以应用较多。但是,当废气锅炉水位调节系统失灵时,因其位置较高,航行时的管理比较麻烦。

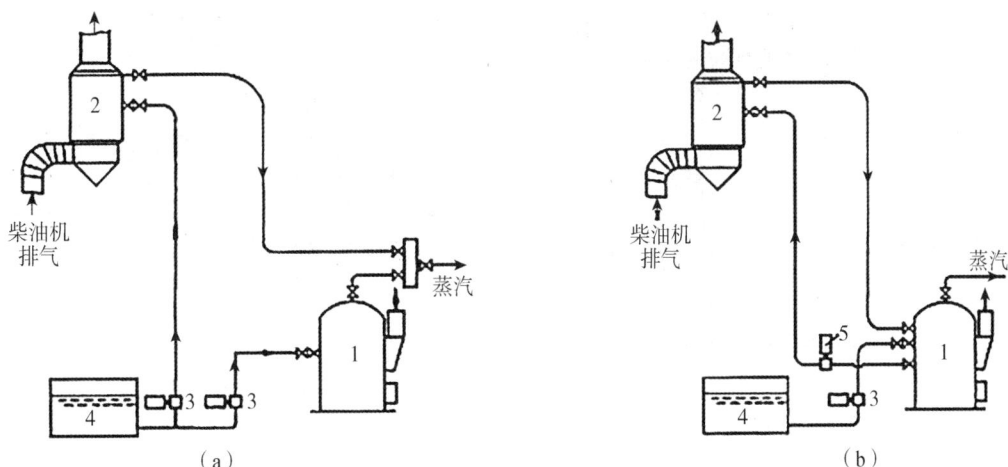

图 2-8 燃油锅炉与废气锅炉的联系

1—燃油锅炉;2—废气锅炉;3—给水泵;4—热水井;5—强制循环泵

2.废气锅炉为燃油锅炉的一个附加受热面

废气锅炉与燃油锅炉的联系方式如图 2-8(b)所示,来自热水井的给水通过给水泵仅输送至燃油锅炉,由强制循环泵与将燃油锅炉的炉水输送至废气锅炉使之受热蒸发,并将汽水混合物压回燃油锅炉。经汽、水分离后,蒸汽由燃油锅炉的蒸汽管输出。这种废气锅炉为强制循环式。当废气锅炉的蒸发量满足不了航行用汽需求,蒸汽压力下降至一定值时,燃油锅炉自动起动,与废气锅炉共同向外供汽。这种废气锅炉不需调节水位,但需多设一台或两台强制循环泵。

3.组合式锅炉

组合式锅炉是将废气锅炉和燃油锅炉合为一体,只能安装在机舱的顶部,因此要求有可靠的远距离水位指示和完善的自动调节设备。目前,组合式锅炉在远洋商船上应用较多,图2-9为一种典型的组合式锅炉结构。该锅炉为立式水管锅炉,圆柱形锅炉本体中空部分为炉膛,炉膛底部铺设耐火材料5,燃烧器安装在锅炉本体上部,向下喷油燃烧。锅炉本体上部和下部环形空间分别为汽鼓1和水鼓2,其间垂直布置若干根水管4。汽鼓和水鼓外面包裹有隔热层7。燃油锅炉和废气锅炉共用汽水空间,烟侧则由一圈水管壁隔离,即如图2-9(b)所示炉膛周围的第二圈水管。

燃烧器工作时,高温火焰主要通过辐射传热的方式加热炉膛周围的水管,燃烧器排放的烟气则从炉膛周围第一圈和第二圈水管之间的空隙流出,同时通过对流传热的方式加热这两圈水管,最后从烟道6排出。主机运行时,主机排气进口13进入组合式锅炉,加热炉膛外环形空间的管束,之后从主机排气出口14排出。该组合式锅炉布置有上、中、下三个压缩空气吹灰器8,用于吹除烟侧沉积的烟灰。该锅炉还布置有人孔门3用于汽水空间的维护和检修,人孔门11和手孔门12用于烟侧的维护和检修。船舶航行时,所需蒸汽由废气锅炉产生,若废气锅炉产汽量无法满足需求,即蒸汽压力低时,燃油锅炉自动点火投入运行。

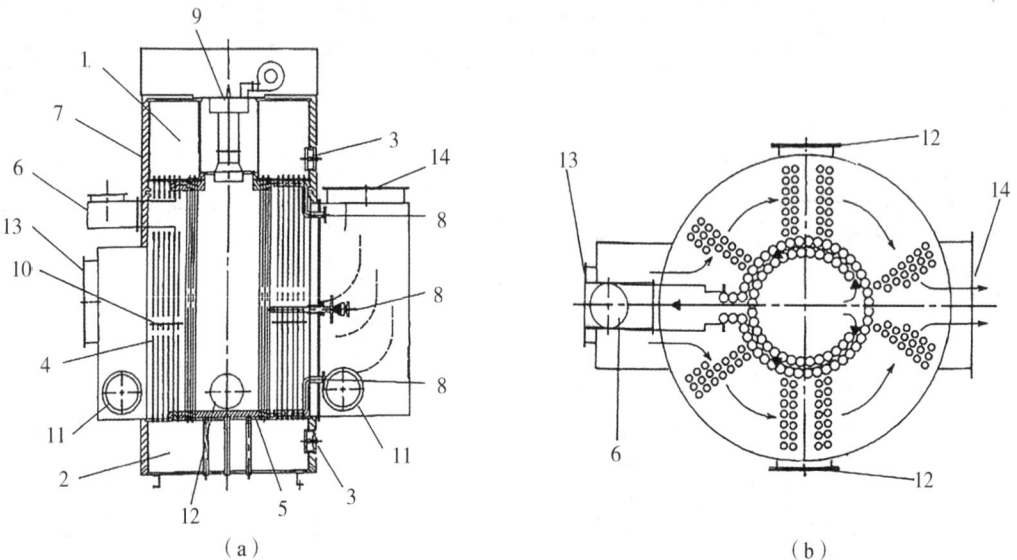

（a）　　　　　　　　　　　　（b）

图2-9　组合式锅炉
1—汽鼓;2—水鼓;3、11—人孔门;4—水管;5—耐火材料;6—烟道(燃油锅炉排气);
7—隔热层;8—吹灰器;9—燃烧器;10—固定板;12—手孔门;13—主机排气进口;14—主机排气出口

2.5 锅炉的辅助受热面

锅炉中除了蒸发水管(包括水冷壁管)等基本受热面外,还有一些附加的辅助受热面,主要包括蒸汽过热器、经济器及空气预热器。前者和蒸发受热面一样接受正常的烟气热量使蒸汽达到预定的过热蒸汽参数,而后二者则是利用排出烟气的余热以提高锅炉效率。经济器和空气预热器往往设置于锅炉烟气流程的尾部,因此也称为尾部受热面。

2.5.1 蒸汽过热器

1.蒸汽过热器的作用和形式

过热器的作用在于获得过热蒸汽,是将饱和蒸汽加热到一定过热温度的表面式换热器,如图 2-2 中 9 所示。蒸汽温度提高后可以为蒸汽动力装置带来诸多好处:首先可提高汽轮机和循环的经济性;其次可避免湿蒸汽对汽轮机叶片的侵蚀。一般情况下,过热蒸汽温度每提高 20~25 ℃,蒸汽动力装置总效率将提高 1%。因此,近代蒸汽动力装置全部应用过热蒸汽。在汽轮机中过热温度一般为 350~450 ℃,而在高压装置中也相应提高到 500~550 ℃。

过热器有多种形式,最常用的有卧式过热器和立式过热器。如果按照吸收热量的方法分类,则可将蒸汽过热器分为辐射、对流及联合(混合)式三种。辐射式蒸汽过热器一般布置在炉膛壁上,主要吸收来自炉膛高温火焰的辐射热量;对流式蒸汽过热器一般布置在锅炉的烟道中,主要通过对流换热的方式吸收烟气的热量;而联合(混合)式蒸汽过热器则由辐射式蒸汽过热器和对流式蒸汽过热器共同组成。在船用主锅炉中,通常采用对流式蒸汽过热器,因为其结构较辐射式蒸汽过热器更可靠。

经过过热器的蒸汽温度很高,而蒸汽的传热性能又较差,加上过热器外是高温烟气,因此过热器的管壁温度比较高。但是钢材的耐高温性能有限,如果运行时管壁温度超过钢材的允许温度,就可能使管子爆裂。为使蒸汽过热器安全可靠地运行,过热器管子必须得到良好冷却,一般情况下,希望过热器中的蒸汽流速为 25~30 m/s。

2.过热蒸汽温度的调节

蒸汽过热器应将锅炉产生的饱和蒸汽过热到一定温度,同时在锅炉负荷允许的波动范围内及工况变化时,保持过热蒸汽温度正常,其波动范围与额定气温的偏差值应在 -10~+5 ℃ 范围内。但是锅炉负荷、给水温度和炉膛过量空气系数的变化,都会引起过热蒸汽温度的变化。因此,对过热蒸汽温度需要加以调节,调节方法主要有如下几种:

(1)饱和蒸汽与过热蒸汽混合

利用调节阀从汽包中引出部分饱和蒸汽与过热蒸汽直接混合,供主汽轮机使用,如图 2-10 所示。但是,当蒸汽过热器布置在烟气温度超过 500 ℃ 的区域时,不能采用这种调节方法。因为,此时进入蒸汽过热器的饱和蒸汽量减少,流速降低,可能会导致蒸汽温度过高而造成过热器管烧坏。

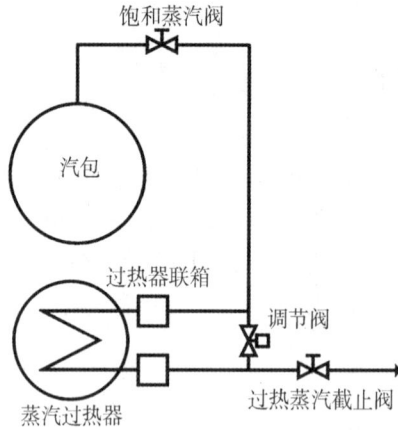

图 2-10　饱和蒸汽与过热蒸汽混合调节蒸汽温度

（2）喷水减温调节

向过热蒸汽管路中喷射冷凝水或高质量的给水,用以调节过热蒸汽的温度。这种方法的优点是调节延迟小,调节范围大,可使蒸汽温度降低 $100 \sim 130$ ℃。但是,该调节方法对水质要求较高,喷水的含盐量要小于 2.5 ppm,且水中不能含有杂质。

（3）改变流经蒸汽过热器的烟气量

调节安装在烟道上的烟气挡板开度,改变流经过热器的烟气量来调节过热蒸汽温度。这种方法设备简单,操作方便,在大、中、小锅炉中都可应用。为防止烟气挡板产生热变形,它应设置在烟气温度低于 400 ℃ 的区域内,并应尽量减少烟气对挡板的磨损。

（4）内置蒸汽减温系统

在锅筒中安装蒸汽减温器也是常用的蒸汽温度调节方法。如图 2-11 所示,从一级蒸汽过热器 2 中引出部分过热蒸汽进入减温器 1,降温后的蒸汽与调节阀 4 出口的过热蒸汽混合,再进入二级蒸汽过热器 3,最终的蒸汽供主汽轮机使用。

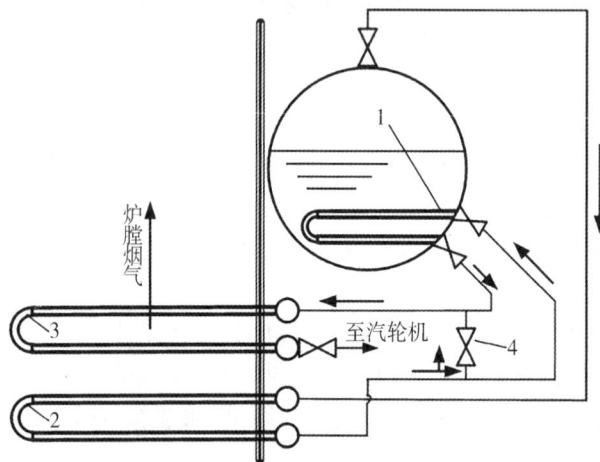

图 2-11　具有蒸汽减温器的蒸汽温度调节系统

1—减温器;2—一级蒸汽过热器;3—二级蒸汽过热器;4—调节阀

这种蒸汽减温器可布置在锅炉的上锅筒或下锅筒中,用改变流经减温器的过热蒸汽流量的方法,达到调节蒸汽温度的目的。该方法可使锅炉负荷在 25%~100% 范围内,调节过热蒸汽温度达到稳定值。

2.5.2 经济器

经济器是利用锅炉烟气的余热来加热给水的低温受热面,它进一步降低了锅炉排烟温度,提高了锅炉效率,因而比较经济。经济器中水温较低,故与烟气的平均温差大,传热系数高,且制造成本低。按经济器出口处水是否已达到饱和温度,经济器有沸腾式和非沸腾式之分。在沸腾式经济器中,水被加热到饱和温度,并有一部分蒸发成蒸汽。在非沸腾式经济器中,出口水温低于饱和温度,没有蒸汽产生。在船用高压锅炉或自然循环锅炉中,考虑到水循环的安全,一般不采用沸腾式经济器。

船用经济器一般由无缝钢管制成,构造比较简单,其受热面由许多蛇形管组成,进、出口都装有联箱。为保证经济器的安全工作,在经济器给水和出水管道上要装设安全阀、压力表和温度计,还应该在上锅筒底部至经济器进口处设置再循环管。当锅炉点火升汽、停炉或停止进水时打开此管,使经济器和汽包之间形成一个循环回路,以防止经济器被烧坏和形成强烈的水冲击。

2.5.3 空气预热器

空气预热器位于经济器之后,它将进入炉膛参加燃烧的空气预先加热,一方面使其温度升高至 120~250 ℃,同时也进一步降低锅炉排烟温度,提高锅炉效率;另一方面,由于空气温度提高,炉膛温度上升,为采用低过量空气燃烧创造了条件,并且使在炉膛内大量铺设水冷壁成为可能。但是,由于空气对管壁的对流放热系数很小,空气预热器又位于低温烟气区,空气预热器所需的受热面面积很大。例如,一台蒸发量为 12 t/h、蒸汽压力为 2.5 MPa 的锅炉,当其预热空气温度为 135 ℃时,空气预热器的受热面和蒸发受热面一样多,因而使锅炉的外形尺寸和重量都大大增加。

在船舶锅炉中,管式空气预热器是一种比较常见的空气预热器,如图 2-12 所示,它由直立的管群和几排隔板组成。烟气在管内从下向上流动,空气则在管外流过管群。为了增加空气的流动速度,加强传热,管群上下装设若干隔板。由于烟气和空气的压力都很低(接近大气压力),因此空气预热器可以用壁厚不超过 3 mm 的薄壁管制造。

2.5.4 尾部受热面运行中的问题

尾部受热面回收了锅炉排烟的大量余热,提高了锅炉效率,但也给锅炉运行带来了诸如低温腐蚀、积灰堵塞和着火复燃等问题。

1.低温腐蚀

低温腐蚀的产生是由于锅炉尾部受热面的金属壁面温度低于硫酸蒸汽的露点,在管壁上结有酸露而造成的。酸露

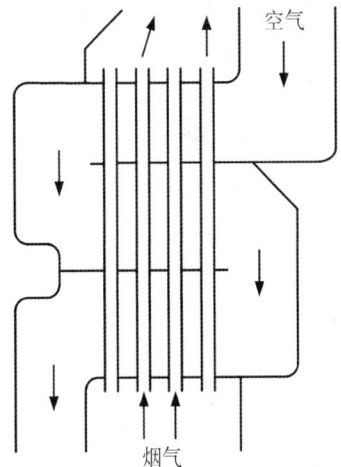

图 2-12 管式空气预热器示意图

的形成是由于燃油中的硫分在燃烧后形成二氧化硫(SO_2)和其中一部分进一步氧化形成三氧化硫(SO_3),三氧化硫与烟气中的水蒸气结合形成硫酸蒸气。它经常发生在空气预热器的冷端(空气进口端)和给水温度低的经济器中。

为保证锅炉长期可靠地运行,可采取以下措施防止低温腐蚀:

(1)装设再循环管路,以提高空气预热器入口空气温度。把一部分已加热的空气从再循环管路引回到风机入口,与冷空气混合后再进入空气预热器,从而提高预热器空气入口温度,避免管壁结酸露造成腐蚀。

(2)设置旁通烟道或旁通空气道。当锅炉点火升汽或在低负荷运行时,将烟气或空气旁通,不经过空气预热器,以避免管壁低温腐蚀。

(3)采用低过量空气燃烧方式。它能减少二氧化硫的进一步氧化,从而减少硫酸的生成,这是最合理、有效的防止低温腐蚀的措施。

(4)保证良好的燃烧工况,使生成的三氧化硫在离开炉膛前尽量分解。另外,要及时进行吹灰,保持受热面清洁,尽量减少催化作用。停炉检修时,应注意清扫受热面上的铁锈和积灰。

(5)采用耐腐蚀的材料或涂料,如玻璃钢、硼硅耐热玻璃或搪瓷、防腐漆等。

(6)使用固体、液体或气体添加剂清除生成的三氧化硫。固体添加剂有白云石、镁石、某些金属(如硅、铝)的氧化物。液体添加剂有氯化镁的水溶液。气体添加剂有氨气等。添加剂的防腐蚀效果取决于添加剂的种类、用量、添加方式及其分布的均匀程度等。添加剂可以加工成粉状喷入炉膛或过热器,也可注入燃油中,由喷油器喷入炉膛。

2.积灰堵塞

锅炉运行时,受热面容易积灰,尤其是燃用高硫燃油时,积灰尤为严重。因为燃油灰分中含钒、钠等金属元素,在燃烧过程中可以形成熔点很低的化合物。在烟气温度较高的区域,它们呈软化状态黏附在受热面上,其黏性很强,使其他灰粒也粘上去,形成牢固的积灰。当尾部受热面结有酸露时,管壁湿润,也容易黏附烟灰。另外,燃油灰分中含有钙,燃烧后生成氧化钙,与三氧化硫作用形成硫酸钙,如遇凝结的水会形成牢固的烟灰。当燃烧恶化时会产生大量未燃尽的炭粒子,其数量多于灰分,且颗粒很细,吸附性很强,很容易被吸附在尾部受热面上,形成牢固的积灰。

当受热面外部积灰严重时,就会形成烟气通道堵塞的现象,不但有腐蚀性,还会影响锅炉的正常运行,降低锅炉效率,甚至导致锅炉无法点火燃烧。因此,锅炉受热面积灰应及时清除,必要时可用碱水冲洗。

3.着火复燃

当尾部受热面沉积的积灰中有可燃物时(例如炭粒),它在一定条件下会在尾部烟道中重新着火燃烧,严重时会把受热面烧毁,这种现象称为尾部受热面的着火复燃。当锅炉燃烧不良时,尾部受热面的积灰中有80%~90%是炭粒。尤其是在锅炉启、停过程中,由于燃烧不充分或设备有缺陷,燃油凝结在尾部受热面上,更使尾部受热面有再燃的风险。

当发生着火复燃时,应立即停止向炉内供油,停止风机,关闭烟道和空气道的挡板,并进行蒸汽灭火。防止尾部受热面发生着火复燃的措施主要有:

(1)保证锅炉在各种工况下燃烧良好。

(2)及时进行吹灰,防止可燃物积存。

(3)停炉后10 h内应严密关闭烟道和风道挡板以及各种孔、门,防止空气漏入。

2.6 锅炉附件

锅炉附件是保证锅炉正常工作所必需的阀件和附属装置的总称。其种类很多,例如:水位计、安全阀、压力表、给水阀、给水管和给水处理装置、上下排污阀、炉水取样化验装置、空气阀等。锅炉附件如果出现故障,也会对锅炉的安全可靠运行造成影响,甚至会发生危及人身和设备安全的事故。本节主要介绍水位计和安全阀。

2.6.1 水位计

1.水位计概述

当锅炉运行时,随时了解其中的水位是极为重要的。每台锅炉都规定有最高工作水位、最低工作水位和最低危险水位。正常工作时,锅炉水位应处于最高工作水位和最低工作水位之间。如果水位调节失灵或给水系统发生故障,水位降至最低工作水位之下的危险水位时,自动控制系统会发出报警并使锅炉自动熄火,防止锅炉干烧。根据我国《钢质海船入级规范》,锅炉最低工作水位一般应符合以下规定:水管锅炉应高出最高受热面不少于 100 mm;横烟管锅炉应高出燃烧室或烟管顶部不少于 75 mm,多回程的可适当减少;混合式锅炉应高出热水管不少于 50 mm;立式竖烟管锅炉应不低于二分之一烟管高度。当船舶横倾 4°时,最低水位仍应符合上述要求。

每台锅炉一般装设两支水位计,分置于左、右两侧。在船舶摇摆和倾斜时,可通过比较两支水位计中的水位来判断锅炉内的水位。若一支水位计损坏,应加强水位监视,并伺机尽快换新;若两支水位计损坏,应立即熄火。

2.水位计形式

水位计有多种形式,常见的有玻璃管式和玻璃板式等。玻璃管式水位计结构简单,价格便宜,使用方便,但水位显示不够清晰,且玻璃管的承压能力较低。对设计压力为 0.78 MPa 及以下的锅炉可采用玻璃管式水位计,但应装设防护设施。为提高水位计的承压能力,可在金属框盒内镶嵌耐热钢化平板玻璃来代替玻璃管,即玻璃板式水位计,如图 2-13 所示。

为了能清晰地显示水位,平板玻璃靠水侧刻有纵向沟槽,工作时,有水的部分会因光的折射作用显得发暗。在装配玻璃板式水位计时,玻璃板与金属框架之间的接触面应研得很平,保证充分贴合。在上紧框架螺钉时,其顺序应从水位计中间往两端交叉均匀上紧。否则,玻璃板会因扭曲变形产生较大的内应力,受热后容易碎裂。螺钉松紧度应定期检查,防止因螺钉松动导致水位计漏水。压力较高的锅炉可在水位计平板玻璃靠水一侧加衬云母片,以保护平板玻璃不受炉水腐蚀。

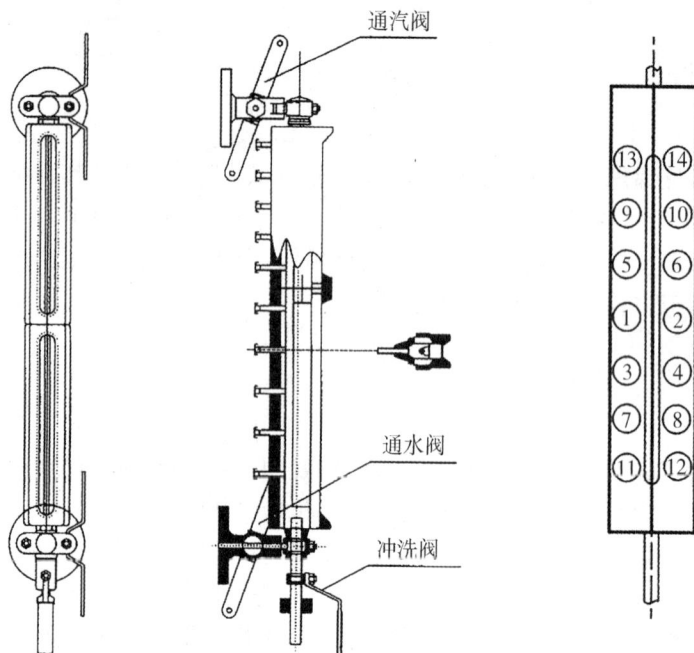

图 2-13　玻璃板式水位计

3.水位计的管理

由于汽、水在水位计中的流动很弱,水位计通锅炉的连接管容易被炉水中的污物堵塞,应当及时冲洗。主锅炉或有专人监管的油船锅炉,通常每 4 h 至少冲洗一次水位计。冲洗水位计的操作步骤和判断水位的方法如表 2-1 所示。

表 2-1　冲洗水位计的操作步骤和判断水位的方法

操作顺序	具体步骤	结果	处理意见
(1)冲洗水通道	关通汽阀,开通水阀,再开冲洗阀几秒即关	听到有水流冲出的声音,说明水通道通畅	如不通畅,可连续开关通水阀数次,利用炉水冲击力冲走污物。如仍不通畅,应拆卸、疏通
(2)冲洗汽通道	关通水阀,开通汽阀,再开冲洗阀几秒即关,冲洗完毕后关闭通汽阀	听到有汽流冲出的声音,说明汽通道通畅	如不通畅,可连续开关通汽阀数次,利用蒸汽冲击力冲走污物。如仍不通畅,应拆卸、疏通
(3)叫水	关冲洗阀和通汽阀,慢慢打开通水阀	由于通汽阀关闭,如果水位高于通水管,水位将上升到水位计顶部	继续下一步操作
		如无水出现,说明锅炉水位已低于通水管,锅炉已严重失水	如明确知道数分钟前水位处于正常位置,则可加大给水量,迅速恢复水位。如失水时间不清楚,应立即熄火停炉,查找原因

续表

操作顺序	具体步骤	结果	处理意见
（4）恢复正常	开通汽阀	如水位下降至水位计中段,表明情况正常	锅炉可正常投入工作
		如水位下降至玻璃板以下,说明水位低,但仍在通水管以上	加大给水量,迅速恢复水位
		如水位仍在水位计顶部,并不下降,说明锅炉满水	应停止供汽,并开启上排污阀放水,使水位恢复正常

冲洗水位计时,通水阀和通汽阀同时关闭的时间要尽量短,以防周围空气使玻璃冷却,在随后通入汽、水时,玻璃因骤然变热而破裂。换新玻璃时应先稍开通汽阀,让玻璃预热一下,再开大通水阀和通汽阀。随着现代远洋商船自动化程度的不断提高,一般将锅炉水位以及各处压力、温度、给水含盐量等非电量信号转换为电量信号送到集控室集中显示,以便轮机管理人员及时、全面了解锅炉的工作情况。

2.6.2 安全阀

当外界对蒸汽的需求量突然减少或炉内燃烧过于强烈时,锅炉气压会上升,若燃烧调节不及时,气压可能会超过额定工作气压较多。为了防止气压过分升高对锅炉造成损伤甚至发生爆炸,锅炉一定要装设安全阀,以便在气压超过一定限度时开启,使大量蒸汽排入大气,以免气压继续上升。当气压降至一定程度时,安全阀自动关闭。

1.对安全阀的要求

根据《钢质海船入级规范》,对锅炉安全阀的要求主要有:

（1）每台锅炉本体应设两个安全阀,通常组装在一个阀体内。蒸发量小于 1 t/h 的辅锅炉可仅装一个。装有过热器的锅炉,过热器上亦应至少装一个安全阀。

（2）锅炉安全阀的开启压力可为大于实际允许工作压力的5%,但不应超过锅炉的设计压力。过热器安全阀的开启压力应低于锅炉安全阀的开启压力。

（3）安全阀开启后应能通畅地排出蒸汽,以保证在停汽阀关闭和炉内充分燃烧的情况下,烟管锅炉在 15 min 内,水管锅炉在 7 min 内,蒸汽压力的升高值应不超过锅炉设计压力的10%。所以,安全阀不但应有足够大的直径,而且开启后应该稳定且具有较大的提升量。对于全升程安全阀（指升程≥$1/4d$,d 为安全阀直径）,安全阀排气管的通流面积应不小于安全阀总面积的 2 倍,而对于其他安全阀应不小于 1.1 倍。

（4）安全阀动作应准确,并保持严密不漏。

（5）任何安全阀直径都不应大于 100 mm,但亦应不小于 25 mm。安全阀都是经过验船师调定后铅封的,除非船级社特许,船员不能随意重调。

2.安全阀的工作原理

安全阀的形式主要有直接作用式和先导式两种。

（1）直接作用式安全阀

直接作用式安全阀一般用于蒸发量较小,气压较低的锅炉。辅锅炉多采用直接作用式安全阀。图 2-14 所示为一种直接作用式安全阀,它由两只安全阀组装在一个阀体内构成。弹簧

1 压紧阀盘 2,转动调节螺丝 3 即可调节弹簧压板 4 的位置,从而改变弹簧预紧力以调整安全阀的开启压力。安全阀的阀盘带有唇边 5,其作用是使安全阀开启后能迅速达到较大的升程且工作稳定。当气压达到开启压力后,蒸汽压力将阀盘顶起,蒸汽将从阀盘周围溢出。如果没有唇边,气压稍一降低,阀盘很快又关闭,然后由于气压回升再次开启,这样阀盘将上下不停地跳动。而在阀盘外围增加一圈唇边后,阀盘在开启后将得到一个附加的上顶力,从而增加了阀盘升程,阀也不会很快关闭。阀盘上方设有带密封圈的套筒 6,阀开启后阀上方不会受到蒸汽压力作用。

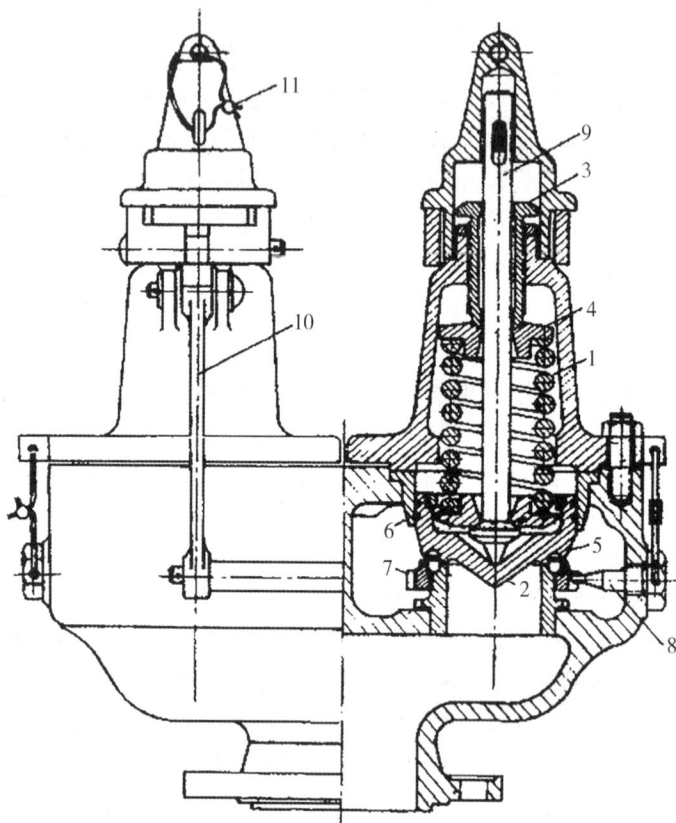

图 2-14　直接作用式安全阀

1—弹簧;2—阀盘;3—调节螺丝;4—弹簧压板;5—唇边;6—套筒;
7—调节圈;8—调节圈固定螺钉;9—阀杆;10—手动强开杠杆;11—铅封

　　唇边的设置虽然解决了开启稳定的问题,但因为开启后阀盘的蒸汽作用面积大于开启前的面积,所以当蒸汽压力下降至额定压力时,阀盘也不能立即关闭。只有当气压继续下降,作用在阀盘和唇边上的蒸汽向上的作用力小于弹簧向下的作用力时,安全阀才能自动关闭,即安全阀的关闭压力要低于开启压力,这一压力差值称为降低量。

　　阀座上装有调节圈 7,通过转动调节圈,改变其位置,即可获得开启稳定、降低量又不大的工况。在安全阀顶部设置有手动强开杠杆 10,并用钢丝绳通至机舱底层或上甲板等处,以便必要时拉动钢丝绳强开安全阀。平时一般应每月手动强开一次,以防安全阀因长期不起跳而咬死。

（2）先导式安全阀

先导式安全阀又称脉冲式安全阀。在容量较大，气压较高的锅炉上，由于安全阀所需阀盘直径较大，如仍采用直接作用式安全阀，则弹簧的弹力过大，开启压力要比工作压力增加很多，造成蒸汽的大量浪费，而且安全阀的动作也不灵敏。所以，此种锅炉广泛使用先导式安全阀，其工作原理如图 2-15 所示。

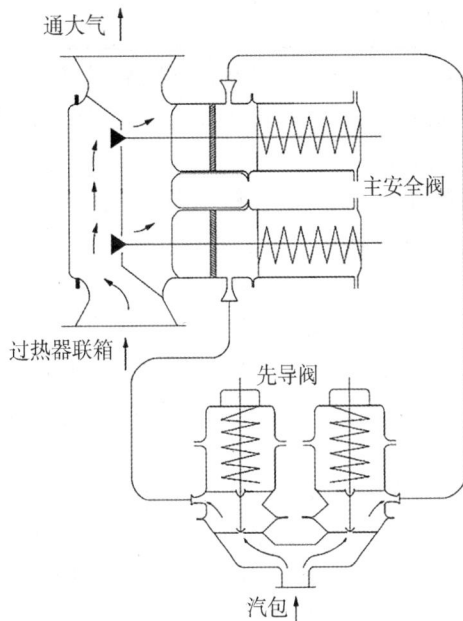

图 2-15　先导式安全阀的工作原理

先导式安全阀分为两部分：先导阀和主安全阀。先导阀结构与普通直接作用式安全阀相同，其作用是当气压升高到开启压力时，放出一部分蒸汽到主安全阀，推动主安全阀开启。在主安全阀中，连接阀盘的阀杆上装有活塞，来自先导阀的蒸汽被引入活塞上方，推动活塞，打开主阀，从而将超压蒸汽泄放至大气中。有时为了节约放出的蒸汽量，可将两只先导阀的开启压力设置成不同值，当气压超过工作压力时，低压先导阀先开启，主安全阀放汽降压。如果气压继续升高，高压先导阀随之开启而继续放汽。这样可以避免放出的蒸汽过多而造成炉水和热量的浪费。应当注意，当安全阀开启时，应立即降低燃油量，甚至及时停止燃烧。可见，先导式安全阀可以省去笨重粗大的弹簧，而且主安全阀的阀盘是被蒸汽压在阀座上，不仅使其达到更紧密的程度，而且能使主弹簧不承受经常性载荷。

2.7　船舶主锅炉实例

2.7.1　主锅炉参数及结构概述

图 2-16 所示为某大型 LNG 船配备的主锅炉结构图，该锅炉由川崎重工生产，型号为 UME 65/52，共配备两台，具体参数如表 2-2 所示。

表 2-2　UME 65/52 型主锅炉参数表

最大蒸发量/(kg/h)	正常蒸发量/(kg/h)	蒸汽参数	给水温度/℃	燃烧器	正常蒸发量下燃油消耗量/(kg/h)	正常蒸发量下燃气消耗量/(kg/h)
65 000	52 000	5.90 MPa/525 ℃过热蒸汽	145	燃油/燃气双燃料,3台	3 750	3 194

该锅炉由壳体、过热器、经济器、空气加热器、燃烧器、基座和其他附件构成。锅炉内部还设置有辅助减温器,最大蒸汽流量为 35 000 kg/h,蒸汽出口温度为 350 ℃,出口压力为5.44 bar。

该主锅炉为双鼓式水管锅炉,有一个汽包和一个水筒,汽包和水筒之间由一系列倾斜的蒸发管连接。锅炉水侧的其他部件包括水帘管(保护过热器单元,使其免受炉膛火焰的直接辐射)、水冷壁管(前、后、侧面和顶部)、下降管、底部联箱、前部水冷壁上下联箱、后部水冷壁上下联箱、前后水冷壁上升管等。炉膛四周的水冷壁管都采用薄壁结构。每根管子都沿管长焊有两个相对布置的翅片。相邻管子的翅片焊接在一起形成薄壁。炉膛被薄壁结构包围,并保持气密,防止气体漏入壳体。此外,锅炉内部的主要部件还有过热器、位于汽包内的减温器、位于水筒中的调温器、经济器、蒸汽空气加热器和壳体。三个双燃料燃烧器安装在锅炉顶部,其运行时,高温烟气依次穿过水帘管、过热器、主蒸发管束和经济器,最后从烟囱排出。

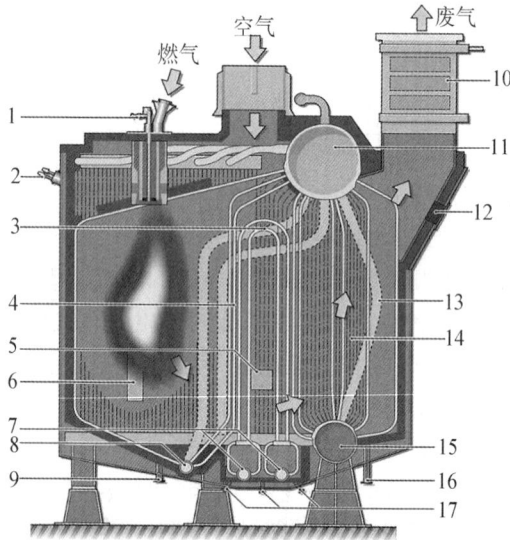

图 2-16　UME 65/52 型 LNG 船配备的主锅炉结构图

1—燃烧器;2—火焰探测器;3—过热器管;4—水帘管;5、12—人孔门;6—人孔门(兼作过热器管拆出孔);7—过热器联箱;8—炉膛底部联箱;9、16、17—泄放管;10—经济器;11—汽包;13—下降管;14—主蒸发管束;15—水筒

2.7.2　锅筒

汽包内部布置有减温器、上排污管、内给水管、投药管、挡板和干燥箱等部件。锅炉产生的蒸汽进入汽包上部空间之前,必须先通过设置在正常水位附近的挡板。该挡板用于减少由于负荷突变、船体移动等原因引起的锅炉水位大幅波动。蒸汽流出锅炉之前还必须流经位于汽

包顶部的干燥箱,干燥箱可以分离出蒸汽中的较大水滴,防止或减少蒸汽携水。

在汽包中正常水位以下设置有一个浸没的管式减温器。过热蒸汽通过管子输送至减温器,在减温器中将大部分的过热度释放至汽包内的水中,输送出全压的减温蒸汽。这样,即使在过热蒸汽需求量低的时候,也可确保总有一定流量的蒸汽流经过热器。从而保证过热器管子不会在蒸汽流量低时因过热而烧坏。

水筒布置在锅炉底部,其内部安装有一个浸没的管式调温器。通过使一部分过热蒸汽流经调温器的方法来调节过热蒸汽出口温度。过热蒸汽从过热器的第四和第五圈盘管之间流入调温器。调温器设有一个旁通节流孔,以保证任何时候都有一定流量的蒸汽流经过热器。水筒还装有下排污管,以排掉水中的杂质。汽包和水筒都设置有人孔盖,方便进入检查。

2.7.3 炉膛

如前文所述,炉膛壁面采用薄壁结构。形成炉膛侧面、底部、顶部、前部和后部壁面的水冷壁管,管径为 63.5 mm。外部下降管布置于锅炉壳体外侧,为汽包至水筒、底部联箱和前后部水冷壁联箱提供充足的水循环。这些管子通过焊接进入锅筒和水冷壁联箱。

水冷的炉膛底部管离开底部联箱后,沿炉膛底部横向延伸,然后向上弯曲形成炉膛侧面和顶部,最终汇集至汽包。炉膛前部和后部的水冷壁管子则是由下部水冷壁联箱延伸至上部水冷壁联箱,上部水冷壁联箱通过上升管连接至汽包。炉膛壁面上有一些开口用于布置燃烧器、人孔和吹灰器。水冷壁管经过这些开口时,从开口周围通过,然后再回到原来的平面。在这些区域使用耐火材料保护裸露的金属。炉膛水冷壁外围包裹有隔热材料,并布置有允许膨胀的支柱。外部壳体由涂有耐热漆的波纹状钢板构成。蒸发管束是由管径为 45 mm 的管子构成,它们交错布置,延伸至锅筒。

2.7.4 过热器

该过热器由一次过热器和二次过热器构成,它是竖直、U 形、对流式的,允许蒸汽流多次通过。过热器单元呈直列布置,使中心回路形成一个可进入的空间,方便检查和清洁。每一个管屏的管子上都焊有合金垫块和支撑块,用来保持管子之间的间隙。过热器的每个联箱都布置在锅炉底部,方便人员进入和保养,同时使用焊接的钢隔板内部隔开,可以对蒸汽流通过联箱之间的五个通道起导向作用。

2.7.5 经济器

一个带翅片的经济器布置在锅炉管束的上方。该经济器是由排列紧密的连续回路单元构成,它的两端都焊接在端部联箱上。经济器管子由带有螺旋状钢制翅片、管径 38.1 mm 的碳钢管制成,采用 U 形弯头连接,以形成一个完整的回路。每一个回路单元都交错布置,焊接在内部联箱(上部)和外部联箱(下部)上。端部联箱的外侧设有手孔,以方便检修操作。该经济器采用钢制的壳体隔离和包裹,该壳体上设置有大型、可拆卸的检修门。锅炉给水从顶部进入经济器的内部联箱,然后流经各回路单元,进入底部联箱,再流进锅炉汽包。经济器中给水流向与烟气流向相反,烟气向上流经经济器各回路单元,这样可以防止经济器管子温度差过大。

2.7.6 强制通风机

该锅炉还配备有两台强制通风机。风机排量为 1 820 m³/min(1 194 r/min)或 910 m³/min (895 r/min)。两台风机安装在上甲板上,由通过燃烧控制装置自动定位的可调叶片控制。两台风机分别为各自对应的主锅炉供风。每一台风机都可以通过手动开启风道内的转换装置同时为两台主锅炉供风。

2.7.7 蒸汽空气加热器

该锅炉设置有一台蒸汽空气加热器,用于在助燃空气进入风箱和炉膛前将其加热。当气压充足时,该蒸汽由主汽轮机中压抽汽系统提供。在其他时候,该蒸汽由减温蒸汽系统提供。凝水被引入低压给水加热器或大气凝水柜(详见第 9 章船舶汽轮机动力装置热线图相关内容)。

2.7.8 燃烧器

两台主锅炉炉膛顶部各配备三台燃油、燃气双燃料燃烧器。燃油燃烧器是蒸汽雾化、压力喷射式燃烧器,由雾化器、强制通风调节门和燃油速闭阀组成。燃油通过燃烧器总管和支管分配至各燃烧器。增加或减少燃烧器运行数量的操作由自动燃烧控制信号实现,必要时也可通过遥控按钮操作。每台主锅炉还各自配备有一台密封空气风机,该风机为燃烧器的火焰探测器和排烟指示器提供冷却和密封空气。

第 3 章　船舶锅炉的燃油设备及系统

3.1　燃油在锅炉中的燃烧情况

3.1.1　燃油燃烧的特点

1.燃油的燃烧是气态燃烧。

由于燃油的沸点总是低于燃点,其燃烧时,实际上直接参加燃烧的不是液体状态的"油",而是"油气"。这也是液体燃料燃烧的共同特点。

2.燃油的蒸发速度直接影响其燃烧速度。

燃油的蒸发速度越快,其燃烧速度也越快。燃油的蒸发速度与油温、油滴表面积及油滴周围介质中油气分压力有关。燃油加热时,温度越高,蒸发速度越快。因此,应对燃油充分加热。油气的蒸发是在油的表面进行的,单位质量燃油表面积越大,蒸发就越快。因此,锅炉运行时总是将燃油雾化成小油滴进行燃烧,以增加单位质量燃油表面积,加快蒸发速度,从而加快燃烧速度。此外,还要求油滴与周围介质有较大的相对速度,以加强油气向外扩散,减小油滴附近的油气分压力,从而加快燃油蒸发。

3.燃油的燃烧速度与空气和油气的扩散速度有关。

燃油的燃烧是蒸发出来的油气与空气形成可燃气体的燃烧,油气从油滴周围向外扩散,空气从四周向油气中扩散,在比例适当的球面上进行燃烧。空气和油气的扩散速度越快,燃烧也越快。燃油燃烧时,要提高助燃空气的速度,并增加空气流的扰动,以增强空气向油气中的扩散。

4.燃烧速度与氧化速度也有关。

由于燃烧是一种剧烈的氧化过程,而氧化速度与环境温度有关。环境温度越高,氧化速度越快。因此,炉膛温度越高,燃烧就越剧烈。炉膛温度较低时,燃烧比较缓慢,甚至不能保证稳定燃烧而熄火。所以,要求锅炉在低负荷运行时,炉膛出口的烟气温度不低于 1 000 ℃左右。

综上所述,燃烧速度取决于油滴蒸发速度、油气与空气的扩散速度及氧化速度。

5.油气是各种碳氢化合物的混合物,其燃烧反应是一种复杂的连锁反应。

在高温条件下,其反应不稳定,在缺氧的情况下会发生热分解,形成难以燃烧的炭黑。因此,锅炉在燃用重质燃油时,把全部空气集中从火焰根部送入,使燃油在准备区中进行蒸发并与空气均匀混合。此区域中氧气充足,气流中油气分压力低,油滴可以在低温下全部蒸发,而不至于在高温下发生热分解。由于气流温度低,即使发生热分解,也只在低温下进行对称性热分解,得到的是易燃烧的碳氢化合物。

3.1.2　空气过剩系数

1 kg 燃油完全燃烧所需的理论空气量用 $V_0(\text{m}^3/\text{kg})$ 表示(以标准状况计)。在粗略估算时,可近似认为 $V_0 = 11 \text{ m}^3/\text{kg}$(标准状况)。此时燃油中的可燃物质恰好与空气中的氧全部发生氧化反应。

实际上,燃油在炉膛进行燃烧反应时,因为燃油与空气混合不均,空气中的氧分子不可能都有机会与燃油中的可燃成分接触,所以,会有部分可燃成分没有机会进行燃烧反应而造成热量损失。为了使燃油完全燃烧,就要往炉膛中多送入一点空气,使燃烧在有多余氧的情况下进行。1 kg 燃油完全燃烧所用的实际空气量 V_k 与所需理论空气量 V_0 之比称为空气过剩系数,用 α 表示,即

$$\alpha = \frac{V_k}{V_0} \tag{3-1}$$

空气过剩系数对锅炉效率有重要影响。空气过剩系数越大,风机耗能越大,锅炉的排烟损失也越大。但空气过剩系数太小,锅炉的不完全燃烧损失又可能太大。燃油锅炉合适的空气过剩系数一般为 1.05~1.2。

3.1.3　燃油在炉膛中的燃烧过程

燃油在炉膛中的燃烧是以火炬的方式进行的,其过程可分为两个阶段:(1)准备阶段,即经雾化的油滴被迅速加热、汽化,与空气相混合,同时油气主要成分高分子碳氢化合物发生热分解。(2)燃烧阶段,即油气与空气的混合气体浓度达到一定数值,并被加热到一定温度,遇明火着火燃烧。

燃烧器由喷油器和配风器等部件组成,一般安装在锅炉前端或顶部。喷油器将燃油雾化成细小的油滴,并使油雾以一定的旋转速度从喷油嘴的喷孔中喷入炉膛,形成有一定锥角的空心圆锥。油雾在前进过程中不断与空气掺混,离喷嘴越远,油雾层厚度越大,而油雾浓度越小。

空气经配风器进入炉膛,它被挡风罩或挡风板分为两部分:一部分紧贴着喷油器吹出,称为一次风(又称根部风、雾化风),其作用是保证油雾一离开喷油器就有一定量的空气与之混合,从而减少在高温缺氧情况下热分解产生难燃的炭黑的可能性;另一部分沿炉墙喷火口外围进入炉膛,称为二次风,其作用主要是供给燃油燃烧所需的大部分空气。一、二次风及燃油的供入如图 3-1 所示。

空气经配风器的斜向叶片形成与油雾反向旋转的气流,以提高两者的相对速度,这有利于油的蒸发和与空气的混合。旋转气流在离心力的作用下向外扩张,形成一定的扩张角。气流旋转越强烈,扩张角越大。于是,气流中心就会形成低压,吸引炉膛内高温烟气回流,形成回流区。也有的燃烧器采用圆环形挡风板分隔一、二次风,靠挡风板后形成的低压区造成回流。回流区内高温烟气加速了油雾的蒸发、升温、分解和与空气的混合,进而着火燃烧。

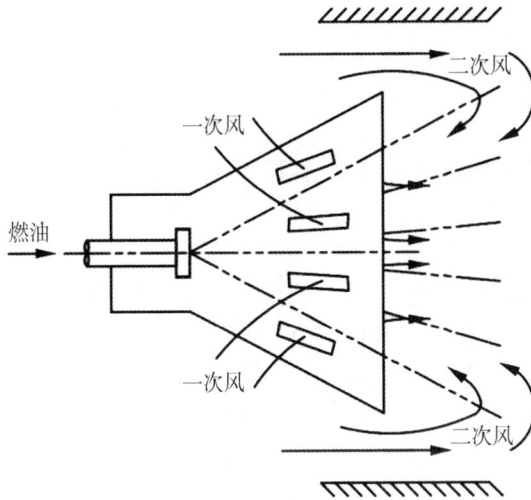

图 3-1　一、二次风及燃油的供入

　　油气和空气混合形成的可燃气被点燃后形成的燃烧带称为着火前沿。它一方面要向燃烧器方向扩展；另一方面又随气流向炉膛内流动，当两者速度相等时，着火前沿便稳定在一定位置上。可见，喷油器前的火炬可分成两个区域：准备区和燃烧区。在准备区内进行油雾与空气混合物的加热、汽化和分解，在燃烧区内进行燃烧。着火前沿的位置对燃烧质量和燃烧设备的安全影响很大。着火前沿位置如果离雾化器太远，这时气流速度已经衰减，混合的强烈程度已经减弱，所以会造成燃烧不良，使火炬拖长。如果离雾化器太近，则有可能将喷火口和雾化器烧坏。

3.1.4　保证燃烧质量的主要因素

　　（1）燃油的雾化质量良好。燃油雾化得越细，分布均匀性越好，则油滴的蒸发速度越快，与空气的混合也越好。要想雾化良好必须有好的喷油器，并将油加热到足够低的黏度，有的喷油器还要求有足够高的油压。

　　（2）要有适量的一次风和二次风。一次风量占总风量的 $10\% \sim 30\%$，风速在 $10 \sim 40$ m/s 为宜。一次风太小则油雾在着火前就会在高温缺氧条件下裂解，产生大量炭黑，烟囱冒黑烟；一次风太大又会因火炬根部风速太高而着火困难，甚至将火炬吹灭。二次风量大小关系到空气过剩系数是否合适，直接影响不完全燃烧损失和排烟损失。

　　（3）油雾和空气应该混合均匀，着火前沿位置和火焰长度应合适。空气和油雾应该有较大的相对速度和扰动，这有助于相互扩散和混合均匀，同时应形成适当的回流，使着火前沿位置合适。这两点由合适的风量和良好的配风器来保证。

　　（4）炉膛容积热负荷要适当。热负荷太高，会使燃油在炉膛内停留时间过短而来不及完全燃烧；热负荷太低，又不能保证足够高的炉膛烟气温度，也不利于完全燃烧。

3.2　燃烧器

燃烧器主要由喷油器、配风器和电点火器等部件组成。

3.2.1　喷油器

燃油是通过喷油器(俗称"油枪")喷入炉膛的。喷油器有两个作用:一是控制喷入炉内的燃油数量;二是将燃油雾化,保证其在炉膛内的燃烧质量。

1.对喷油器的要求

为保证锅炉的正常运行,对喷油器的主要要求如下:

(1)有较大的调节比(即最大喷油量与最小喷油量之比),以适应不同蒸发量的需求。

(2)在要求的喷油量范围内,获得尽可能细的油滴。油雾中的油滴大小是不均匀的,一般用油滴的平均直径作为衡量油滴大小(即雾化粒度)的指标。从有利于燃烧出发,希望直径为50 μm 左右的油滴能占 85%以上为宜,并且不要出现 200 μm 以上的油滴。

(3)油雾分布要有一个适当的雾化角,以适合配风器的要求。油雾离开喷油器后,燃油一方面向外喷射,有轴向速度;同时燃油还旋转,有切向速度。所以油雾离开喷油器后立即扩张,呈空心的圆锥形,其圆锥的顶角叫作雾化角。雾化角应稍大于经配风器出口气流的扩张角,使喷入炉膛的油雾能与空气均匀混合,如图 3-1 所示。同时,雾化角也应与炉膛喷火口配合恰当。雾化角过大时,油雾会在喷火口上产生结炭;雾化角过小时,油雾锥体外漏入的空气不能与油雾很好地混合。

(4)油雾流的流量密度分布要合适。单位时间内,通过垂直于油雾流轴向速度的单位面积上的燃油体积,称为油雾流的流量密度,单位是 cm³/(cm² · s)。流量密度沿圆周方向的分布应当均匀,并避免在油雾流中心部分有较大的流量密度,因为中心部分是回流区,过多的油喷入回流区对燃烧不利。

(5)喷油器还要结构简单,运行可靠,操作和调节方便,检修和清洗容易,并易于实现自动控制。

2.喷油器的主要类型

喷油器的类型很多,船舶锅炉常用的主要有以下几种:

(1)压力式喷油器

压力式喷油器前端的喷嘴对喷油量的大小和雾化质量起着决定性作用,如图 3-2 所示,它由喷嘴体、雾化片和喷嘴螺帽等组成。

油泵把燃油压入喷油器,经喷嘴体上 6~8 个通孔到达前端面的环形槽,然后沿雾化片上的四个切向槽进入锥形的旋涡室,产生强烈的旋转。根据动量矩守恒定律,随着旋转半径不断缩小,油流的切向速度将迅速增加。在旋涡室中心处形成低压,将喷孔外的气体吸入,使中心形成一个气体旋涡。因此,燃油离开喷油器时是呈环形截面喷出,形成空心圆锥形。旋转越强烈,则雾化角越大。

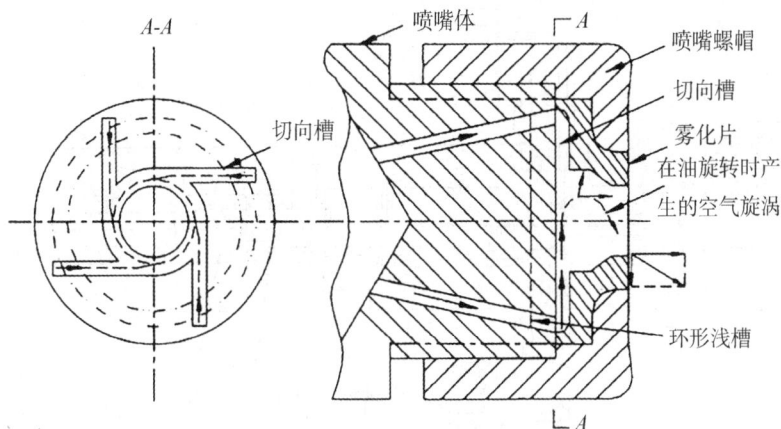

图 3-2 压力式喷油器的喷嘴

燃油从喷油器喷出后,由于油流本身的紊流脉动以及与空气的相互撞击,雾化形成细小的油滴。影响压力式喷油器雾化质量的主要因素有:

①油压。燃油压力越高,油喷出的速度越快,紊流脉动越强烈,雾化质量就越好。但油压超过 2 MPa 后雾化质量改善并不明显,耗能却增加,因此船用燃油锅炉燃油系统最高压力一般不超过 2~3 MPa。为保证雾化良好,最低油压为 0.7 MPa 左右。

②喷孔直径。喷孔直径越小,形成的油膜越薄,雾化质量越好,故每个喷嘴的喷油量不宜过大。

③油流旋转的强烈程度。切向槽中油流速度越大,则在旋涡室旋转越强烈,形成的油膜也越薄,同时油流中的紊流脉动也越强烈,因而有利于雾化。

④油的黏度。燃油黏度越小,油流分子间的摩擦力越小,在旋涡室和雾化片内的速度衰减就小,油膜越容易破碎,雾化质量就越好。一般要求雾化前燃油黏度不高于雷氏黏度 R.W.NO.1(38 ℃)70 s(约相当于 16 mm²/s),而最佳黏度为 R.W.NO.1(38 ℃)60 s 左右(约相当于13 mm²/s)。

船舶对于蒸汽量的需求往往会有很大的变化,其变化幅度可达10%~100%。为避免燃油系统频繁起动点火,要求喷油器的喷油量(即燃油锅炉的负荷)也能随之改变。压力式喷油器调节喷油量的方法主要有:

①改变喷油压力。压力式喷油器的喷油量与油压的平方根成正比。喷油器的最高油压在2~3 MPa 范围之内,最低油压为 0.7 MPa 左右,如果通过改变油压来调节喷油量,其调节比不宜超过 2,这样不能适应锅炉负荷的变化幅度,燃烧器会较频繁起停。

②改换喷孔面积。即换用喷孔直径不同的喷嘴或雾化片,这种调节方法不适宜使用在自动调节系统中,目前应用较少。

③改变投入运行的喷油器(或喷嘴)数目。为了燃烧不中断,采用这种调节方法的锅炉必须采用多喷嘴喷油器或设置多个喷油器,属于有级调节。新型的压力式喷油器带有喷油阀,可防止压力不足时喷油,并带有 1~3 个喷嘴,可实现分级燃烧。图 3-3 所示为带喷油阀的双喷嘴压力式喷油器。

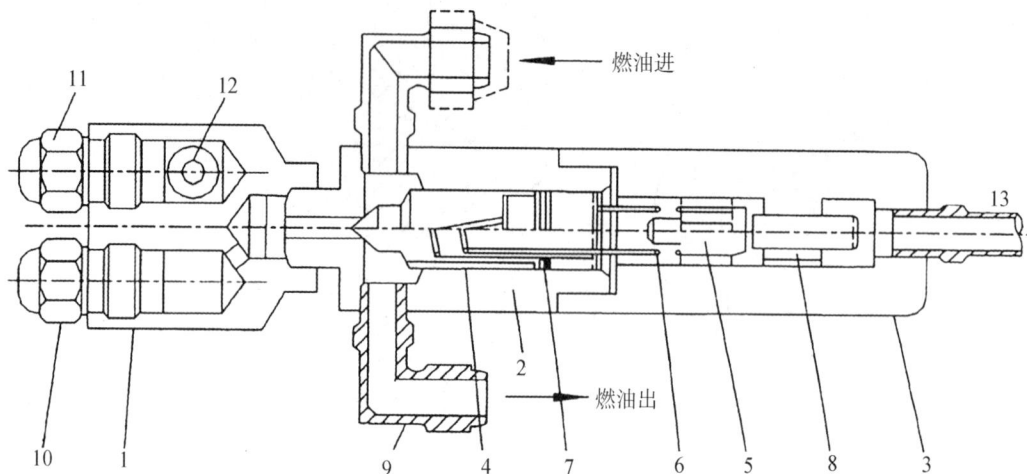

图 3-3　带喷油阀的双喷嘴压力式喷油器

1—喷嘴接头；2—喷油器体；3—喷油器盖；4—喷油阀；5—弹簧座；6—弹簧；7—O 形密封圈；

8—调节螺丝；9—回油管；10—1 号喷嘴；11—2 号喷嘴；12—2 号喷嘴供油管接口；13—泄油管

　　锅炉燃油泵排出的燃油经过加热器后，输送至喷油器的进油管接头。在喷油器回油管 9 上装有电磁阀（图中未画出），该阀开启时燃油压力较低，不能顶开喷油阀 4，燃油从回油管 9 流回燃油泵进口，燃油空载循环，使喷油器始终保持合适的温度。当回油管路电磁阀关闭时，油压迅速升高，作用在喷油阀 4 上，克服弹簧 6 的张力将阀顶开，燃油经 1 号喷嘴 10 喷出。该喷嘴的工作原理与图 3-2 所示类似。其内部装有旋流器（雾化片），进口端还装有过滤元件。O 形密封圈 7 后的漏油可通过喷油器尾部的泄油管 13 引回油泵进口。当需要加大喷油量时，相应的电磁阀（图中未画出）开启，往 2 号喷嘴供油管接口 12 供油，2 号喷嘴 11 即开始喷油。此时，1 号喷嘴 10 和 2 号喷嘴 11 同时喷油。

　　这种喷油器使用时应注意检查和保持喷油阀的密封性能。冷炉起动时油温不足，燃油黏度太大，这时若起动油泵，即使电磁阀瞬时开启也会产生高油压，可能顶开喷油阀。正确的做法是在起动油泵前先使燃油加热器通电加热，然后瞬时起动油泵，使油在管内稍做移动，重复数次后再使油泵连续工作，则油压可以恢复正常。

　　（2）回油式喷油器

　　回油式喷油器由压力式喷油器改进而成，其结构如图 3-4 所示。

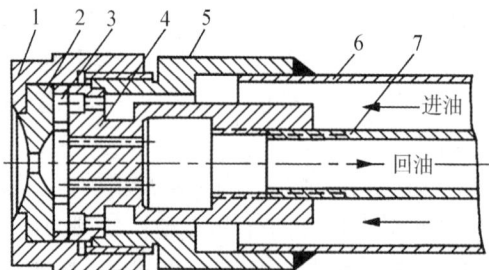

图 3-4　回油式喷油器的喷嘴

1—喷嘴帽；2—雾化片；3—旋流片；4—分油嘴；5—喷嘴座；6—进油管；7—回油管

回油式喷油器主要由雾化片 2 和旋流片 3、分油嘴 4 和喷嘴座 5、外周的进油管 6 和中间的回油管 7 组成。工作时,供油压力在任何负荷下基本保持不变,送入喷油器的油量也始终一样。但是,燃油由旋流片 3 的切向槽流至旋涡室后,被从分油嘴 4 中部的回油通道引回一部分。这样,实际喷入炉内的燃油仅为其余那部分。

回油式喷油器的雾化原理与压力式喷油器相同。随着回油阀开度加大,回油压力变低,则回油量增加,喷油量减少。但是进油量几乎不变,油在切向槽内的速度也不变。所以,喷油量虽然变了,但是油的旋转速度不变,不影响油的雾化质量。但喷油量少时回油热量增多,调节比一般不超过 3。

(3)气流式喷油器

气流式喷油器的结构如图 3-5 所示。工作时,0.6~1.2 MPa 的蒸汽(或压缩空气)经内管 6 流入气孔 8 后高速喷出,0.5~2.0 MPa 的燃油经外管 5 流入油孔 7 中。高速的蒸汽流和油流在直径稍大的混合孔 9 中相遇,油流和蒸汽流相互撞击,然后喷入炉膛内进一步雾化成细小的油滴。

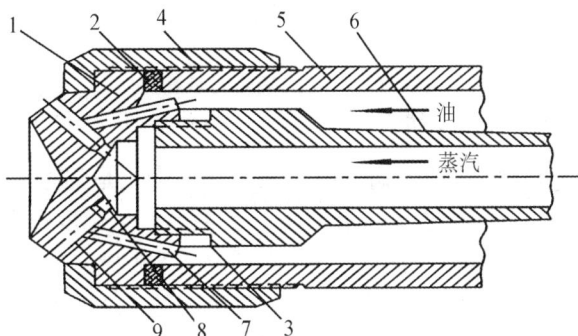

图 3-5　气流式喷油器的喷嘴
1—喷嘴体;2、3—垫圈;4—喷嘴帽;5—外管;6—内管;7—油孔;8—气孔;9—混合孔

这种喷油器雾化质量较好,平均雾化粒度可达 50 μm。喷油量改变时,雾化角不变,可以保持较好的雾化质量,所以调节比可达 10 以上。单个喷油器最大喷油量可达 10 t/h,船舶锅炉常用的喷油量一般为 1~1.5 t/h。这种喷油器耗汽量也较低,一般每喷 1 kg 燃油耗汽仅为 0.01~0.03 kg。冷炉起动时可用压缩空气代替蒸汽工作。其缺点是噪声较大。压力式喷油器和气流式喷油器不仅可应用于船舶锅炉,也可应用在一些船舶焚烧炉上。

(4)转杯式喷油器

采用转杯式喷油器的燃烧器结构如图 3-6 所示。电动机 5 通过传动装置 6(例如皮带传动)带动中央轴 2 高速旋转,转速为 3 000~6 000 r/min 或更高。转杯(Rotary cup)1 安装在中央轴 2 前端并随之一起旋转。中央轴 2 上还装有雾化风机叶轮 3,它也随中央轴 2 一起高速旋转,排出的一次风从转杯外缘的环形缝隙中吹出。燃油从转杯 1 底部(右端)供入转杯,在转杯内壁形成一层均匀的油膜。转杯有一定锥度,燃油能逐渐流向炉膛。当燃油流至杯缘(左端)时,依靠离心力向四周甩出而雾化。同时,从转杯外缘吹出的一次风将油膜粉碎为油雾。雾化风机 3 向炉膛内供应的一次风约占燃烧所需空气量的 10%(一次风风量可由一次风风门 7 调节),绝大部分空气由另外的风机从转杯周围的二次风口送入。

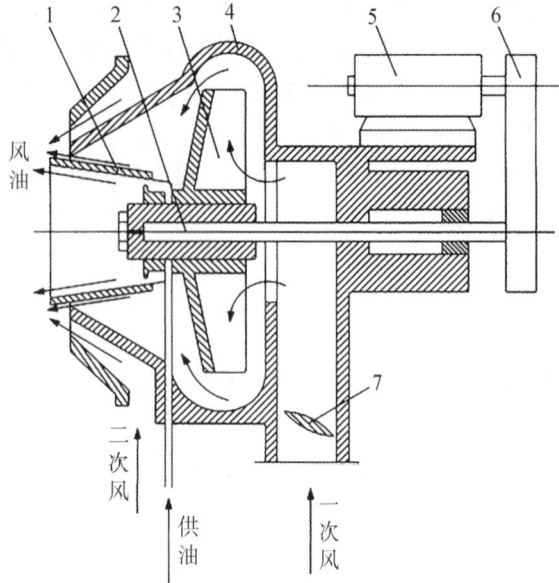

图 3-6　转杯式喷油器示意图

1—转杯;2—中央轴;3—雾化风机;4—外壳;5—电动机;6—传动装置;7——一次风风门

这种喷油器在我国远洋船舶的辅锅炉中很常见。其优点是油量调节方便,只需改变进油量即可。减少油量则转杯内油膜变薄,雾化更好。其油量调节幅度也大,可达 20 以上,属于无级调节。另外,燃油不通过喷孔之类的狭窄流道,对杂质不敏感,适合用劣质燃油,即使油温较低,也可得到良好的雾化效果,所需油压也低(一般不超过 0.2 MPa)。其缺点是结构比较复杂,价格较高。

3.2.2　配风器

燃油的良好燃烧,除要求雾化质量好以外,还要求合理供应助燃空气。后者由配风器来完成。

1.对配风器性能的基本要求

(1)必须有根部风

燃油燃烧初期,当缺氧和高温时,油气中的重碳氢化合物会发生热分解,产生炭黑。因此,要有一部分空气在油雾着火前混入油束根部,即一次风。从理论上来说,如果能在燃烧器出口前就使油滴与空气预先混合,只要有合适的着火条件是不难保证稳定着火的。但实际上,燃油从喷油器喷出时很密集,而着火点一般离喷油器不远,若将全部空气都供向这一区间,不但风速过高,而且很难造成回流区,这就破坏了着火条件,容易将火焰吹灭。因此,一次风量应限制在总量的 10%~30%。

(2)早期混合要强烈

除了一次风在着火前就与油雾混合外,其余的空气(即二次风)也应当在喷油器出口附近就尽可能均匀地与油雾混合。这种在燃烧器出口处的早期混合,风速比较高,扰动比较强烈,因而脉动速度大,混合比较强烈。此外,燃烧器出口处也是燃烧燃油量最多的地方,在离燃烧器出口处约 1 m 以内,可以烧掉燃油总量的 90%。在离燃烧器较远处,气流速度减慢,扰动衰减,脉动速度也小,再混合也比较困难。因此,如果早期混合不好,不完全燃烧损失也较大。

为了使早期混合良好,应特别注意二次风气流的扩张角与油雾的雾化角之间的关系。只有在气流扩张角小于雾化角时,空气才能以较高的速度进入油雾中。一般,二次风的扩张角比油雾的雾化角小10°~25°为宜。还应使气流的旋转方向与油雾的旋转方向相反,以利于早期混合。此外,炉膛喷火口的扩张角与气流扩张角也应匹配。喷油器在喷火口的位置也是影响早期混合的重要因素。喷油器的位置对早期混合的影响如图3-7所示。

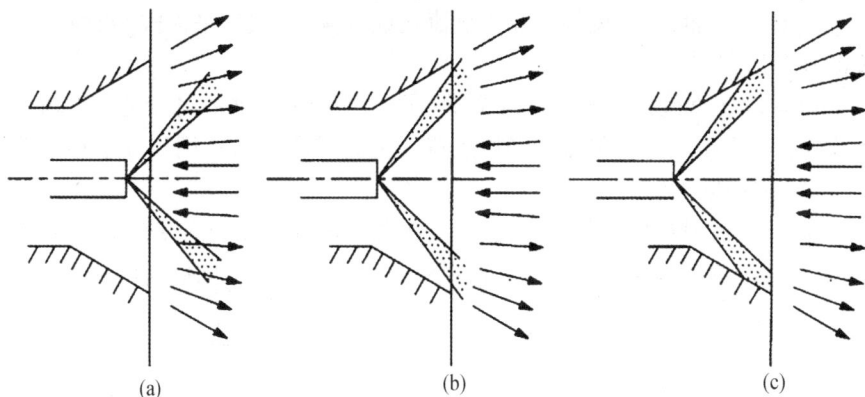

图3-7 喷油器的位置对早期混合的影响

如果喷油器位置太靠前,如图3-7(a)所示,油雾在中间,空气在外围并继续向外扩散,油雾在离喷火口较远时才能与空气混合,使火焰拉长。如果将喷油器稍稍后移,如图3-7(b)所示,油雾锥形外缘与喷火口相切,使油雾在喷火口就与气流相交而混合,此时气流速度也比较高,因而混合强烈。如果喷油器的位置太靠后,如图3-7(c)所示,油雾撞击在喷火口上,引起结炭,这显然是不允许的。锅炉运行时,如果发现喷油器位置不当,应及时调整。

(3)回流区要适当

在燃烧器出口火炬的中心有一个回流区,以保持火焰稳定和及时着火。回流区的大小和位置对燃烧质量有重要影响。如果回流区位置太靠近燃烧器,而且又比较大,则不仅容易烧坏喷火口和燃烧器,而且使油雾喷出后不能首先与一次风混合,使燃烧恶化。如果回流区太小,又远离燃烧器,将使着火推迟,并影响油雾与空气的混合。因此,喷油器出口与回流区之间应保持适当距离,以实现根部送风,让油先与一次风混合,再与回流区的高温烟气和二次风混合。

影响回流区大小和位置的因素比较多,如二次风叶片的结构和尺寸,二次风风速,稳焰器的结构、尺寸和位置等。只能在设计时通过相应的试验,调整出最佳状态,并在运行中进行验证。

(4)后期混合也要强烈

喷油器喷出的油在前进截面上的分布很不均匀,大量细小的油滴集中在一个环形截面上,密集的油滴进入高温的炉膛后很快蒸发,产生大量油气,起着排挤空气的作用。因此,在燃烧器出口区域,油雾与空气的混合不可能很均匀,总是存在不同程度的热分解。由于油雾的燃烧也是逐渐扩散的,在油雾密集或大油滴集中的地方就容易缺氧。这就要求后期混合也要强烈,否则,火焰尾部缺氧会导致未完全燃烧的气体和炭黑无法继续燃烧。

使气流旋转可以加强燃烧早期的混合,但气流旋转造成的扰动很快就会衰减,要使燃烧后期的混合也加强,应提高气流速度。因此,需要降低配风器的阻力系数,以免其流阻太大。为此,可采用直流式配风器,它结构比较简单,阻力系数比较小,即使风速提高较多,其风阻仍可与低风速的旋流式配风器相当。另外,提高气流速度也是提高炉膛容积热负荷和发展低过量空气系数燃烧的需要。但是,如果风速过高,将大大增加风机的能耗。

大、中型锅炉炉膛尺寸较大,二次风轴向风速需要提高到 $35\sim60$ m/s,大多采用直流式配风器。

2.配风器的型式

根据二次风旋转与否,可将配风器分为旋流式或直流式(或称平流式)两种。

(1)旋流式配风器

图 3-8 为叶片固定型旋流式配风器结构示意图。这种配风器的特点是二次风经固定的斜向叶片 1 旋转供入,少量的一次风则是经挡风罩 3 上的风孔供入。用拉杆 7 移动挡风罩的轴向位置即可调节一次风的风量。

旋流式配风器也可设计成叶片可调式,其二次风经可调叶片切向旋转供入,调节叶片角度改变通流面积即可改变二次风风量。而一次风则是经固定叶片轴向旋转供入。

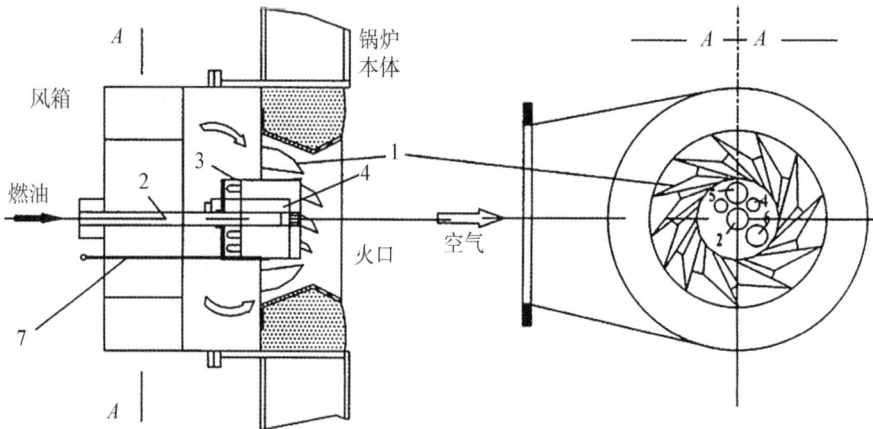

图 3-8 叶片固定型旋流式配风器

1—斜向叶片;2—喷油器管架;3—挡风罩;4—电点火器;5—火焰感受器;6—看火孔;7—拉杆

(2)直流式配风器

直流式配风器的二次风不加旋转直接送入炉膛。图 3-9 所示为有两个喷油嘴,可实现二级燃烧的小型直流式配风器。由通风机送入风道的空气,少部分从挡风板 7 中央的圆孔吹出,形成一次风。其余大部分从挡风板 7 外缘与调风器罩筒之间的缝隙吹出,形成二次风。挡风板后的低压区形成回流,使着火前沿位置合适。有的挡风板上也开有小孔和径向缝隙,允许少量空气漏入。

有的直流配风器在火焰根部即喷嘴出口处装有稳焰器。它是一个轴向叶轮,通过一定量的旋流风作为根部风,可改善风和油的早期混合,同时产生一个大小和位置合适的回流区,以保持着火前沿稳定。

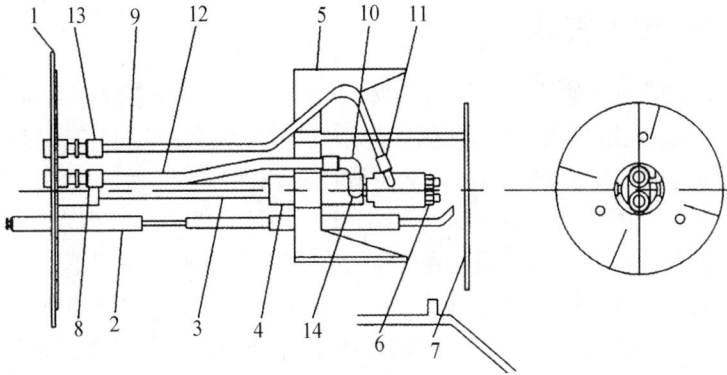

图 3-9　小型直流式配风器

1—燃烧器端板；2—点火电极；3—漏油管；4—喷油器；5—整流格栅；6—喷油嘴；7—挡风板；8、13—直通接头；
9—高压供油管；10、11—L 形接头；12—循环油管；14—弯头

3.2.3　电点火器

电点火器是一个电火花发生器，它由两根耐热铬镁金属丝电极组成，两电极端部距离
2~4 mm。电压越高或铬镁丝越细，则两电极的间距越大。由点火变压器供给 5 000~10 000 V
的高压电，电极间隙处便产生电火花，即能将油点燃。电极顶端伸至喷油器前方稍偏离中心
2~8 mm，以防止油雾喷到电极上，同时也应防止电火花跳到喷油嘴和挡风罩上。

图 3-10 所示为某船舶辅锅炉轮转杯式喷油器配备的电点火器。该燃烧器点火时，有风筒
将来自风机的供风引入导管 10，经配风器 2 吹出。点火电极 3 通电，电极端部产生电火花，将
喷油嘴 1 喷出的柴油点燃。此时，该电点火器前方即可形成一个小型火炬，即点火火焰，该火
炬可将喷油器喷出的重油或柴油点燃，喷油器随即正常投入工作。

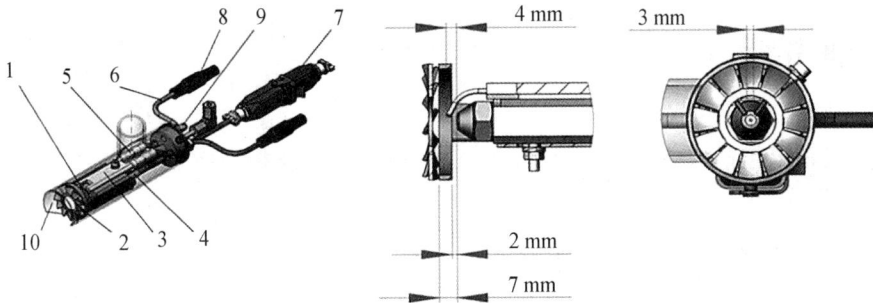

图 3-10　电点火器

1—喷油嘴；2—配风器；3—点火电极；4—加热棒；5—点火电缆插头；
6—点火电缆；7—加热棒插头；8—点火电缆接头；9—检测点；10—导管

如图 3-8 所示，除了喷油器、配风器和电点火器外，自动化的燃烧器还配备有火焰感受器（光
电元件）5。另外，通常还设有看火孔 6（可兼作人工点火孔）。现代船用辅锅炉很多采用整装式
燃烧器（如图 3-11 所示），它将油泵、风机、电加热器和电点火器等组装成一体，十分紧凑。

3.2.4　燃烧器使用管理要点

1.安装燃烧器时应使喷油器中心线与喷火口轴线一致。在安装完毕后应检查与喷火口的内周径向距离是否相等,以免火焰偏斜喷射在喷火口或炉墙上,如图3-7(c)所示。

2.防止喷油器漏油。喷油器漏油可以从炉膛底部积油量来判断。压力式喷油器可能是因为喷油阀或主电磁阀关闭不严,也可能是雾化片平面精度不够或喷嘴帽未拧紧,工作时部分燃油未经雾化片而直接流出。回油式喷油器可能是停用时主电磁阀关闭不严而漏油。为防止因主电磁阀故障而漏油,一些锅炉燃烧器设置两个主电磁阀,并将其串联布置。

3.定期清洁喷油嘴和点火电极。喷油嘴使用一段时间后,喷孔可能会结炭,点火电极也会脏污或结炭。喷孔结炭可通过燃烧火炬不对称或其中有黑色条纹来发现,这时应将喷油器取下,拆出喷油嘴和雾化片等浸泡在轻柴油或专用化学品内,待结炭泡软后用木片或竹片刮去。不能用刮刀、锯条、钢丝刷等清除喷油嘴和雾化片上的结炭。安装点火电极时,应严格按照说明书上的距离要求(如图3-10所示),调整好电极与喷油嘴之间的相对位置。

4.修复或更换磨损的雾化片。喷油器使用一段时间以后(一般500 h以上),应将其拆下,视情况将雾化片更换或研磨减薄,减小其切向槽的深度,使喷油量减少。若各槽磨损不均匀(会使喷出的油雾圆锥形状歪斜)或雾化片磨损严重时,应予以更换。目前,一些压力式喷油器因雾化片磨损等原因雾化效果欠佳时,往往将喷油嘴整体(包括喷嘴螺帽、雾化片和喷嘴体等部件)直接更换。

5.雾化片或喷油嘴备件应充足。雾化片大多用耐高温、耐磨的合金钢制成,加工要求很高,船上一般无法完成。因此,船上应配备充足的雾化片或喷油嘴备件,一旦需要随时更换。

6.在装备多个燃烧器时,为了使不工作的配风器导向叶片不致被炉内火焰烤坏变形,风门关闭时应留有一定的间隙(0.5~2 mm),以便漏入少量空气起冷却作用。

3.3　燃油系统

锅炉燃油系统包括从燃油日用柜至锅炉燃烧器的管路及相关设备,使用不同形式的燃烧器,系统略有不同。

3.3.1　采用压力式喷油器的燃油系统

图3-11所示为德国Weishaupt公司生产的采用双喷嘴压力式喷油器(如图3-3所示)的M5Z型整装式燃烧器。该燃烧器将风机3、油泵7、风门挡板6及其伺服电机2、配风器20、点火变压器9、点火电极19和火焰探测器11等部件集成为一体,可燃用重油或柴油。风机3和油泵7共轴,由电动机1驱动。伺服电机2可以根据需求自动调节风门开度。电磁阀15和16各控制一个喷油嘴投入工作。该燃烧器采用直流式配风器20,风道外围装有火焰筒21。燃烧器通过铰接法兰14固定在炉体上,铰接法兰一侧可打开,使燃烧器整体水平转动一个角度,炉膛喷火口和燃烧器喷油嘴即可露出,方便检查炉膛或对喷油嘴、点火电极和配风器等部件进行检修。

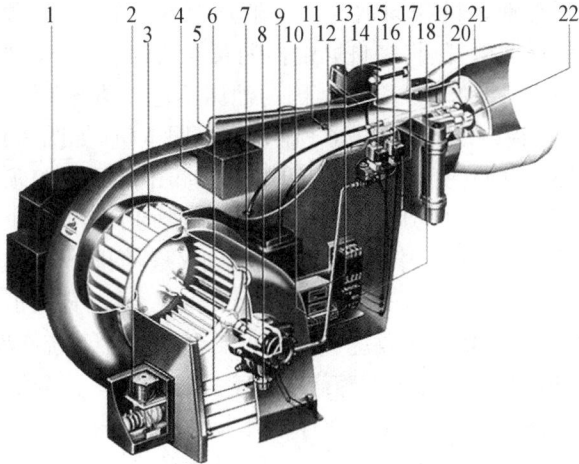

图 3-11 采用双喷嘴压力式喷油器的 M5Z 型整装式燃烧器

1—电动机;2—伺服电机(风门调节);3—风机;4—燃烧器控制器;5—火焰观察镜;6—风门挡板;7—油泵;8—回油管;9—点火变压器;10—电路接线端子;11—火焰探测器;12—点火电缆;13—计时器;14—铰接法兰;15—电磁阀(喷嘴 1);16—电磁阀(喷嘴 2);17—安全阀;18—接触器;19—点火电极;20—配风器;21—火焰筒;22—喷油嘴

上述整装式燃烧器配套的燃油系统原理如图 3-12 所示。目前,许多船舶辅锅炉日常工作时使用与主柴油机相同的重油(燃料油),只有在冷炉起动或长时间停炉前才换用轻油(柴油)。油柜底部都设有放残口和承接漏斗,以便检查沉淀的水和杂质,及时放残。为保持合适油温,重油日用柜 2 内部还设有蒸汽加热盘管。冷炉起动之前,来自柴油日用柜 1 的柴油依次经滤器 3 被燃油泵 4 输送至油气分离器 5,然后再循环回柴油日用柜 1。此时,在喷油器进油管路上的常闭电磁阀 7 和出油管路上的常闭电磁阀 8 都关闭。由于常闭电磁阀 7 和 8 在电路接线时串联布置,这两个阀一定同时关闭或同时开启。

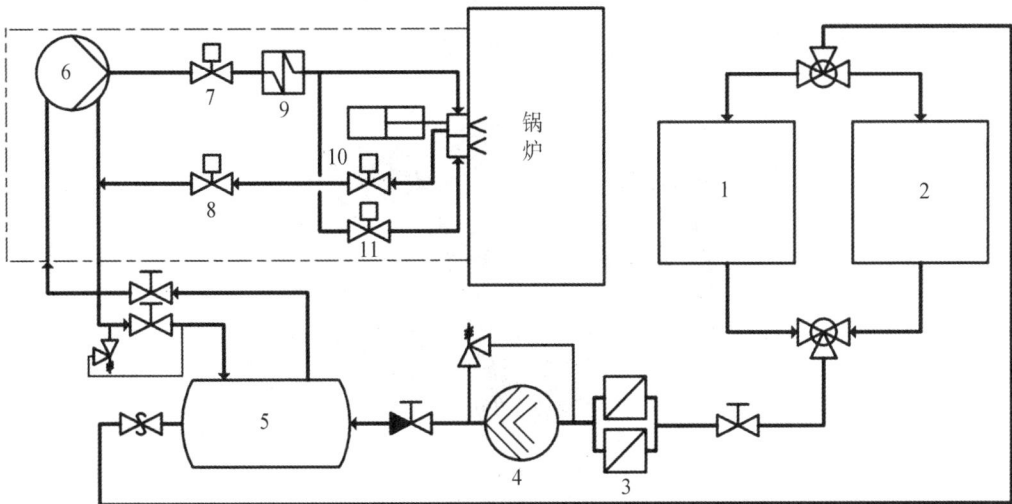

图 3-12 采用双喷嘴压力式喷油器的燃油系统原理图

1—柴油日用柜;2—重油日用柜;3—滤器;4—燃油泵;5—油气分离器;
6—燃烧器油泵;7、8—常闭电磁阀;9—燃油加热器;10—常开电磁阀;11—常闭电磁阀

冷炉起动时,电动机带动风机和同轴的燃烧器油泵 6 运转,开始预扫风。在预扫风的同时,常闭电磁阀 7 和 8 同时通电开启,来自燃烧器油泵 6 的柴油经燃油加热器 9 被输送至喷油器后,再经常开电磁阀 10 流回油气分离器 5,因为油压不足以顶开 1 号喷油嘴的喷油阀。

预扫风结束后,风门挡板(如图 3-11 中 6 所示)在伺服电机(如图 3-11 中 2 所示)的驱动下关小,点火变压器(如图 3-11 中 9 所示)通电,点火电极(如图 3-11 中 19 所示)放出电火花。几秒钟之后,常开电磁阀 10 通电关闭,1 号喷油嘴前油压升高,燃油顶开喷油阀从 1 号喷油嘴喷出,被电火花点燃。火焰探测器(如图 3-11 中 11 所示)检测到火焰,伺服电机继续开大风门。之后,常闭电磁阀 11 开启,2 号喷油嘴也投入工作。锅炉点火升汽后,重油日用柜 2 的油温满足要求时,可改烧重油。在长时间停炉前,锅炉应改烧一段时间柴油,待整个系统充满柴油后再停炉。

锅炉工作时,负荷自动调节系统根据蒸汽压力变化,通过开、关常闭电磁阀 11 使 2 号喷油嘴投入或停止喷油来调节锅炉的喷油量。对于热水锅炉,则是根据锅炉水温变化来调节喷油量。如 2 号喷油嘴停止喷油后,蒸汽压力仍然上升,待蒸汽压力上升到设定上限后,常开电磁阀 10 断电开启,1 号喷油嘴停止喷油,燃烧器停止工作。待蒸汽压力下降到设定下限后,燃烧器再重新点火投入工作。

3.3.2 采用转杯式喷油器的燃油系统

图 3-13 所示为德国 Saacke 公司生产的采用转杯式喷油器(见图 3-6)的 SKVJ-M18 型整装式燃烧器。该燃烧器总重量 340 kg,可以燃用重油(180~380 cSt)或柴油,燃油流量为 45~185 kg/h。

该燃烧器除了将风机 1、风门挡板及伺服电机 6、电加热器、电点火器、燃油电磁阀 8、火焰探测器 10、转杯式喷油器 12 和配风器 13 等集成在一起,还配备有燃油速闭阀 2、流量计 5 以及油温、油压、风压监测仪表或传感器,结构紧凑,功能完善。配风器外围的壳体通过法兰安装在锅炉本体上,燃烧器与该壳体铰接,一侧的棘轮锁紧装置打开后,可将燃烧器整体水平转动一个角度,方便检查炉膛和对配风器、转杯等部件进行保养和检修。

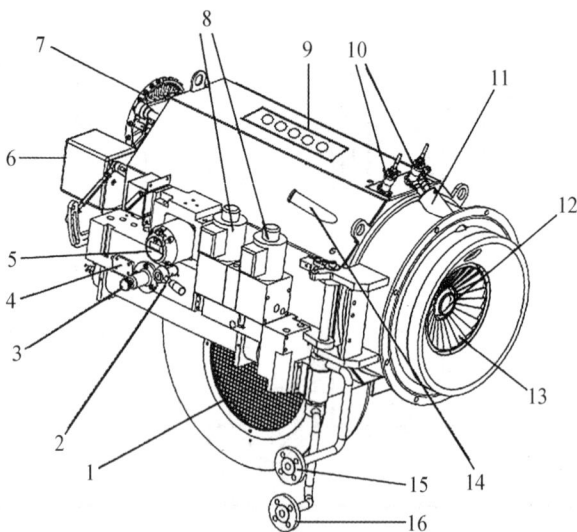

图 3-13 采用转杯式喷油器的 SKVJ-M18 型整装式燃烧器

1—风机;2—速闭阀;3—调压阀;4—滤器;5—流量计;6—伺服电机;7—负荷凸轮;8—燃油电磁阀;9—手动操作按钮;10—火焰探测器;11—点火油头座;12—转杯式喷油器;13—配风器;14—火焰观察镜;15—进油口;16—回油口

图 3-14 为该燃烧器的原理图。燃烧器点火前,应先起动外部的燃油泵,燃油自进油口 A 进入燃烧器,被电加热器 1 加热后,经调压阀 2 和节流孔 25 从回油口 B 流出燃烧器,循环流回油泵吸口或油柜。此时,主油路电磁阀 12、13 和点火油路电磁阀 29、30 均处于断电关闭状态,转杯 17 和点火油头 32 都不供油。

当接到点火指令后,风机 19 首先起动,一次风挡板 21 和二次风挡板 22 在伺服电机 6 的驱动下开到最大,向炉膛进行 1 min 的预扫风。同时,转杯电机 18 投入工作,带动转杯 17 空转。预扫风结束后,伺服电机 6 驱动一次风挡板 21 和二次风挡板 22 关小,点火变压器通电,点火电极发出电火花。几秒钟后,外部的点火油泵起动,电磁阀 29、30 通电打开,泄油电磁阀 33 通电关闭,点火柴油从进口 C 进入点火油头 32 并在喷入炉膛后被电火花点燃。点火火焰持续几秒钟后,电磁阀 12、13 通电打开,泄油电磁阀 14 通电关闭,正在循环的燃油依次经滤器 3、油量调节器 8、流量计 9、速闭阀 11、电磁阀 12 和 13 流入高速旋转的转杯,形成油膜后被甩入炉膛。同时,一次风经挡板 21 从转杯的外缘吹入,将油膜吹散成细小油粒。于是,从转杯喷入炉膛的燃油被点火油头喷出的点火火焰点燃。用于保证燃烧的大量空气(二次风)经二次风挡板 22 进入炉膛。当转杯喷出的燃油形成稳定的燃烧后,点火油路便可停止工作。之后,根据锅炉蒸汽压力的变化,伺服电机 6 会通过负荷凸轮 7 对锅炉的负荷进行无级调节。负荷凸轮同时驱动油量调节器 8、一次风挡板 21 和二次风挡板 22,使风/油比刻保持匹配。

根据燃油规格的不同,其温度应当控制在 60~90 ℃ 的范围之内,这由温控器来实现。调压阀 2 用于控制供应至转杯的燃油压力,流量计 9 则可连续记录锅炉的燃油消耗量。

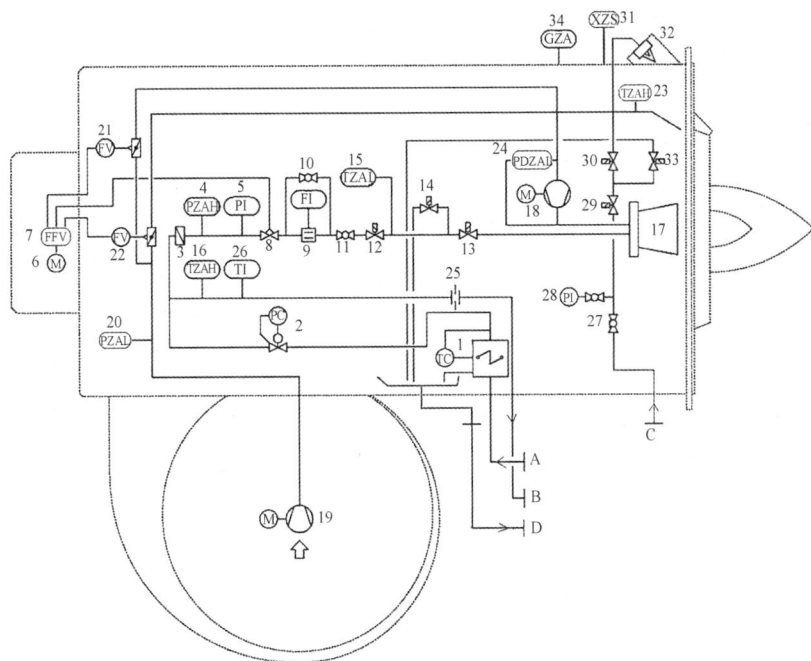

图 3-14 采用转杯式喷油器的整装式燃烧器的原理图

1—电加热器;2—调压阀;3—滤器;4—油压监测器(高);5—压力表;6—伺服电机;7—负荷凸轮;8—油量调节器;9—流量计;10—旁通阀;11—速闭阀;12、13、29、30—电磁阀(常闭);14、33—泄油电磁阀(常开);15—油温监测器(低);16—油温监测器(高);17—主喷油器(转杯);18—电机;19—风机;20—风压监测器(低);21—一次风挡板;22—二次风挡板;23—风箱温度监测器(高);24—一次风压差监测器(低);25—节流孔;26—温度表;27—截止阀;28—压力表;31—火焰探测器;32—点火油头及电极;34—燃烧器联锁开关;A—进油口;B—回油口;C—点火柴油进;D—泄放油出

该燃烧器还设置有一系列的安全保护装置,可连续监测燃烧器的运行状态。包括火焰探测器 31,一旦发现火焰强度不足,会及时关闭燃烧器;风压监测器 20,当发现风机送风压力低于设定值时关闭燃烧器;一次风压差监测器 24,当发现一次风压差低于设定值时关闭燃烧器;燃烧器联锁开关 34,在燃烧器脱开锅炉本体时自动切断燃烧器供油。此外,还有自动点火程序保护功能,发现点火失败时,主油路上的电磁阀 12 和 13 立即关闭。当燃烧器自动控制系统故障时,还可转至手动模式,用位于燃烧器顶部的一系列按钮(如图 3-13 中 9)进行手动点火以及负荷调节操作。

为上述燃烧器配套的燃油系统如图 3-15 所示。燃油从重油日用柜 1 或柴油日用柜 2 被燃油泵组 3 吸入,然后经接口 A 送至燃烧器。一般情况下,主油路燃用重油,只有在重油柜因无蒸汽加热而温度过低时才使用柴油。调压阀 5 用于调节 A 口处,即燃烧器的供油压力。经调压阀旁通出来的燃油和经 B 口流出的燃烧器回油一起返回重油日用柜 1 或燃油泵组 3 的吸口,这取决于回油三通阀 6 的位置。点火柴油由点火油泵 4 从柴油日用柜 2 吸入,然后经接口 C 送至燃烧器上的点火油头。

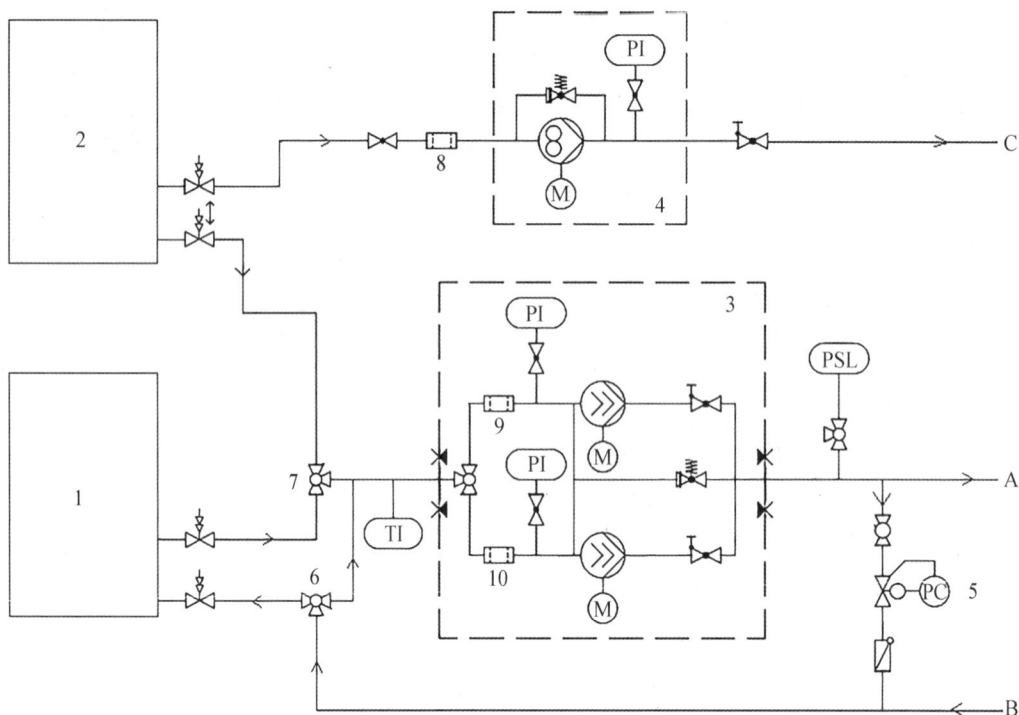

图 3-15 某船辅锅炉燃油系统图

1—重油日用柜;2—柴油日用柜;3—燃油泵组;4—点火油泵;5—调压阀;6—回油三通阀;
7—重油/柴油转换阀;8、9、10—滤器;A—燃油至燃烧器;B—燃烧器回油;C—柴油至点火油头

3.4 燃烧方面的常见故障

锅炉燃烧器运行时可能会出现突然熄火、点不着火、燃烧不稳定、燃气爆炸和喘振等故障,需要轮

机人员提升管理水平,尽可能避免故障出现。一旦发生故障,轮机人员应尽早查明原因,及时处理。

3.4.1 运行中突然熄火

在运行中突然熄火对于蒸汽锅炉来说是指气压并未达到设定上限,燃烧器却突然熄火,停止燃烧。对于热油锅炉和热水锅炉而言,是指油温或水温并未达到设定上限,燃烧器却突然熄火。锅炉运行中燃烧器熄火后,火焰探测器检测不到火焰,锅炉控制系统会发出报警,燃油电磁阀会立即关闭,停止供油。从锅炉燃烧的必备条件和与燃烧相关的自动保护功能等方面来分析,可得出运行中突然熄火的主要原因:

(1)日用油柜燃油用完。

(2)油路被切断。例如燃油电磁阀因线圈损坏而关闭,燃油滤器堵塞等。

(3)燃油系统进水。在大风浪天,油柜底部沉渣、积水泛起,容易导致滤器堵塞或燃油系统进水。

(4)供风中断或风量严重不足。例如风道因积灰严重而堵塞。

(5)自动保护装置动作。例如危险水位、低油压、低风压或火焰探测器失灵等。

3.4.2 点不着火

现在的船用锅炉自动化程度大都比较高,点火、负荷调节和停炉等一般都能自动完成。但是,点不着火也是锅炉燃烧器经常出现的故障。一旦出现该故障,轮机人员一般应在锅炉控制系统将故障复位,重新点火一次,然后根据锅炉自动点火的程序来判断故障原因。锅炉自动点火程序一般为预扫风(风机、油泵运转,风门开到最大)、预点火(风门关小,点火电极通电,点火油头点火)、主喷油器点火(主油路电磁阀开启,主喷油器喷油点火)等。该过程由锅炉时序控制器(或称燃烧控制器)控制,每个相关设备的动作都有固定的时间间隔。

图 3-16 所示为某大型散货船采用双喷嘴压力式喷油器的辅锅炉燃烧时序控制图。

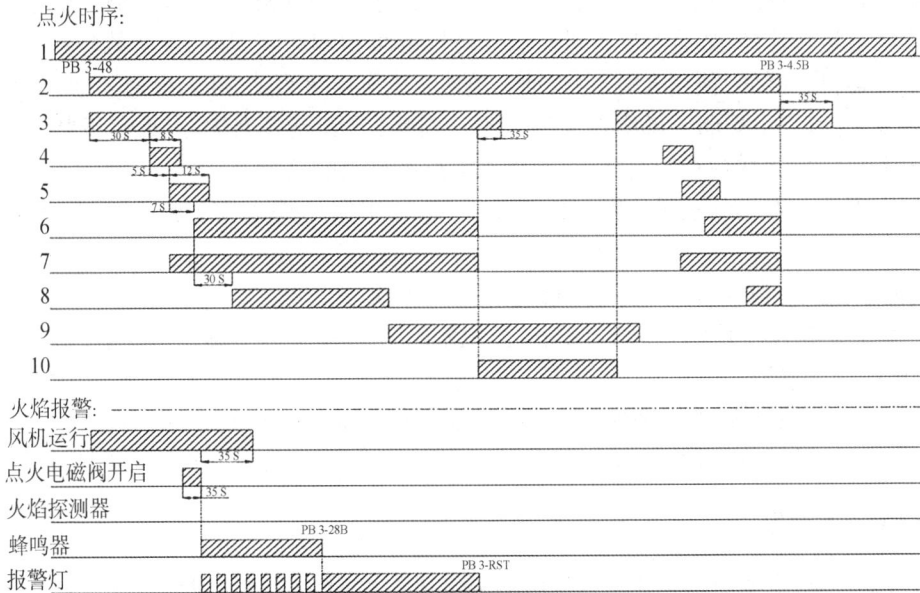

图 3-16 某大型散货船燃油辅锅炉燃烧时序控制图

1—主油泵运行;2—锅炉运行(燃烧模式);3—风机运行;4—点火变压器;5—点火电磁阀开启;6—1 号喷油器电磁阀(低燃);
7—火焰探测器;8—2 号喷油器电磁阀(高燃);9—蒸汽压力开关(低);10—蒸汽压力开关(高)

如图所示,该锅炉点火程序开始前,主油泵 1 已在运行。当锅炉控制板上的模式旋钮转为燃烧模式 2 时,自动点火程序开始运行。首先风机 3 立即起动,开大风门进行预扫风 30 s,预扫风结束切换为小风门后,点火变压器 4 通电(持续 8 s),点火电极发出电火花。点火变压器 4 通电 5 s 后,点火油泵起动(图中未标出),点火电磁阀 5 开启(持续 12 s),点火柴油自点火油头喷出,被电火花点燃,此时火焰探测器 7 开始投入工作。如果火焰正常,点火电磁阀 5 开启 7 s 后,1 号喷油器电磁阀 6 开启,1 号喷油器喷出的燃油(重油或轻油)被点火油头喷出的火焰点燃,锅炉开始低负荷燃烧。30 s 后,2 号喷油器电磁阀 8 开启,2 号喷油器也开始喷油燃烧,同时切换为大风门,锅炉开始高负荷燃烧。当蒸汽压力升高至某设定值(低于停炉压力)时,2 号喷油器电磁阀 8 关闭,2 号喷油器停止喷油,同时切换为小风门,锅炉转为低负荷燃烧。当蒸汽压力持续上升至停炉压力时,1 号喷油器电磁阀 6 关闭,燃烧器熄火,火焰探测器 7 也停止工作。同时,切换为大风门,开始后扫风 35 s,后扫风结束后,风机 3 停止。

正常点火时,燃烧器相关部件按照上文所述的顺序动作,实现自动点火、负荷调节(喷油量调节)和停止燃烧。在此过程中,一旦出现火焰熄灭等故障,该程序立即停止,控制系统也会发出相应的报警。如图 3-16 所示,点火电磁阀开启时,火焰探测器即投入工作。点火电磁阀开启 3.5 s 后,火焰探测器如果仍未检测到点火火焰,点火电磁阀将自动关闭,点火程序中止,同时发出声光报警,并扫风 35 s。

因此,熟悉锅炉自动点火程序,有助于轮机人员尽快、准确判断故障原因,进而做出相应处理。例如,预点火时,点火油头已发出正常的点火火焰,但主油路电磁阀通电后,火焰并未明显变亮,点火火焰持续几秒后熄灭,发出警报。说明电点火器工作正常,而主油路未能正常供油,具体原因可能是主油路滤器脏堵、主油路电磁阀未开启等,故障排查的重点应集中在主油路上。

在锅炉日常管理过程中,轮机人员也可根据该程序运行时相关部件的动作状况来对各部件的工作状态进行评估,如有必要可进行有针对性的维护和保养,从而预防故障的发生,保障锅炉的正常运行。例如,预点火时,点火油头虽然发出了点火火焰,并未报警,但点火火焰较以往出现较晚,并且亮度更弱。说明点火油路不太通畅,或者点火油头、点火电极状态不良(例如积炭较多),需要尽快检查和清洁,否则将发生点不着火的故障。

锅炉出现点不着火的故障,除了本节所述"运行中突然熄火"的原因外,还可能有如下原因:

(1)风量过大。风量过大易将火焰吹灭甚至根本无法点着。

(2)喷油器堵塞。压力式喷油器喷孔直径较小,容易被燃油中的杂质或燃烧产生的积炭堵塞,应定期拆下清洁。

(3)电点火器发生故障。例如,点火电极与点火变压器接触不良;点火电极表面积炭过多;两点火电极之间距离不当;点火电极与喷油嘴之间距离不当;点火变压器损坏等。

3.4.3　燃烧不稳定

锅炉燃烧不稳定的原因主要可以从供油和供风两方面来考虑。供油方面,油压低或者油温低,都会使燃油雾化不良,从而导致燃烧不稳定。燃油中有气或水也会导致燃烧不稳定;供风方面,风门调节不当,风压波动,配风器位置不当等也会使供风异常,从而导致燃烧不稳定。此外,燃烧控制系统异常也可能导致燃烧不稳定。出现该故障后,可采取调整风压、风门开度或者燃烧器位置,减小燃油压力后再慢慢增加等措施使燃烧恢复正常。

3.4.4 炉膛内燃气爆炸

炉膛内燃气爆炸是燃油锅炉的一种危险事故,一般在点火时或热炉熄火后发生,亦称"冷爆"。主要原因是操作不当,使大量燃油积存于炉膛底部,这些燃油蒸发以后在炉膛内形成可燃气体,一旦被点燃,突然产生的大量烟气,使压力剧增而爆炸。这可能使火焰从燃烧器向外喷出,严重时能使烟气挡板飞出或把锅炉外壳炸开,危及人身安全及引起火灾。炉膛内燃气爆炸的具体原因是:

(1)点火前预扫风和熄火后扫风不充分,或点火失败后重复点火前没再进行充分的预扫风。如果锅炉烟道积灰严重,空气流通不畅,也会使扫风不充分,从而导致点火时爆燃甚至火焰从燃烧器向外喷出。

(2)停炉后燃油系统的阀件有泄漏,使燃油漏入炉膛被预热点燃,或者积存在炉膛底部,下次重新点火时预扫风不充分,就会发生爆炸。

为了防止锅炉发生燃气爆炸的事故,对锅炉的燃烧器及燃油系统应采取如下措施:

(1)预扫风要充分,点火失败后要重新预扫风再点火。

(2)紧急停用时应先关闭速闭阀,后扫风结束后再停风机。

(3)万一需要人工用火把点火,操作要正确,即燃油系统准备好后,先稍开风门供微量风,然后将火把(可用铁棍缠油棉纱)点燃,侧身从锅炉点火孔伸至喷油器前,开速闭阀,点着火后再将风门开大到适当位置。

(4)加强对燃油系统及燃烧自动控制装置的检查,发现漏油或其他问题应及时修理。

3.4.5 锅炉喘振(炉吼)

锅炉喘振主要是因为燃烧不稳定,导致炉膛内压力波动。主要原因有:

(1)供油压力波动,或燃油雾化不良,大油滴滞燃。

(2)风量不足或风压波动。

第 4 章　船舶锅炉的汽水系统

4.1　锅炉自然水循环

在锅炉蒸发受热面中,汽和水的混合物连续不断的流动称为水循环。锅炉的水循环可采用两种方式:一种是利用泵使汽水混合物在蒸发受热面中强制流动,称为强制循环,此泵称为循环泵;另一种是利用水和汽水混合物的密度差使汽水混合物在蒸发受热面中流动,称为自然循环。目前,大多数船用锅炉均采用自然循环方式。

4.1.1　自然水循环的基本原理

最简单的自然循环回路是由汽包、水筒(或联箱)、下降管及上升管(蒸发受热面管)组成,如图 4-1 所示。

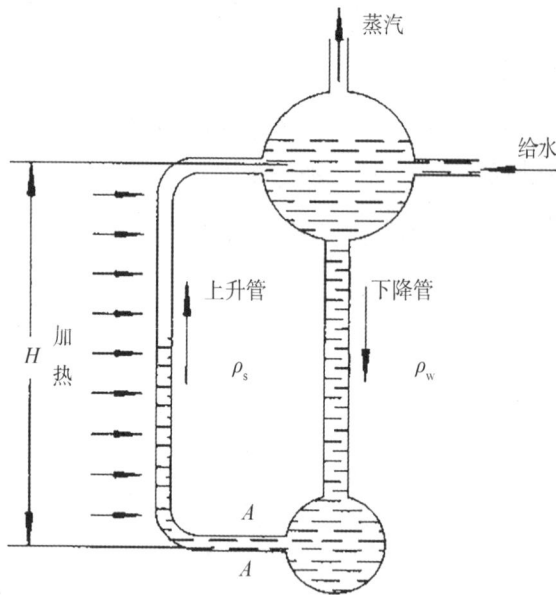

图 4-1　最简单的自然水循环回路示意图

上升管由水冷壁或蒸发管束组成,其中的炉水接受烟气传递给它的热量之后,变成汽水混合物,其平均密度为 ρ_s。下降管位于炉墙外或蒸发管束的后排,不受热或受热很少,其中的炉水密度为 ρ_w。在水筒(或下联箱)中,由于下降管的水产生的静压头大于上升管中汽水混合物产生的静压头,水就沿下降管向下流动,汽水混合物则沿上升管向上流动,进入汽包,在汽包内进行汽水分离,分离出来的蒸汽向外部的蒸汽管道及用汽设备供应。同时,向汽包内补充同蒸发量等量的水,补充进来的水和分离出来的水又混合在一起沿下降管流向水筒,形成自然水循环。只要上升管内的水不断被加热,水循环就不断地进行。

产生自然水循环的动力是下降管内的水和上升管内的汽水混合物的压力之差,用符号 Δp 表示:

$$\Delta p = H(\rho_w - \rho_s)g \qquad (4-1)$$

式中:H——从上升管出口中心到水筒中心的高度,m;

ρ_w——下降管内水的密度,kg/m^3;

ρ_s——上升管内汽水混合物的平均密度,kg/m^3;

g——重力加速度,m/s^2。

为了防止蒸发受热面过热烧坏,除了避免受热面热负荷过大和结垢严重外,主要是保证水循环良好,即要求上升管有足够的循环倍率 K:

$$K = G/D \qquad (4-2)$$

式中:G——上升管入口处进水流量,kg/h;

D——上升管出口处蒸汽流量,kg/h。

循环倍率 K 越大,则上升管出口的蒸汽干度 $x = D/G = 1/K$ 越小。当 $x<0.5$ 时,管壁有完整的水膜,管内壁的放热系数 α_2 约为 18 000 $W/(m^2 \cdot K)$,管壁相对于水沸点的温升仅为33 ℃。而当 $x \geq 5$ 时,管壁很薄的水膜随时可能被中心的气流撕破,形成细微水滴被带走,称为雾状流动。这时放热系数 α_2 就下降至 1 500 $W/(m^2 \cdot K)$ 左右,管内壁温升将达 396 ℃ 左右。一般船用锅炉蒸发受热面大多采用低碳钢制成,允许工作温度大约为 450 ℃,这时有可能烧坏管子。因此,为了安全起见,应保证循环倍率 $K>4(x<0.25)$。

在锅炉中为了增加水循环的可靠性,通常将水冷壁和蒸发管束分成几个独立的简单回路,并把受热面热负荷和长度比较接近的管子布置在一个回路中。同一回路的上升管管子有自己独立的联箱和下降管,以尽量降低各管热偏差的影响。

自然循环的工作特性主要取决于下列因素:

(1)锅炉的工作压力。压力越高,汽和水的密度差越小,压力达到临界压力时,汽和水的密度相同,就无法形成自然循环。船舶锅炉的工作压力一般都不高,因此对自然循环有利。

(2)受热面的热负荷。上升管的热负荷越大,其内工质的含汽量就越多,水与汽水混合物的密度差就越大,自然循环稳定性就越好。相反,如受热面热负荷较小,水循环的稳定性就较差。当然,热负荷也不能太大,否则管壁的冷却条件将恶化。

(3)受热面的高度。在限制上升管出口处干度的条件下,上升管高度越高,运动压头越大,管内循环水流量随之增加。同时应尽量减少上升管水平段的长度。因为增加水平段长度后,运动压头不变而流阻增加,使有效循环上升力减小,对自然循环不利。

(4)上升管和下降管的流阻应尽量降低。上升管和下降管流阻大时,会导致上升管的水流量减小。因此上升管的直径不能太小,下降管常采用粗管。

4.1.2 自然水循环故障概述

一般,锅炉循环回路中所有受热面管子的循环水流量都少到发生水循环事故的情况很少

见,最常见的是回路中大多数管子正常工作,而个别管子发生故障,常见的故障有如下几种:

1.循环的停滞和倒流

同一循环回路中,并联的各根上升管的热负荷实际上总有差别。在热负荷高的管子中,工质的流速高,而在热负荷低的管子中,工质的流速低。如果在并联的上升管中,大多数受热较强,只有个别管子受热较弱,那么受热较弱管子的运动压头可能小到接近下降管流阻,因而这几根管中的循环水流量小到接近于零,称为循环停滞。这些个别上升管里汽水混合物不流动,只有气泡缓慢上升。一般认为上升管入口处的水流量小到等于出口处的蒸汽流量时,即 $G=D$,就属于循环停滞。此时,循环倍率 $K=G/D=1$,整个上升管的流速很小,使气泡积聚在壁面上,从而恶化了管壁的冷却条件。

当循环停滞现象发生时,常伴有脉动式进水,可使管子材料受到热疲劳应力,导致管内壁出现环状裂纹。在同一循环回路中,受热特别弱的上升管,当其产生的运动压头小到低于下降管的流阻时,会形成循环倒流。若汽水混合物的倒流速度较大,且其中的含汽量又不多时,一般不会有危险。但若倒流速度不大而含汽量又较多时,则气泡可能无法被水带着一起向下流动,而逐渐积聚在管内形成汽塞,管子就会被烧坏。同时,形成汽塞时管子仍在吸热,气泡会逐渐增多,于是运动压头随之增大。当运动压头大于下降管流阻时,使之又具有一定的抽水能力,抽水进入该管。该管一旦进水后,又提高了汽水混合物的密度,降低了运动压头,又形成倒流。如此往复,形成脉动式进水,导致管子因承受热疲劳应力而破坏。

除了热负荷偏差外,在锅炉运行过程中,水冷壁和蒸发管束产生积灰和结渣,或在运行过程中向外界供汽量突然减小,使锅炉工作压力突然升高,都将减少上升管内的工质的含汽量,减少其运动压头,因而也可能产生循环的停滞和倒流。

2.汽水分层

在水管锅炉中,如果蒸发受热面管子水平放置或倾斜放置,而且其中工质的流速又不高时,则是因为汽和水的密度不同,水偏于在管子下部流动,蒸汽在管子上部流动。严重时会出现清晰的汽水分界面,这种现象叫汽水分层。图4-2为水平管内汽水分层流动的示意图。

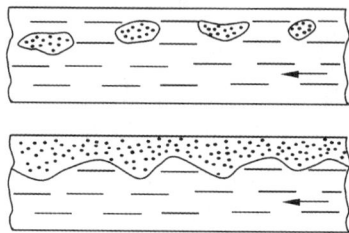

图4-2 汽水分层流动

在分层流动时,管子下部有水冷却,管壁不会超温。而管子上部没有水膜冷却,当蒸汽所占份额较大时,因为蒸汽和管壁之间的对流换热系数很小,上部管壁就可能超温导致破裂。而且在分界面处,由于水面波动,壁温时高时低,容易引起疲劳破坏。此外,管子上部受不到水的冲刷,当水面波动时,又常有水滴溅到上部并全部蒸发,于是水滴中的盐分沉积在管壁上,使管子更容易烧坏。因此,从安全角度来看,应保证不出现汽水分层。

大量实践证明,是否出现汽水分层与工质的流速快慢有关。只要汽水混合物的流速较快,大于某一临界值,汽和水就混合得比较好,即使在水平管中也不会出现汽水分层现象。出现分层时工质的临界速度与工质的压力和管径有关。压力越高,汽和水的密度差越小,因而出现分层时工质的临界速度就低。管径越小,汽水分层时临界速度越低,越不容易发生汽水分层。

3.下降管带汽

下降管工作不正常往往是由于其中含有气泡。气泡力图上浮而增加下降管流阻,使下降管供水不足。下降管中有气泡还减少了其与上升管中工质的密度差,从而使运动压头减小。如果下降管中含汽量较多,形成汽塞,将使工质的流动停止,水循环遭到破坏。所以要防止下降管中出现蒸汽。下降管带汽的主要原因有:

(1)上升管出口与下降管入口距离太近。

(2)下降管的入口位置太高。

(3)下降管入口处水的自沸腾。

(4)锅炉运行中汽包压力突然下降,汽包和下降管中的水沸腾汽化。

(5)下降管入口处形成漏斗形水面而卷入蒸汽。

为防止下降管带汽,应合理地选择下降管入口的水速,一般应小于 3 m/s。下降管处水位高度要大于 150~200 mm(大于 4 倍管子内径)。给水管布置在下降管进口附近,使进入下降管的水有一定的过冷度。在某些水管锅炉中,把蒸发管束中一些热负荷较小的用作下降管,此时,应尽量把其布置在烟气温度较低的区域。对于锅炉管理人员,在运行管理中还应注意:

(1)尽量均匀加热管束。要尽量防止受热面结存灰渣,并及时清除积灰。结渣、积灰严重时,会使这些管子受热减弱,造成管中流速降低,甚至会发生循环停滞、倒流等现象。另外,增减燃烧器个数时,应按规定的程序进行,防止受热面管束产生过大的热偏差。

(2)保证燃烧良好。保证燃油雾化良好,防止残油进入蒸发管束区后继续燃烧造成局部过热。另外还要防止燃烧不稳定或经常瞬间熄火,以免造成汽包工作压力下降,使下降管带汽。

(3)运行中防止汽包水位过低。以免出现下降管入口处自沸腾或漏斗形水面底部进入下降管等现象。

(4)尽量避免用汽量突然增大或减小,引起工作蒸汽压力急剧降低或升高。前者会使下降管产生自沸腾现象,后者会使上升管中的蒸汽凝结,这都会使水循环动力突然降低。

(5)蒸发受热面管子破损后,堵管数目应有限制,不宜凑合使用。尤其是集中堵管超过一定数目时,应设法换管,防止管束中出现大的热偏差,否则只能降低负荷使用。

(6)锅炉正常工作时,不宜从水筒或下联箱处进行排污,以免破坏正常的水循环。

4.2 蒸汽的净化

从汽包中引出的饱和蒸汽携带有各种化学杂质,如氯化物、硫酸盐、碳酸盐和氢氧化物等。带有杂质的蒸汽进入过热器后,一部分杂质会沉积在受热面上,使壁温升高,有时甚至会使管子烧坏。此外,沉积在过热器上的盐垢也会加剧管子的腐蚀。当蒸汽进入汽轮机时,另一部分溶解和以固态悬浮在蒸汽中的杂质,会因蒸汽压力逐渐降低而析出,沉积在汽轮机的通流部分上,使其通流截面减小,表面粗糙度增加,流阻增大。这不仅会降低汽轮机的效率,还会影响汽轮机的输出功率。实践表明,蒸汽携带杂质不可避免,但只要蒸汽中的杂质在限量以内,一般不会对过热器和汽轮机带来危害。为了减少蒸汽中的杂质,必须对从汽包引出的蒸汽进行净化以及在汽包内装设净化设备。

4.2.1 蒸汽带水的原因及影响因素

从汽包引出的饱和蒸汽携带杂质,主要是由以下原因引起的:首先是机械携带杂质。当蒸汽压力低于 6 MPa 时,蒸汽携带的杂质主要是其自汽包引出时带有的少量水滴中溶解的各种盐类。当蒸汽进入过热器后,水滴蒸发,大部分盐类就沉积在管壁上,另一小部分以固态微粒悬浮在蒸汽中,被蒸汽带入汽轮机中。这种携带杂质的现象称为"机械携带"。其次,在蒸汽压力较高时,除了机械携带的杂质以外,还会有直接溶解在蒸汽里的杂质。当蒸汽压力高于 6 MPa 时,蒸汽本身溶解某些盐类的能力就变得明显起来。压力越高,盐类在蒸汽中的溶解度就越大。当蒸汽在汽轮机内膨胀做功压力逐渐下降时,溶解在蒸汽中的盐分又析出,沉积在喷嘴、动叶上,形成盐垢。这种携带杂质的现象称为"选择性携带"。除一些主锅炉外,船舶锅炉的蒸汽压力一般不超过 6 MPa,蒸汽中直接溶解的盐分数量很少,一般不予考虑,因此机械携带是主要研究对象。

机械携带时,饱和蒸汽中含盐的多少取决于从汽包引出蒸汽的湿度及炉水中含盐的浓度,即:

$$C_q = (1 - x) C_s \qquad (4-3)$$

式中:C_q——每千克蒸汽的含盐量,mg/kg;

x——蒸汽的干度;

C_s——每千克炉水中的含盐量,mg/kg。

因此,为了减少蒸汽中的含盐量,一方面应降低炉水中的含盐量,另一方面要降低从汽包引出的饱和蒸汽的湿度。

图 4-3 为汽包中的工作情况。汽包下部充满炉水,由上升管来的蒸汽要穿透这一水层进入汽包的蒸汽空间。蒸汽空间和水空间的分界面称为蒸发平面。由蒸发平面到集汽设备之间的距离称为蒸汽空间高度或分离高度 H。

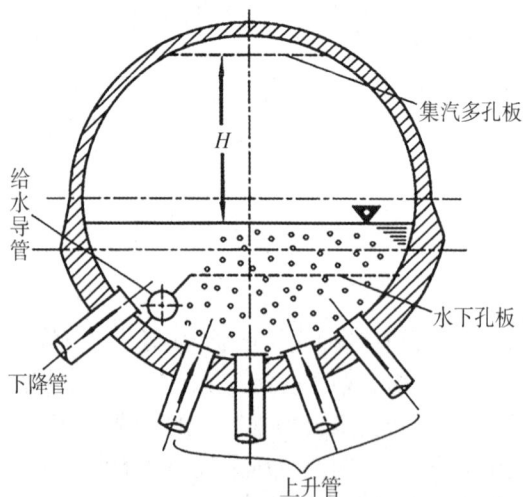

图 4-3 汽包中的工作情况

在船舶锅炉中,由上升管出来的具有较高速度的汽水混合物通常直接被引到蒸发平面下的水空间。汽水混合物中的气泡通过水空间从蒸发平面上逸出时,会造成气泡上方的水膜破裂,形成大量直径不同的细小水滴,如图4-4所示。

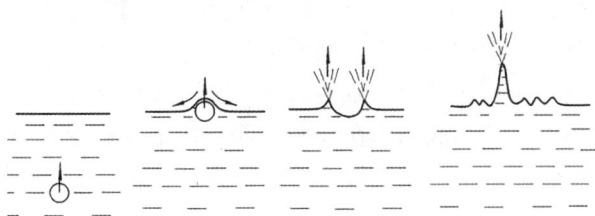

图4-4 气泡破裂时形成的水滴

蒸汽自蒸发平面逸出时有一定的速度,因而能将一定大小的水滴带着一起向上运动。蒸汽逸出速度越快,带的水滴越多。另外,当炉水含盐量高时,气泡上方水膜的表面张力也相应增大。此时,气泡在蒸发平面上要长到相当大时才能挣脱表面张力的束缚而逸出。由于气泡大,其上方的水膜也大,因而它破碎时形成的细小水滴也多。

综上所述,在一定的压力下,影响蒸汽带水量的主要因素有:

1.锅炉负荷

随着锅炉负荷的增加,蒸汽带水量也增加。每台锅炉存在一个临界负荷。当负荷小于临界负荷时,蒸汽带水量随负荷的增加而增加的量较小。而当负荷超过临界负荷时,蒸汽带水量将急剧增加。其原因是汽水混合物冲击水面使炉水飞溅的数量大大增加。炉水飞溅造成水面波动,使蒸汽空间实际高度减小,蒸发平面的泡沫等将被蒸汽直接带走。同时,蒸汽流速快,使小水滴具有的动能也大,所需的分离高度大于实际蒸汽空间高度时,靠重力无法进行汽水分离。

2.分离高度

分离高度H的作用是使水滴靠重力分离出来。分离高度越高,重力分离作用越强,蒸汽湿度也越小。但是,当分离高度超过$0.5\sim0.6$ m时,蒸汽湿度的变化很小。这是因为在一定的蒸汽上升速度条件下,一些细小的水滴是无法用重力进行分离的。同时也应注意到,水位计指示的水位是汽包水容积的质量水位。实际上,汽包水空间存在的蒸汽气泡会使水容积膨胀,因而汽包内的实际水位比水位计指示的水位要高。此外,如炉水含盐量或碱度过大,汽包蒸发平面上还会积聚一层泡沫层,也会使分离高度减小。

3.炉水含盐量

在一定负荷条件下,当炉水含盐量超过某一数值时,也会使蒸汽带水量急剧增加,这一数值称为炉水的临界含盐量。这是因为炉水含盐量增加将会使汽包水容积内的气泡数量增多,且使蒸发平面上的泡沫层加厚,因而使蒸汽空间的实际高度H减小。当含盐量超过临界值时,所需的分离高度大于实际蒸汽空间高度H,从而使飞溅出来的水滴被蒸汽大量带走。临界含盐量取决于锅炉工作压力,压力越高,临界含盐量越小。锅炉工作压力与临界含盐量的关系如表4-1所示。

表4-1 炉水的临界含盐量

锅炉工作压力/MPa	≤1	1~2.5	2.5~4.9	4.9~6
临界含盐量/(mg/L)(NaCl)	1 000	700	400	350

4.2.2 汽水分离设备

由于在汽包内借助分离高度对蒸汽带水进行重力分离有一定的局限,需要在汽包内装设一些汽水分离设备以改善分离效果。汽水分离设备的型式很多,主要依据下列原理进行工作:

惯性分离,即利用气流方向改变时产生的惯性力进行汽水分离;

离心分离,即利用气流旋转运动时产生的离心力进行汽水分离;

水膜分离,即使气流中的小水滴黏附在金属壁面形成的水膜上进行汽水分离。船舶锅炉对蒸汽的质量要求相对较低,一般采用比较简单的分离设备。现主要介绍水下孔板、集汽管和集汽板。

1.水下孔板

当汽水混合物由水空间引入汽空间时,可以用水下孔板来均衡蒸发平面负荷,如图 4-3 所示。水下孔板使蒸汽在上升过程中受到一定的阻力,在孔板下形成汽垫,使蒸汽能够比较均匀地从孔板的各个小孔中穿出,并消除汽水混合物的动能。孔板一般放置在最低水位下 100~150 mm,为避免蒸汽带入下降管中,孔板距下降管进口的距离应大于 300~350 mm。水下孔板形成的汽垫在水位虚假膨胀时还能起到缓冲作用,从而避免水位骤然升高而引起汽水共腾。

2.集汽管

聚集在汽包顶部的蒸汽一般通过集汽管引出。如图 4-5 所示,集汽管 1 沿汽包纵向布置,并且尽可能提高其位置,以便蒸汽进集汽管前充分地进行重力分离。集汽管顶部开有进汽缺口 4,为了沿汽包长度方向均匀地收集蒸汽,缺口离出汽口远处较密,近处较稀。出汽口 3 可在集汽管中部或一端。为了改善蒸汽进集汽管前的汽水分离效果,有的集汽管两侧装有波形百叶窗式挡汽板 2。蒸汽先流经波形百叶窗式挡汽板产生曲折流动,细小水滴被波形百叶窗式挡汽板上的水膜吸附而除掉,其分离效果比简单的集汽管更好。

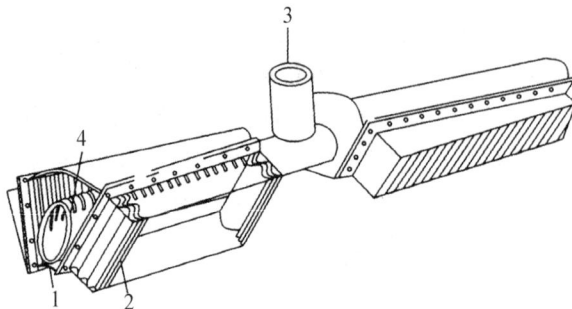

图 4-5 带波形挡板的集汽管

1—集汽管;2—波形百叶窗式挡汽板;3—出汽口;4—进气缺口

3.集汽板

船舶锅炉也可用集汽板代替集汽管,如图 4-5 所示。与集汽管相比,集汽板可以距蒸发平面更高,板上开孔的数目也较多,集汽板上方沿汽包长度方向的蒸汽流速远远小于集汽管中的流速。这些都有利于减少蒸汽携带水滴的数量。另外,集汽板结构简单、加工方便,流动阻力系数也较小。集汽板往往与水下孔板一起装设。

4.2.3　防止蒸汽质量恶化的措施

锅炉运行时,为了防止由汽包引出的饱和蒸汽湿度过大,轮机管理人员应注意以下几点:

(1)防止水位过高,尤其不宜在高负荷下高水位运行。因为高负荷时水位计中指示的水位要比汽包内实际水位低得多。同时,高负荷时蒸汽逸出的速度增大,更容易携带出较多的水滴。

(2)严格控制炉水水质。炉水含盐量过高或碱度过大,容易引起炉水起泡沫,即水面下气泡聚集不破。严重时,积聚的气泡可直接涌至集汽管或集汽板中,使蒸汽湿度急剧增加,这就是汽水共腾现象。在锅炉运行过程中还要根据水质化验结果及时排污。

(3)锅炉向外供应的蒸汽量不宜增加过快,以防汽包内压力骤降,水面下产生"自蒸发"现象,从而使气泡增多,水位虚假上升,分离高度减小,蒸汽湿度急剧增加。严重时也会造成汽水共腾现象。

4.3　锅炉水处理

4.3.1　锅炉水处理的意义

天然水中含有各种盐类、气体和杂质,如果不经处理就用来作为锅炉给水,就会对锅炉的运行造成以下危害:

1.在锅炉受热面上形成水垢

含有各种杂质的水在蒸发过程中,水中杂质的含量逐渐浓缩到一定浓度时,会沉淀在受热面形成水垢。水垢的导热系数很小,为钢板的 1/30~1/50,会使管壁温度急剧升高,严重时会将受热面烧坏。同时,水垢也会使受热面传热系数降低,锅炉排烟温度升高,效率下降,燃料消耗量增加。一般在受热面内壁产生 1 mm 的水垢,会使燃料耗量增加 2%~3%。此外,水垢形成后,还会使受热面管内水的通流截面积减小,流阻增大,严重时会完全堵塞管子,从而破坏锅炉正常的水循环,导致管子烧坏。

2.促进锅炉受热面的腐蚀

结水垢会使受热面电化学腐蚀作用加强,引起所谓"垢下腐蚀",加速受热面的损坏。此外,如果炉水碱性不足,并且溶有较多的氧气和二氧化碳,以及含有大量的盐和氯离子,将会促进受热面的腐蚀。但如果炉水的碱性太强,在高度浓缩的碱性溶液和高度应力的作用下,且炉水中又缺少硝酸盐、磷酸盐这些保护性盐类时,会使锅炉金属结晶之间产生细微裂纹。这种腐蚀称为苛性脆化,通常发生在铆接锅炉的铆钉接缝处,在焊接锅炉的管口扩接处偶尔也有发生。

3.恶化蒸汽质量

当炉水中溶解的盐类、悬浮物及油污太多时,在锅炉的蒸发平面上会产生高度达十几厘米且长时间不消散的泡沫,严重时会使大量炉水随蒸汽一起带到蒸汽管内,产生汽水共腾现象,可能对蒸汽动力设备造成严重事故。

由此可见,在对锅炉的管理维护过程中,对给水及炉水质量的控制和处理十分重要。因此,必须定期化验给水和炉水,并根据化验结果投放水处理药剂。炉水质量控制的好坏直接影响锅炉运行的安全性、经济性和使用年限。

4.3.2　锅炉水质控制的主要项目

锅炉水质控制的主要项目包括硬度、碱度和含盐量。

1.硬度

水的硬度是由水中的钙盐和镁盐含量决定的,其大小是由水中 Ca^{2+} 和 Mg^{2+} 的浓度来表示,单位是毫摩尔/升(mmol/L)。Ca^{2+} 和 Mg^{2+} 在水中常以碳酸盐、硫酸盐、硅酸盐或氢氧化镁等形式存在。它们的溶解度较小,水温升高时溶解度还会降低。补给水进入锅炉后受热蒸发,可以浓缩 30~300 倍,钙镁的难溶化合物极易在受热面上浓缩而析出,形成水垢。

为了减少水垢的生成,低压锅炉一般要求炉水硬度不大于0.04 mmol/L。常用的处理方法是在炉水中加入正磷酸钠($Na_3PO_4 \cdot 12H_2O$,也称磷酸三钠)或磷酸二钠($Na_2PO_4 \cdot 12H_2O$)。它们在水中离解后生成的磷酸根与 Ca^{2+}、Mg^{2+} 结合生成分散的胶状沉淀,当炉水 pH 值为 10~12,过剩 PO_4^{3-} 浓度在要求范围内时,能生成松软而无附着性的泥渣,可通过下排污除去。因此,现有的炉水处理方法只测量和控制水中过剩的 PO_4^{3-} 浓度,而不再直接控制硬度。

2.碱度

碱度表示水溶液的碱性,是炉水的主要质量特征之一。其大小取决于水中带碱性的 OH^-、CO_3^{2-}、HCO_3^-、PO_4^{3-} 离子的浓度。炉水控制在适当的碱度范围内(pH 值为 10~12),有利于抑制电化学腐蚀。锅炉水处理常用磷酸钠降低炉水硬度,同时提高炉水碱度。有时为了迅速提高碱度,也使用 Na_2CO_3,在提高炉水碱度的效果方面,1 kg Na_2CO_3 大约相当于 4 kg 磷酸钠。万一投药不当使碱度太大,则需上排污并补充淡水,使碱度下降。

3.含盐量

船舶锅炉炉水中的盐分以氯盐居多,故通常化验氯离子浓度来反映含盐量的大小,单位用 mg/L(NaCl)或 mg/L(Cl^-)。1 mg/L(NaCl) = 0.606 mg/L(Cl^-)。如果加入某些水处理药剂,如磷酸钠、硝酸钠(用于除 O_2)太多,Cl^- 浓度虽不增加,但含盐量会增大。当含盐量太大时应该用上排污并加强补水的办法来降低。因此,限制补给水的含盐量也是非常重要的。

4.3.3　锅炉水质量标准

2000 年 12 月 1 日起实施的《船用锅炉水质技术条件》(中华人民共和国交通部行业标准 JT/T424-2000)中规定的水质标准如表4-2 和表4-3 所示。

表 4-2　给水标准

项　目	自来水	软化水	蒸馏水	凝结水
悬浮物/(mg/L)	≤20			
总硬度/(mmol/L)	≤4	≤0.04	≤0.04	≤0.04
Cl^-/(mg/L)	<30	<30	<10	<10
含油量/(mg/L)				<5

表 4-3　炉水标准

项　目	炉水标准值		
额定蒸汽压力/MPa	≤1.0	>1.0	封存船舶
酚酞碱度/(mmol/L)	3.0~6.0	2.5~5.0	—
Cl^-/(mg/L)	<1000	<700	—
PO_4^{3-}/(mg/L)	10~30	10~30	—
总碱度/(mmol/L)	<12	<10	10~12
pH 值(25℃)	10~12	10~12	—
SO_3^{2-}/(mg/L)	10~30	10~30	—
含油量/(mg/L)	<20	<15	—

4.3.4　锅炉水质的测定

　　蒸发量较大、工作压力较高的锅炉应每天化验一次炉水,以便将各项指标控制在要求范围内。蒸发量小、工作压力较低的辅助锅炉可 2~3 天化验一次。因为水中只要有过剩的 PO_4^{3-} 浓度就可以保证炉水的硬度和碱度合适,故现有的炉水处理方法以测量和控制水中过剩的 PO_4^{3-} 浓度来代替硬度和碱度的测量和控制。必要时也要化验港口或水舱的补给水。

　　目前,远洋船舶往往采用化学药剂公司提供的简易方法进行炉水化验,即每天取水样,待水样冷却后立即使用化学药剂公司提供的化验盒(Test Kit),按照配套说明书要求的方法进行化验,并将化验结果记录在药剂公司提供的记录表格上,然后按照化验结果进行相应的投药作业。这种药剂一般都具有控制炉水碱度、硬度和泥渣等综合性能,操作十分简便。在实际投药过程中,应仔细阅读药剂公司提供的说明书,并按照其中的操作方法和程序进行。

4.3.5　锅炉水处理药剂

　　锅炉水处理的主要任务是通过向锅炉内加入水处理药剂,使炉水中的 Ca^{2+} 和 Mg^{2+} 与药剂发生化学反应,生成松软的泥渣,然后通过下排污的方法将其排除,以防 Ca^{2+} 和 Mg^{2+} 沉积在受热面上形成水垢。同时还使炉水保持足够的碱性,以防受热面发生腐蚀。

　　目前世界各船公司采用的控制标准、化验方法和处理药剂不尽相同,但大同小异。各化学品公司提供的船用锅炉水处理方法大多采用混合药剂,主要成分多为磷酸钠,根据炉水化验结果决定投放量,可同时提高碱度、降低硬度、增加泥渣流动性以防止其生成二次水垢。

4.3.6　汽水共腾

　　锅炉运行时,汽包内的蒸发面会产生泡沫,泡沫层因积累而不断加厚,达到一定厚度时,锅炉中呈现出汽水界面不分、水中带汽、汽中带水的状态,这种蒸汽携带大量水滴而使蒸汽品质显著恶化的现象称为汽水共腾。汽水共腾发生时一般会有以下现象:水位计内水面剧烈波动;汽包输出的饱和蒸汽湿度与蒸汽含盐量均明显升高;可能引发蒸汽管道的水击事故,发出很大的敲击声。

　　1.汽水共腾的原因

　　炉水中的起泡物质(如溶解固形物)的浓度过高或锅炉的蒸发量突然增大都会导致发生

汽水共腾,严重时还会引起蒸汽管道水击。在沸腾状态下,纯净水的水面不会产生泡沫。水中起泡物质浓度较高时,水面会形成泡沫层。这些起泡物质包括有机物、微小粒径的渣和悬浮物、溶解固形物与碱性物质等。一般炉水水面起泡大多是由溶解固形物或碱性物质浓度过高所致,而其他起泡物质不容易达到起泡浓度。溶解固形物浓度升高,炉水的黏度就升高,炉水表面张力增大,气泡不容易破裂,即气泡"寿命"变长,气泡层厚度增加。而只有当气泡壁很薄时气泡才能破裂,这就导致气泡破裂时飞溅出的水滴总量增多,最终导致蒸汽携带水滴的总质量增多,引起汽水共腾。

炉水中起泡物质未超标的情况下也可能发生汽水共腾。这主要分为两种工况:其一是锅炉超负荷运行。当锅炉超负荷运行时,汽包内蒸汽湿度急剧增加,导致输出饱和蒸汽的湿度和含盐量急剧增加。其二是锅炉负荷增加过快。要增加锅炉蒸发量,必然要增加燃料量,但从燃料量的增加到蒸发量的增加需要一定时间。当锅炉负荷增加过快时,因蒸发量增加的滞后,必然导致锅炉压力下降,炉水就会突然产生大量气泡,同样导致输出饱和蒸汽的湿度和含盐量急剧增加。

当汽水共腾发生时,水位计中显示的水位高度实际上是锅炉内水面与气泡层折合成液体水高度的总高度。由于气泡的产生与消亡是动态的,因此水位计中显示的水位高度就会剧烈变化。同时,由于水面上的泡沫层增厚,汽包内蒸汽空间高度降低,也导致汽包内饱和蒸汽湿度急剧升高。

汽水共腾事故发生后,如果操作人员未能及时发现和处理,汽包输出的饱和蒸汽湿度会在短时间内急剧升高,导致蒸汽进入输汽管道时对管道壁面的冲量过大,引发蒸汽管道水击,使管道发出巨响和强烈振动。蒸汽管道水击可能会导致管道保温层破裂、管道支架松动,严重时会导致管道破裂,造成严重的经济损失,甚至发生人员伤亡事故。

2.汽水共腾事故的处理

当发生汽水共腾,但尚未引起管道水击事故时,应做如下处理:

(1)减弱燃烧,降低锅炉蒸发量。锅炉蒸发量降低时,汽包内的气泡量也会减少,从而使水面气泡层减薄,蒸汽空间高度增大。另外,蒸发量减小后,破裂的气泡量也减少,气泡破裂时飞溅出的水滴也相应减少。

(2)停止向锅内加药。锅炉水处理药剂中多含有钠离子、钾离子或有机物,这些物质会使水面产生的气泡量增加。因此,发生汽水共腾时,应停止向锅内加药。但对于消泡剂类的药剂,仍需继续加入锅内。

(3)全开蒸汽管道上的手动疏水阀。打开疏水阀可以将蒸汽管道内的水及时排出,防止因管道积水过多引发水击事故。

(4)全开表面排污阀。全开表面排污阀(即上排污阀)可将汽包水面以下能引起发泡的高浓度物质尽快排出,使炉水水质迅速好转,消除发生汽水共腾事故的根源。

(5)缩短炉水水质监测的间隔时间。全开表面排污阀后,炉水水质处于不稳定状态,应及时判断水质是否达到合格标准。如水质尚未达标,应继续进行事故处理;如水质已达标,则应停止事故处理,将锅炉转为正常运行。

(6)冲洗水位计并校对两只水位计水位是否相同。发生汽水共腾时,水面泡沫层会黏附大量的水渣、铁锈等固体杂质,这些杂质随泡沫流入水位计,沉积在水位计的连通管内,容易造成水位计虚假水位。

此外,还应开启汽包上的对空排汽阀,以防蒸汽压力升高,引发锅炉超压事故。

3.汽水共腾事故的预防

(1)确保炉水水质良好。锅炉管理人员应按照规定时间按时化验炉水水质,掌握水质变化规律,并据此控制表面排污量,确保水质不超标,并尽量减少排污量。

(2)供汽时应缓慢开启阀门。锅炉开始供汽时,应放慢阀门开启速度,使用汽量缓慢增加。

4.4 船舶辅锅炉的汽水系统

船舶辅锅炉和废气锅炉产生的蒸汽通过管道输送至各用汽设备。绝大部分蒸汽在工作之后成为凝水,由凝水系统流回热水井,再由给水泵经给水系统送回锅炉。另外,锅筒还要进行表面排污(即上排污)和底部排污(即下排污)。现结合图4-6所示的某柴油机船组合锅炉的汽水系统,说明辅锅炉汽水系统的组成和工作情况。而船舶主锅炉汽水系统与辅锅炉汽水系统有一定差异,将在本书第九章予以介绍。

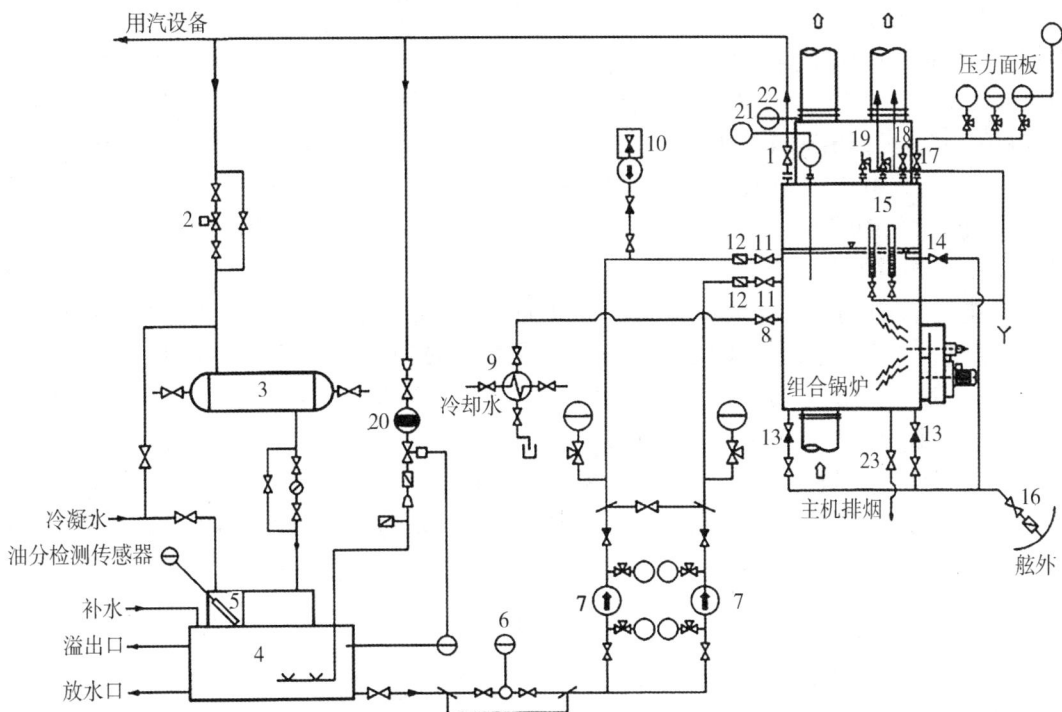

图4-6 组合锅炉的汽水系统

1—主停汽阀;2—蒸汽压力调节阀;3—大气冷凝器;4—热水井;5—油分检测传感器;6—盐度计;
7—给水泵;8—取样阀;9—水样冷却器;10—给水投药泵;11—给水截止阀;12—给水单向阀;13—下排污截止回阀;
14—上排污截止回阀;15—左(右)舷水位计;16—舷旁通海阀;17—压力表显示板截止阀;18—空气阀;
19—安全阀;20—热水井温度控制器;21—远程水位指示器;22—排烟温度报警器;23—泄放阀

4.4.1　蒸汽系统

蒸汽系统的任务是将锅炉产生的蒸汽按不同压力的需要输送至各用汽设备。如图 4-6 所示,燃油锅炉和废气锅炉产生的蒸汽经锅炉顶部的主停汽阀 1 通过蒸汽管送至蒸汽总分配联箱(又称蒸汽分配器,图中未标出)。经此总联箱,一部分蒸汽送至油舱加热蒸汽分配联箱,然后分送至各油舱、油柜供加热用。另一部分蒸汽则经减压阀减压后送至低压蒸汽分配联箱,然后送至空调装置、热水压力柜或供厨房和其他生活杂用。有的蒸汽分配联箱上还配有接岸供汽管,与位于上甲板左、右舷的标准接头相通,以备修船时若锅炉停汽,可由岸上或其他船舶供汽。蒸汽分配联箱底部装有泄水管,用于在刚开始供汽暖管时泄放凝水,以免通汽时管道发生水击。

如果燃油锅炉和废气锅炉各自独立,并联供汽,则锅炉通往蒸汽分配联箱的管路上应分别设置单向阀(可以是停汽阀),以免蒸汽倒流。在通废气锅炉的蒸汽管路上应设蒸汽压力调节阀 2,当废气锅炉产汽量供大于求时,向大气冷凝器泄放多余蒸汽。

4.4.2　凝水系统

凝水系统的任务是回收各个用汽设备处的蒸汽凝水,防止油污混入水中被带入锅炉。在各种加热设备中加热油、水、空气等的蒸汽,在加热管中释放出热量后凝结成水,并经各加热设备回水管和阻汽器流回。阻汽器,顾名思义,可以阻止蒸汽泄漏,以保证蒸汽的汽化潜热得到充分利用,同时可排出蒸汽加热设备和管道中的冷凝水、空气及其他不可凝结的气体。但是,在实际工作过程中,可能会有一些蒸汽漏过阻汽器。并且,当凝水流出阻汽器时,因为压力降低,也可能产生二次蒸汽。所以,凝水在进入热水井前,往往先经大气冷凝器 3 冷却,使回水中的蒸汽凝结,然后才流回热水井 4。

在加热燃油或滑油的蒸汽凝水中,一旦因加热管破裂或接头不严而有油漏入加热管路,油就可能会被带入锅炉中。炉水中有油对锅炉是很危险的,因为导热性很差的油会黏附在锅炉受热面上或渗入水垢中,妨碍炉水对受热面的有效冷却,导致受热面管子变形或爆裂。为了尽量减少油污进入锅炉,应使可能带有油污的蒸汽凝水首先进入凝水柜。如果凝水中有油,油就会黏附在凝水柜观察窗的玻璃上。此时,需要将凝水泄放掉,待查明原因予以消除之后,重新清洗凝水柜,才允许新的干净的凝水进入热水井。本系统安装有油分检测传感器 5,可随时监测凝水中的含油量。

4.4.3　给水系统

给水系统的任务是向锅炉供给足够数量和品质符合要求的给水。为了可靠起见,每台锅炉都至少设有两台给水泵 7,很多锅炉还设有两条给水管,其中一条作为备用。如图 4-6 所示,每条给水管紧靠锅炉处装有一个给水截止阀 11 和一个给水单向阀 12。给水截止阀 11 必须装在锅炉与给水单向阀 12 之间,以便在修理给水管路和设备时可以将锅炉隔断。其安装方向应正确,在必要时将其关闭更换阀杆填料,而炉水不至漏出。不允许用此阀对给水量进行节流调节,以免阀盘遭水流冲蚀而关闭不严。装设给水单向阀 12 的目的是防止给水泵不工作时,炉水沿给水管倒流。有的给水管路靠近锅炉处只装设一个截止止回阀。

若给水的温度较低,进入锅炉后汇集在某处或直接与受热面接触,会使该处产生较大热应力。所以,锅筒内都设有内给水管。它是一根在下半圆处开有很多小孔的水平管,位于锅筒工作水面之下,进入炉内的给水先通过内给水管,当水从小孔冒出时,即被周围的炉水加热,同时还达到均匀分布的目的。

锅炉给水泵 7 从热水井 4 吸水,通过给水管路向锅炉供水。蒸发量较小的辅锅炉多采用电动旋涡泵间断供水,蒸发量较大的锅炉可采用多级离心泵节流调节,连续供水。不论采用哪种供水方式,每小时供入锅炉的给水量和从各处流回的凝水量也常是不平衡的,因此凝水管路和给水管路之间设有热水井 4 作为缓冲的存水容器。热水井还有过滤水中固体杂质和油污、补水以及投放炉水处理药剂等用途。本系统在给水管路进入锅炉前设置专门的给水投药泵 10,可按照一定流量连续对炉水投药。在给水泵 7 的吸入管路上还设置有盐度计 6,可随时监测给水的含盐量,以防大气冷凝器 3 的海水管路泄漏使海水进入锅炉。本系统还设置有热水井温度控制器 20,它通过蒸汽加热使热水井保持足够高的水温,这样可以减少给水的含氧量,并使给水温度不至于过低。

目前,很多船舶热水井采用模块化设计,将热水井、凝水柜、大气冷凝器、锅炉给水泵以及相关管路、阀件、附件等组合在一个公共底座上,出厂前已进行相关试验,装船后只需将外部接口与蒸汽凝水系统相应部分接通即可投入工作。

4.4.4 排污系统

锅炉工作一段时间后底部可能聚集泥渣,投放除垢药物后也会产生沉淀物,因此锅炉底部设有下排污截止止回阀 13(见图 4-6)。下排污可定期在投放除垢药物后过一段时间进行。通常要求在熄火半小时后或锅炉负荷较低,压力降至 0.4~0.5 MPa 时进行。因为此时炉水比较平静,有更多的泥渣沉积在底部。水管锅炉为防止从底部放走大量炉水破坏正常的水循环,通常不允许在锅炉正常工作时进行下排污。每次排污时间不能过长,一般阀全开时间不超过 30 s,每次排污量为 1/3~1/2 水位计高度。

此外,若发现炉水含盐量或碱度过高,发生汽水共腾,或大修后初次使用,漂浮在水面上的泡沫和悬浮物太多,或者炉水进油,都可通过锅筒上部的上排污截止止回阀 14(如图 4-6 所示)进行上排污。为了更好地收集漂浮在水面上的油污和泡沫,在高于锅炉最低水位 25 mm 处设有浮渣盘。排污时,水经浮渣盘沿内部接管和上排污阀泄出。

上排污的排水量和排污次数视炉水化验结果而定,可在需要时随时进行,但一般应在投药前,以免药物在起作用前损失。一般每 24 h 可上排污 1~2 次,每次排污时间不应超过 30~60 s。进行上排污时应先将炉水加至接近最高水位,并密切注意水位变化,以防排污时给水泵供水不及时造成锅炉失水。当水位降至浮渣盘高度时应停止排污。如果认为一次排出的水量不够,可再排一次。如果炉水含盐量太高,靠上排污难以符合要求,应停炉换水。

废气锅炉一般也需要进行排污(强制循环水管锅炉除外)。

排污阀通径一般为 20~40 mm。如需调节排污流量,应在管道上另装一个调节阀。排污时应先打开舷旁通海阀 16(若最后开管内会发生水击),再全开排污阀,最后开调节阀。停止排污时应先关调节阀,再关排污阀和通海阀,以防它们遭水流冲蚀而密封性变差。

4.4.5 辅锅炉汽水系统常见故障

除了自然水循环故障、蒸汽带水及汽水共腾故障外,锅炉汽水系统的常见故障还有:

1.失水

锅炉水位低于最低工作水位称为失水。失水是锅炉的一种严重事故,可能使上部受热面失去冷却而烧坏。发现失水时要冷静处理,如关闭水位计通汽阀仍能"叫水"进入水位计,则表明水位仍在水位计通水管以上,可迅速加大给水。如"叫水"不来,千万不能向炉内补水,以防炽热的受热面突遇冷水而爆裂,甚至引起锅炉爆炸。这时应立即停炉,待冷却后进一步检查受热面的损坏程度,并查明和排除给水不足的原因。

2.满水

锅炉水位高过最高工作水位称为满水。满水会使所供蒸汽大量带水,导致水击、腐蚀管路设备等危害。发现满水应立即停止供汽,进行上排污,直到水位恢复正常。同时,开启蒸汽管路和设备上的泄水阀泄水,然后查明并排除水位自动控制系统的故障。

3.受热面管子破裂

因锅炉结垢严重、水循环不良等导致管壁过热或腐蚀严重,都可能引起受热面管子破裂。它会使锅炉水位、蒸汽压力迅速降低,烟囱冒"白烟"(水雾),有时还能听到异常声音(往往被机舱噪声掩盖)。受热面管子破裂后,有的锅炉结构可从烟箱的泄放阀中放出水来。

如裂缝不太严重,仅为微小渗水,可暂时监视使用,谨防裂缝扩大。如水位下降较快,则应立即停炉。但除已严重失水者外,在受热面温度降低前应继续给水,保持锅炉的正常水位,以防受热面因大量失水而被烧坏。待锅炉冷却后,可将炉水放尽,进入炉内堵管。水管锅炉管子破裂多发生在靠近炉膛热负荷高的水管,比较容易发觉。如破裂管在管束中间,则较难寻找。应在锅炉尚有蒸汽时先观察漏水破管的大致部位,待停炉放水后,再用木塞堵住管子下端,从上端灌水寻找。受热面管子破裂后,如暂时不能换管,可临时堵管使用。堵塞水管的钢塞应具有一定锥度,涂上白铅油后,塞在破管的两端,然后用手锤敲紧,再借助工作蒸汽的压力即可保证一定的严密性。

如果发现针形管泄漏,应按照下面的方法进行临时性修理:首先停炉,使锅炉自然冷却并降至常压,放空炉水。其次进入锅炉烟箱,在泄漏的针形管外管侧面切割一个透气孔。再次用钢丝刷清洁针形管外管内侧,选用和烟管等厚度的钢板,切割一块直径和针形管外管一样的圆形钢板,并把上边缘倒角30°,焊接上密封板。最后进入炉膛,用上述同样的方法,钻孔、焊接下密封板。这种临时性修理方法只适用于密封泄漏针形管数量在10%以下的情况,否则必须要进船厂进行永久性修理,而且蒸发量也要相应降低。

对于烟管锅炉,可用两端带螺纹和盖板的堵棒将破裂管堵死。堵管时,在堵棒的盖板和管板之间垫上耐热垫片,收紧螺帽即可。堵管的数目不宜过多,以免影响加热的均匀性。堵管后应进行水压试验,证实不漏后才能点火升汽。

锅炉汽、水系统其他故障,如给水系统进油、进海水(炉水含盐量剧增,可能是冷凝器或水舱泄漏)、排污阀泄漏(后面管路发烫)等均不难被发现,可根据实际情况检查处理。

第5章 船舶锅炉的运行与管理

锅炉是在高温条件下工作的压力容器,它的安全可靠至关重要。对船舶锅炉发生的事故分析表明,管理操作和维护保养方面的失误往往是发生事故的主要原因。因此,轮机人员应有高度的责任感,不仅要掌握锅炉的结构特点和各系统的工作原理,还应该熟悉锅炉的操作程序及维护管理方面的规定和要求,并在实际工作中认真遵照执行。

5.1 船舶锅炉的冷态点火

锅炉的点火分为热态点火和冷态点火。热态点火是指锅炉在正常的压力和温度条件下的点火;冷态点火是指经过较长时间的停炉或者大修以后,锅炉处于完全冷却的条件下的点火。本节主要叙述锅炉的冷态点火。

5.1.1 点火前的准备工作

1.锅炉内部和外部检查

(1)锅炉周围保持清洁,锅炉间通风良好,通风孔或者通风机开启。

(2)所有的阀门均处于正确的开关状态。空气阀、给水阀、压力表和水位计阀均应开启。排污阀应关闭。蒸汽阀关闭后再开启1/4圈,防止受热后咬死。确认没有异物遗留在锅炉内,所有的附件、检查孔、阀件均已装复,螺栓已上紧。锅炉燃烧器安装合理,风机和电动机的转向正确,风门和传动装置动作灵活,火焰探测器玻璃清洁。

2.锅炉附属设备检查

(1)热水井及其滤网清洁,给水系统的阀门开关正确。对于可以自动切换的给水系统,两条给水管路的阀门均应处于开启状态。给水泵转向正确,试运行时没有漏水、漏油、噪声大和温度高等异常现象。

(2)燃油系统的阀门开关正确,燃油泵试运转正常,燃油加热器运行正常。锅炉在冷态点火时尽量使用轻油。检查轻、重油柜的液位和油温,并进行放残。燃油管路的阀门开关正确,确保滤器清洁。如果管路中存在空气,应设法放掉空气。

3.锅炉的上水

在上水时,检查热水井水位、水温、水质是否正常,热水井与炉内水空间壁面温度应相近,如果两者温差超过50 ℃,补水应缓慢进行,避免向炉内补入大量冷水,以免产生过大的热应力。补水应清洁无油迹,并按规定加入水处理剂。

烟管锅炉应上水至水位计的最高水位,以便能够在升压后通过下排污将锅炉底部温度较低的炉水放掉,促使整个锅炉内部水温均匀。水管锅炉应上水至水位计的最低水位。因为在蒸汽产生后,水管锅炉的炉水中含有较多气泡,从而使水位上涨至正常水位。对于有过热器的船舶锅炉,切忌上水过高,否则会造成蒸汽大量带水,引起过热器的腐蚀和损坏。对于有经济器的锅炉,上水时应将经济器充满水并保持通畅;否则,在锅炉点火后,经济器将处于干烧状态或因水加热后膨胀而损坏。上水结束后应观察 0.5 h,水位不变才能确认承压部件没有发生漏水。如果水位降低或上升应查明原因,及时消除故障。在船舶无倾斜的状态下,两支水位计的水位应在同一高度。

5.1.2 点火升汽

1.预扫风

确认锅炉一切正常后方可进行点火操作。锅炉冷态点火的操作应十分谨慎,为了便于控制预扫风及后扫风的时间,最好先采用手动点火。冷态点火时加热速度一定不能太快,因为锅炉材料升温过快且不均匀,会产生过大的热应力。新炉起动或耐火层修理后起动锅炉,耐火层可能较湿,如果加热太快,可能因水分迅速蒸发和膨胀而使耐火层产生裂纹。因此,锅炉冷态点火应手动控制,小火燃烧,待蒸汽压力升至比工作压力低 0.05 MPa 时,再改用自动操作。

燃油锅炉点火前,一定要开启风机进行充分的预扫风,将锅炉内积存的油气彻底吹除。否则炉膛积存的油气遇明火有爆炸的危险。正常运行时的预扫风时间一般在 35 s 左右,冷态点火时可将预扫风时间适当延长,以便尽可能彻底驱除炉膛内的油气。冷态点火时,由于炉膛内温度较低,有可能引起点火失败。如果发生点火失败,再次点火时仍需进行预扫风并适当延长预扫风时间。当出现多次点火失败时,应查明原因并排除故障后再点火。万一点火时发生爆炸回火,应立即关闭油泵和燃油速闭阀,以免酿成火灾。在某些特殊情况下可能会使用点火棒进行点火,切记点火时点火棒不要正对着点火孔,应从侧面进行点火,以防爆燃时被从点火孔喷出的火焰烧伤。使用点火棒点火的正确方法为:将点燃的点火棒伸入炉膛内,紧贴燃烧器前端的下方 200 mm 处,然后缓慢地开启油阀,喷油点火。

2.关闭空气阀并按规定升温升压

点火成功后应检查火焰的颜色、形状和稳定性。正常的火焰呈亮橙色,轮廓清晰,火焰稳定、无闪烁,排烟呈浅灰色。刚点着火开始工作时,由于炉膛内温度低影响燃油蒸发,可能造成燃烧不良,烟囱冒黑烟。但随着炉膛内温度的升高,燃烧会趋于正常。

锅炉起压后,汽包顶部的空气阀会有气体冒出,等到有大量的蒸汽冒出时再关闭空气阀。点火后开始阶段水循环差,燃烧强度不能过大。炉水沸腾产生气泡后水循环会加强,锅炉各部分温度也渐趋均匀,方宜提高燃烧强度。因此,升汽前的阶段应烧得慢些,蓄水量越大的锅炉此阶段应越长,蒸汽压力开始上升后燃烧可以加强。为了限制锅炉在点火升汽阶段炉水温度和蒸汽压力的上升速度,锅炉操作说明书一般都规定了点火升汽的时间表,应遵照执行。

若无时间表,冷炉点火可以参照如下程序进行:首次点火后 1 h 内每烧 1~2 min 熄火 8~10 min 后再点火,以后每次可以适当延长燃烧时间和缩短熄火时间,直到锅炉压力达到 0.1 MPa 方可连续小火燃烧。大蒸发量 D 形水管锅炉正常操作时,从冷炉点火到满压所需时间一般为 2~3 h。蒸发量小的烟管锅炉约需 2 h,水管锅炉因水循环良好只需用 15 min 左右。其中从点火到产生蒸汽压力的时间约占整个点火升汽时间的 2/3。如不控制燃烧,从冷炉点火到产生蒸汽压力的时间,一般烟管锅炉仅需 0.5 h 左右,有的水管锅炉甚至仅需几分钟,但这种快速升汽对锅炉保养十分不利。

3.检查泄漏

当蒸汽压力升至 0.05~0.1 MPa 时,应检查人孔、手孔、水位计、排污阀、法兰、阀门等接头或密封面是否渗漏。当温度升高后,上述接头螺栓会伸长变松,需要重新拧紧。如有渗漏,不能处理则应停止运行。对于人孔和手孔,无论渗漏与否,均需再适当拧紧螺母。此时,还应再冲洗水位计一次,防止出现假水位。冲洗水位计时,必须缓慢进行,不要正对水位计的玻璃板,以免玻璃板由于忽冷忽热而破裂伤人。操作时要戴防护手套,以免烫伤。

当蒸汽压力升至 0.1~0.2 MPa 时,应检查压力表的可靠性,冲洗压力表的存水弯管,排出弯管中的存水,直到排出蒸汽为止,防止因污垢堵塞弯管而使压力表失灵。冲洗压力表时,要注意观察压力表的指示情况,对各连接处再次检查有无渗漏现象。再拧紧一次人孔、手孔螺母。操作时应侧身,用力不宜过猛,禁止使用长度超过螺栓直径 15~20 倍的扳手去操作,以免拧断螺栓。当蒸汽压力继续升高后,禁止再次拧紧螺栓。

当蒸汽压力升至 0.3 MPa 时,试验给水设备及排污装置。对锅炉进行上排污以清除锅筒表面的杂质和油污。排污前应向锅内上水,上排污应在锅炉高水位时进行。排污时要注意观察水位,不得低于水位计的最低安全水位线。排污完毕后,应严密关闭每个排污阀,并检查有无漏水现象。对通风及燃烧情况进行调节,当蒸汽压力达到锅炉额定压力时,应校验安全阀是否灵敏、可靠,然后铅封,同时再冲洗一次水位计。

5.1.3 供汽

锅炉供汽前应对蒸汽管路进行暖管和疏水工作。其方法是将蒸汽阀稍开,供汽加热蒸汽管路,同时开启蒸汽管路中各泄水阀进行泄水。暖管时间不宜过短,不得少于 15~20 min;否则管壁和管路上的法兰及螺栓会产生较大的热应力。另外,如管路中存在凝水,当开大蒸汽阀正式供汽时,管路中会出现"水击"现象,可能损坏管路、阀门和设备。有的锅炉规定在升汽时,同时进行主蒸汽管的暖管工作,当锅炉压力升至工作压力时,暖管工作已结束,可立即投入使用。

如果要求两台锅炉并联工作,应先使两者蒸汽压力相同后再并汽。如果升汽后的锅炉要与工作中的锅炉并汽,后投入工作的锅炉蒸汽压力应比主蒸汽管路蒸汽压力高出 0.05 MPa 再并汽。

注意维护蒸汽阀站上的减压阀,防止其失去减压作用而损坏低压蒸汽设备。如果阀站中设有过量蒸汽释放阀,应使其处于良好工作状态。锅炉安全阀应每月进行一次手动强开试验。脱落的蒸汽管路绝热层应及时修补。盘根泄漏的阀门应及时更换盘根,关闭不严密的阀门及时进行研磨或换新。漏汽的蒸汽管路应拆下焊补,如暂时无法焊补,可以用铁水泥修补或用铅皮临时包扎。

5.1.4 辅锅炉的自动控制

目前,船舶辅锅炉一般采用自动控制,包括自动点火、燃烧自动控制、给水自动控制、自动保护和自动停火等。

1.自动点火和燃烧自动控制

通常采用电气自动控制,其主要工作过程为:

(1)预扫风。防止炉膛内积存的可燃性气体引发爆炸事故。不同的锅炉预扫风时间有所差异,一般在 35 s 左右。

(2)电点火器通电产生电火花,发火时间一般为 5~10 s。

(3)点火油路电磁阀或主油路电磁阀通电开启,相应的喷油器喷油并被点燃。

(4)燃烧自动调节是根据蒸汽压力的波动,由蒸汽压力调节器来实现的。通过对燃油和空气的位式调节或比例调节,使蒸汽压力保持在一定范围内。如果采用这种调节方式,当蒸汽压力仍超过设定上限时,主油路的燃油电磁阀断电,燃烧停止,但风机仍继续运转一段时间(即后扫风),将炉膛内残余的可燃气体扫出后才停止运转。然后,程序控制器又回到初始状态。

2.给水自动控制

锅炉工作水位在极限低水位以上是点火、燃烧过程自动起动的必要条件。一般锅炉水位都采用独立的控制系统。主锅炉及大型油船上的辅锅炉,由于其蒸发量大,对蒸汽质量要求较高,不允许水位有较大波动,常采用比例调节。而对于小型辅助锅炉,由于其蒸发量小,对蒸汽质量要求不高,允许水位在较大范围内波动,常采用双位调节。即通过水位电极或浮子开关传感器检测到锅炉水位下降至下限水位时,给水泵自动起动向锅炉供水。锅炉水位上升至上限水位时,给水泵停止供水。水位波动范围一般为 60~120 mm。

3.自动保护

自动控制锅炉的自动保护可包括以下方面(至少前 3 项):

(1)点火失败(喷油点火若干秒内火焰不着)和运行中熄火保护,此时火焰探测器发出信号;

(2)最低危险水位保护;

(3)低风压保护;

(4)低油压保护;

(5)低油温保护;

(6)高油温保护。

4.自动停火

当发生上述故障时,会发出声、光报警,然后按自动停火程序熄火,程序控制器回到初始状态。当水位低于危险水位或风压低于调定下限时,自动点火程序不能进行。

5.2　船舶锅炉运行中的管理

锅炉在运行时,最重要的是保证工作安全可靠,维持蒸汽参数稳定及提高燃烧效率。为此,值班人员应从炉水、燃烧及蒸汽质量三方面进行管理。

5.2.1　炉水的管理

为了保证锅炉受热面得到良好的冷却,必须保证炉水的数量、质量和一定的温度,因此炉水的管理是保障锅炉可靠工作的前提。

1.水位

保持锅炉水位正常是锅炉管理工作中的一项重要任务。如果水位过高,蒸汽中携带大量含有盐分的炉水进入蒸汽过热器中,使其管内壁结垢,引起管壁过热而损坏。如果这种含水量大的蒸汽进入汽轮机中,会引起水击或通流部分结垢,使汽轮机效率和功率下降;如果水位过低,达到"失水"状态,使锅炉蒸发受热面失去炉水的冷却,会造成蒸发受热面过热甚至爆管。

值班人员要经常仔细观察水位,使水位保持正常或在允许范围内波动。目前,远洋船舶锅炉都装有给水自动调节系统,但仍不能放松对水位的监视。对于高负荷的水管锅炉,只要给水停止1~2 min,就会发生严重后果。因此,工作人员应密切注意给水系统的工作,尤其是对给水泵的维护。

为了检查水位计指示是否正确,通常每4 h应冲洗一次水位计。如果在运行过程中发现水位计中的水位不动,应及时冲洗并查明原因。一支水位计损坏时,应立即修复,如果两支水位计都损坏,锅炉应立即停炉。若出现水位下降到水位计可见范围之下,应通过"叫水"来判断水位是否已经降到危险水位,并采取相应的处理办法。如果水位过高,首先应降低燃烧强度,关小各供汽阀,减少给水量,进行上排污,直至水位恢复正常,锅炉才能恢复正常燃烧。

2.水温

应经常检查经济器的进出口水温,出口水温的高低与经济器的安全和过热蒸汽温度的高低息息相关。正常情况下,经济器中的水在非沸腾的状态下工作。如果因某种原因使经济器中的水处于沸腾状态,将使水平管内出现蒸汽,使传热系数急剧降低,影响经济器工作的可靠性。因此,要求经济器出口水温必须低于相应压力下水的沸腾温度。但经济器出口水温过低也不可取。当经济器管内壁结垢、外部积灰和给水温度降低时,都会引起经济器出口水温降低。当低于正常值时,将会减少锅炉蒸发量,使过热蒸汽温度升高。

3.水质

锅炉工作时,一般应每天化验炉水,对水质进行监督。根据水质化验结果,确定是否投放水处理药剂以及投放药剂的种类和数量,同时确定是否进行排污(详见第四章第三节)。严格控制给水品质,对于减少炉水杂质、保持水质正常有重要作用。

5.2.2 燃烧的管理

对锅炉燃烧管理的要求是在各种负荷下,使蒸汽压力、温度在规定范围内。

1.正常燃烧

(1)经常观察炉内燃烧情况。通过观察炉膛内火炬颜色、透明度和烟囱排烟颜色,来确定锅炉燃烧情况。炉膛内燃烧良好的标志是,火焰呈橙黄色,炉内清楚可见炉后的耐火砖墙,烟囱排烟呈淡灰色。如火焰呈暗红色,火焰伸长跳动并带有火星,炉内模糊不清,排烟呈黑色,表明空气量太少或燃油雾化不良,与空气混合不好。如火焰呈白炽色,炉内透明,排烟呈白色,表明空气量过多。此外,还应随时注意受热面的状态。

(2)保证燃烧装置和燃烧自动调节系统处于良好状态。经常检查燃油系统设备的工作情况,保持油压和油温稳定在规定值。喷油器要保持清洁,定期保养或更换。同时要确保喷油器位置正常,配风器状态良好。在不同负荷下,保持适当的风油比。

2.工作气压稳定

当蒸汽压力低于额定值时,将使汽轮机功率和效率降低。但是,当蒸汽压力过高时,安全阀会开启,将过量蒸汽泄放至大气中,使汽包内压力急剧降低,破坏正常水循环,甚至发生汽水共腾。在锅炉日常管理过程中,应保持蒸汽压力在规定范围内,并保持稳定。在正常情况下,通过燃烧自动调节系统来保持气压稳定。当燃烧自动调节系统失灵或必要时,可改为手动操纵,这时应监视锅炉气压变化,及时调整炉内燃烧以保持气压稳定。

3.过热器管理

过热蒸汽的压力和温度应在规定范围内变化。过热蒸汽温度的最高值应低于钢材允许的极限温度。而过热蒸汽温度过低会使汽轮机功率和效率降低,还会使汽轮机低压部分因蒸汽湿度过大而侵蚀动叶。

当锅炉水位过高发生汽水共腾,以及过热器管内结垢和管外积灰,都会使过热蒸汽温度偏低。当过量空气太多、给水温度过低、输出饱和蒸汽量太多以及安全阀跑汽等会使过热蒸汽温度过高。另外,锅炉在最大负荷下工作时,也常常会发生过热蒸汽温度过高的情况。

4.低负荷运行

当锅炉配备多个燃烧器,需要低负荷运行时,应首先停用靠近炉膛出口或炉底的燃烧器,尽可能使用位于炉膛中央的燃烧器。当某个燃烧器停用时应立即抽出,关闭风门但留有缝隙,以便让漏风来冷却配风器。如果全部燃烧器停用,应关闭全部风门和一切风道,以防冷空气流入炉膛,使炽热的耐火砖损坏或引起水管胀接处泄漏。

5.2.3　锅炉的停炉

锅炉在正常工作过程中,会根据蒸汽压力高低自动熄火停炉或自动点火。如果因设备检修等原因需要临时停炉,可将锅炉控制模式转为手动,或停止自动点火和燃烧自动控制程序。

燃用重油的锅炉在停炉前可视情况改用柴油,以免重油留存在管内。停炉后自动给水系统仍能正常工作,否则应加水至水位计最高水位,以免锅炉内的水冷却收缩而看不到水位。停炉后半小时,待水中悬浮杂质和泥渣沉淀后,可进行下排污。排污后化验炉水,视需要加入水处理药剂。

当锅炉需要做内部检查或检修时,应让锅炉自然冷却,不要为加快冷却而放汽降压、提早放空炉水或向炉膛送冷风,因为温度急剧降低会损伤锅炉。待锅炉中已无气压时,打开空气阀,以免锅炉内形成真空。一般只有当炉水温度降至 50 ℃左右时,才允许打开底部排污阀放空炉水。水管锅炉在急需时可在气压降至 0.5 MPa 以下后放空。

5.3　锅炉的清洗

锅炉经过连续运行后,在受热面的水侧会结有水垢,在烟侧会黏附灰渣,这些物质对锅炉的经济性和安全性均有不利的影响,因此必须定期(每年至少应进行两次)检查锅炉结垢和积灰的状况,决定是否需要清洗。

5.3.1　锅炉水垢的清洗

锅炉水垢的清洗方法主要有以下几种:

1.机械清洗法

如炉内水垢较薄,可以用工具(人工或电动)清除水垢,常用的工具有刮刀、钢丝刷、管刷和电动(气动)铣刀等。洗炉应在锅炉刚冷却,水垢尚未变硬之前进行。如冷却过久,水垢变硬,则不易清除。遇到坚硬水垢时,切勿用敲锈榔头用力敲或用刮刀用力刮,这样容易损伤金属的平滑表面,减少锅炉使用寿命。机械清洁法劳动强度大,且不易清除干净,目前已很少采用。

2. 碱洗法

当水垢质地坚硬不易刮除时,可先用碱煮,使坚硬的水垢软化,然后再用机械清洗。由于碱液对铜有腐蚀作用,因此应在碱洗之前将所有与碱液接触的铜阀等换下。

如果水垢较厚,一般使用碳酸钠(每吨炉水加 8 ~ 12 kg)和苛性钠(每吨炉水加 0.4 ~ 0.6 kg)混合投入煮洗。炉内水位保持在最高水位,用小火加热炉水,使气压升至 0.3 MPa,然后在 2 h 内逐渐降至零。之后再升压至 0.3 MPa,又降压再升压,如此重复,使受热面上的水垢由于温度周期变化而松动。每当压力降至 0.1 MPa 时,进行上排污一次,以排掉水面上的油污和漂浮的泥渣,再加水至原有水位。当碱洗完毕进行最后一次上排污时,即可熄火,使锅炉自行冷却。当气压降至 0.05 ~ 0.1 MPa 时,开启下排污阀,放出碱水及已松脱的水垢。如果水垢不多,可用磷酸钠煮洗,用量为每吨炉水 1 ~ 2 kg。这样可以不停炉,只需将气压降至工作气压的 1/3 ~ 1/4,然后将药剂从给水系统送入锅炉中。在排污后补充水时,应同时补入磷酸钠药剂。

在碱洗时,投入的药剂与水垢发生作用,使炉水碱度逐渐下降,因此应定时测定炉水碱度,直到碱度不再下降,即认为煮洗完毕。通常碱洗时间为 1 ~ 1.5 天。碱洗完毕后,待锅炉中水排干、冷却,然后对锅筒进行通风,充分通风后工作人员才能进入锅筒进行检查和机械清洗。

3. 酸洗法

清除水垢最彻底的办法是酸洗法,因为酸对金属有腐蚀作用,一般都由掌握化学清洗知识和技术的专业人员进行。对于强制循环锅炉和带过热器、经济器的锅炉,只有酸洗才能将水垢清洁干净。所谓酸洗法,就是用热盐酸溶液来消除水垢。酸的浓度视水垢的厚度和性质而定。为了保护金属不受酸的腐蚀,水中需要加入缓蚀剂,但这也不能保证对锅炉完全不腐蚀。锅炉在酸洗时的腐蚀速率远远大于正常运行时的腐蚀速率,故防垢优于除垢,如碱洗能满足要求则尽量不酸洗。

《锅炉化学清洗规则》规定酸洗的间隔时间不得少于两年,并只在符合下列条件之一时才考虑酸洗:(1)受热面被水垢覆盖 80% 以上,且平均水垢厚度不小于 1 mm(无过热器)或不小于 0.5 mm(有过热器);(2)锅炉受热面有严重锈蚀。

在酸洗时,不能利用锅炉原有的汽水管路系统,且应与原有系统全部脱离,锅炉上的铜制附件应拆除或隔离,一般会装设专门的循环系统进行酸洗。但是,使用年久的旧锅炉可能会存在裂纹和较严重的腐蚀,不允许进行酸洗,防止酸渗入破损处,甚至造成锅炉漏水。为了增强酸洗效果,大多采用强制循环,以便酸液混合均匀。在清洗过程中,如果酸的浓度不断降低,就表示除垢过程正在进行,必须补入盐酸以恢复浓度,直至酸的浓度不变,表示水垢已经清除完毕时为止。酸洗过程需 8 ~ 10 h。酸洗完毕后,放尽酸液,仍利用酸洗循环系统,先用淡水冲洗锅炉,再用浓度超过酸液浓度 2% ~ 3% 的热碱水(80 ~ 90 ℃)清洗锅炉 6 ~ 8 h。碱水洗完后,再用热淡水洗一遍。

5.3.2 锅炉积灰的清除

燃油锅炉经过一段时间运行之后,受热面上会结灰渣。这些灰渣不仅影响受热面传热,降低锅炉效率,同时对受热面有腐蚀作用,而且会引起烟道堵塞,甚至有复燃而烧坏受热面的危险,故必须定期清除。烟灰积存速度取决于燃油灰分多少、锅炉负荷及燃烧器质量,故除灰周期无法硬性规定,一般是排烟温度比烟灰清除时高 $10\sim20$ ℃时,或风压损失明显增大时应该除灰。辅锅炉连续工作 $3\sim4$ 周往往需要除灰,废气锅炉在航行期间除灰则更加频繁。烟管锅炉可以在停炉后打开检查门(图2-4中17),人工清除烟管中的积灰。水管锅炉可以在锅炉运行时使用吹灰器除灰,也可以在停炉后除灰。由于用吹灰器除灰很难彻底清除积灰和灰渣,所以仍需定期停炉,采用机械方法和水洗方法清除。

1.吹灰器除灰

吹灰器是若干以压缩空气或锅炉蒸汽为工作介质的带喷嘴的吹灰管,用来吹除受热面烟侧表面的积灰。吹灰器的结构形式主要可以分为多喷嘴式和单喷嘴式两种,它们布置的区域不同。多喷嘴式吹灰器大多用在烟气温度较低的蒸发受热面烟道中。它通常固定在烟道中的受热面管束间,其喷嘴是沿着管束的宽度均匀分布的,喷出的蒸汽(或压缩空气)可以吹扫整个管束,并能用炉外的手轮旋转 $360°$。经济器和空气预热器的吹灰也多用多喷嘴式吹灰器。吹灰器的数量和在管束中的布置可由锅炉的大小、形式及受热面管子数目来确定。单喷嘴吹灰器用于吹扫水冷壁等烟气温度较高的受热面。它不需要 $360°$ 旋转,但可以用手轮控制做轴向移动,依次吹扫受热面管束,并能够在不工作时将喷嘴缩回炉外,以防喷嘴长期受到高温烟气的烧烤而损坏。

使用吹灰器除灰应注意:(1)使用吹灰器吹除受热面上的积灰时,应力求吹扫整个受热面,避免局部区域未被吹扫而造成受热面各管束传热不均,严重时可能引起水循环事故。吹扫时应按烟气流动方向逐个地开启吹灰器蒸汽阀(或压缩空气阀),直到空气预热器吹扫完毕。必要时可以重复一次。(2)采用蒸汽吹灰器时,由于耗汽量很大,这对蒸发量较小的锅炉是很大的负担,在吹灰之前应加强燃烧,提高蒸汽压力,以免开启吹灰器时气压突然下降,影响正常的水循环。如果在锅炉低负荷时进行吹灰操作,会使炉膛温度下降,燃油燃烧恶化,这时大量未燃尽的可燃物会逸出炉膛并沉积在管子上,或堆积在烟道的某些烟气滞留区内,极易引起自燃。自动控制的锅炉吹灰时可将自动燃烧改为手动燃烧。(3)为了检验吹灰器的吹灰效果,可以在停炉时检查所有经过吹灰的管子表面状况,同时也要观察管子是否受到腐蚀。(4)吹灰器的蒸汽阀要保持严密,防止在不吹灰时大量蒸汽漏入烟道造成蒸汽浪费。(5)吹灰不恰当也可能引起管子腐蚀,原因可能是吹灰工质中有凝水;吹灰次数过于频繁;吹灰蒸汽压力过高;烟道中烟气流速过高等。(6)吹灰应尽量选择甲板上风向和风速适宜时进行,尽量避免吹出的烟灰落在甲板上。

2.机械法除灰

机械法除灰包括用小锤、凿子、刮刀等工具来清除,也可以用压缩空气喷枪将吹灰器吹扫不到区域的浮灰吹掉。对于非常坚硬的灰渣,不宜用除灰工具过分地敲击。特别是老旧锅炉钢材均有脆化倾向,只能用水洗法来清除。

3.水洗法除灰

锅炉积灰主要由不溶性物质构成,它被水溶性物质黏结在一起,用水冲洗时就会脱落,水中加入碱性物质清洗效果更好。但是,水洗不仅要消耗大量的淡水,而且溶解灰渣的水呈酸性,频繁水洗可能加重管子和锅筒的腐蚀。另外,水渗入耐火砖墙可能使其损坏。因此,只有无法用吹灰方法有效除灰时才选择水洗。有的锅炉专设有若干覆盖整个加热表面的带喷嘴的冲洗水管。若无专设的水洗装置,可通过检查门或锅炉上方的排气烟箱,借助水枪冲洗。

水洗法除灰应注意:(1)在燃油锅炉熄火、废气锅炉停柴油机,温度降至低于110 ℃时再进行。(2)水洗时要开启炉膛底部的泄水阀,及时泄放污水。水洗时热的金属表面会产生蒸汽,应防止烫伤。(3)冲洗时可以用淡水或海水,用海水冲洗过后必须再用淡水彻底清洗,以免金属表面沉积盐分。用温度为65~90 ℃的热水冲洗效果更好。(4)污水对钢材有腐蚀作用,故水洗不宜持续太长时间,也不要中途停止,否则湿润的灰渣变干后会更加坚硬,以后更难清除。(5)应防止弄湿附近的电气设备,炉膛的耐火砖应罩以帆布,以防吸水过多。(6)水洗完毕后,炉膛底部应用碱水清洁,所有污水和脱落的积灰必须从炉内清除,然后可每隔15 min交替点火和熄火,缓慢烘干耐火砖墙,否则残留的烟灰和水会产生强腐蚀性的硫酸。

4.除灰剂除灰

除灰剂分为硝酸盐和铵盐两大类。硝酸盐除灰的机理是:(1)在高温下硝酸盐会分解,析出氧气,并能降低可燃性烟灰的着火点,促使大量烟灰氧化烧掉。(2)硝酸盐和灰分中的金属盐类生成低熔点共晶体,使硬质灰垢变得疏松干燥,易于脱落,使其能随废气通过烟道或由烟灰吹出过程消除。(3)硝酸盐在高温下分解出来的亚硝酸盐对钢材有一定的钝化作用,能减缓锅炉的腐蚀。铵盐除灰的机理是:它在高温时会释放出氨气,使烟气中的有害物质氧化成氮气和水。除灰剂中的碱金属盐类在高温下产生碱金属阳离子,可附在灰粒表面上使灰粒不凝聚,从而扩大烟灰氧化表面,使其完全燃烧。

锅炉除灰剂操作简便,对炉膛呈负压的锅炉,可将棒状除灰剂从点火孔或前检查孔直接投入正在燃烧的炉膛内;对炉膛呈正压的锅炉或因结构因素不便投放时,可采用喷枪,利用压缩空气使粉状药剂呈雾状喷入正在燃烧的火焰中。

5.4 船舶锅炉的停炉保养

锅炉在较长时间停用时,需妥善保养。停炉时如果保护不当,其腐蚀程度甚至比工作时还要严重。根据停炉时间长短,可选择减压保养法、满水保养法或干燥保养法。

5.4.1 减压保养法

减压保养法适用于停炉期限不超过一周的船舶锅炉。减压保养时保持锅炉的余压在0.01~0.1 MPa范围内,炉水温度稍高于100 ℃,炉水中不含氧气。由于锅炉内的压力高于周围环境压力,因此可以阻止外界空气进入。为了保持炉水的温度,可以定期在炉膛内生微火、间断点火或利用相邻锅炉的蒸汽加热炉水。

减压保养前应加水至最高工作水位,以免锅炉内因水冷却收缩而看不到水位。压力降低后,炉水中泥渣和杂质会沉淀,应进行下排污。排污后化验炉水,视需要加入水处理药剂。减压保养期间通过间断点火来保持炉内低蒸汽压力时,如点火次数过于频繁,可以将蒸汽压力适当提高,但升压最多至工作蒸汽压力下限即熄火。若升压过高,熄火后可能因炉膛散热而使蒸汽压力继续升高顶开安全阀。

5.4.2 满水保养法

满水保养法适用于短期(1~3个月)停用的船舶锅炉。满水保养法就是将锅炉的汽水空间全部充满不含氧的碱性水,以防锅炉被腐蚀。它的操作要点是彻底排除锅炉内的空气和保持炉水合适的碱度,使炉水 pH 值为 9.5~10.5。

满水保养时,先打开锅炉上的空气阀,向锅炉泵送加了碱性药物的蒸馏水或凝结水。水加满前点燃一个燃烧器,将炉水加热至沸腾,使水中的药剂混合均匀,并且尽量减少水中溶解的氧气,同时利用产生的蒸汽将锅炉中的空气从空气阀驱除。待空气阀连续冒出蒸汽时熄火,用给水泵将水加满,然后关闭空气阀,在锅炉中建立 0.3~0.5 MPa 的压力。炉水冷却后,压力可降低至 0.18~0.35 MPa,从而保证空气不漏入锅筒内。如果不加压,当炉水冷却后就会出现真空,使空气漏入而造成腐蚀。

碱性药剂可使用氢氧化钠或碳酸钠,也可用磷酸二钠或联氨。当使用磷酸三钠时,炉水的磷酸根含量应保持在 100~200 mg/L,使用联氨时,为 160~180 mg/L,相当于炉水的 pH 值为 10~10.6。需要注意的是,只有锅炉中水垢已彻底清除的情况下才能使用磷酸三钠,否则它将和水垢发生反应,使炉水中充满泡沫和悬浮物,并使磷酸根含量下降。

如果满水保养已超过一个月仍需延长,可放掉部分水再加热驱氧,然后重新补水。补水前可化验炉水碱度或磷酸根含量,决定补水时是否要加药。

5.4.3 干燥保养法

如果锅炉停用时间较长,需要内部检修、环境温度可能降至冰点以下,则可采用干燥保养法。干燥保养法的要点是保持锅炉内部干燥,防止潮气造成锅炉腐蚀。经验表明,干燥保养法对于停用时间在一年以内的锅炉,其防腐作用是有效的,但对于过热器和经济器的保护性能略差,因为其中的积水和潮气难以除去。

采用干燥保养法应在锅炉蒸汽压力降至 0.3~0.5 MPa(温度 140~160 ℃)时放空炉水。保持炉膛严密,防止因冷空气进入使炉膛散热太快。然后打开锅筒上的人孔盖和联箱上的手孔盖,用余热(废气锅炉可用柴油机的排气)使锅炉内水分蒸干(相对湿度小于 30%)。在关闭人孔盖和手孔盖之前,可在锅筒内放置一盆燃烧的木炭,以耗尽封闭在锅炉内部的氧气。如停用时间长,应在锅炉内放置干燥剂(无水氯化钙或硅胶等)。有的干燥剂吸湿后对钢板有腐蚀作用,应将其盛在开口容器内,不得与锅炉钢板直接接触。

也有使锅炉内部充满氮气或专用腐蚀抑制剂来保养停用的锅炉,其具体操作方法可以根据相关的说明书进行。

第 6 章　船舶汽轮机概述

6.1　汽轮机概述

6.1.1　汽轮机的发展历史

汽轮机(Steam Turbine)又称蒸汽轮机或蒸汽透平(Turbine 的音译),是一种以蒸汽为工质并将蒸汽的热能转变为机械能的回转式热机。

汽轮机发展至今已有 130 多年的历史,但是其原始雏形可以追溯到我国古代的走马灯、风车、水车和水磨等。如图 6-1 所示,走马灯上有平放的叶轮,下有燃烛或灯,热气上升带动叶轮旋转,这正契合了现代蒸汽轮机的冲动式原理(详见第二节)。另外,公元前 120 年左右古埃及设计制造出的汽转球,则是反动式汽轮机(详见第二节)的原始雏形。汽转球又称希罗球,古希腊数学家希罗在其所著《气体装置论》一书中详细描述了希罗球的工作过程。如图 6-2 所示,一个空心的球和一个装有水的密闭锅子以两个空心管子连接在一起,在锅底加热使水沸腾变成水蒸气,然后由管子进入到球中,最后水蒸气会由球体的两旁喷出并使得球体转动。与我国的走马灯相似,汽转球只是一种新奇的玩物,并没有进一步发展成工业上的发动机。

图 6-1　走马灯结构示意图

图 6-2　希罗球示意图

在西方工业革命之后,许多大工厂的涌现客观上迫切需要更强大的动力源,而工业技术的发展也为新型发动机的发明和制造提供了有利条件。1883年,瑞典工程师拉瓦尔(DeLaval)设计了第一台单级冲动式汽轮机,并于1890年制成,其功率为3.68 kW,转速为25 000 r/min,通过减速齿轮带动发电机发电。1884年,英国工程师帕森斯(C.A.Parsons)建造了第一台多级反动式汽轮机,其功率为7.36 kW,转速为1 7000 r/min,也是用来发电。1896年,美国工程师寇蒂斯(Curtis)设计出二列速度级汽轮机。1902年,法国科学院院士拉托(Rateau)设计制造了多级冲动式汽轮机。以上这些原型汽轮机奠定了汽轮机作为新型工业用发动机的基础。之后,随着社会生产力的发展,汽轮机在工作原理、结构、制造工艺等方面得以迅速发展。目前,核电汽轮机的单机功率高达1 750 MW。

汽轮机自19世纪末期开始应用于船舶。1894~1896年,帕森斯在"透平尼亚"号快艇上安装了三轴式汽轮机动力装置,总功率为1 544 kW,该艇排水量为44.5 t。当汽轮机转速为2 000 r/min时,船舶航速达到34.5 kn,世界为之轰动。大型战舰最早使用汽轮机的是1904—1906年的战舰"无畏"号,功率为16 912 kW,航速达21.3 kn。从1914年起,大、中型水面舰艇大多采用汽轮机动力装置作为主推进装置。第二次世界大战以后,舰船汽轮机动力发展极为迅速,在增大单机功率、提高经济性、减小重量尺寸以及提高自动化程度等方面取得了显著成效,已成为舰船推进装置的主要类型。潜艇、航空母舰及其他大型水面舰艇开始采用核动力装置,仍以汽轮机作为推进机械。直到20世纪60年代末至70年代初,航空燃气轮机舰用化改装取得成功,对汽轮机提出了有力的挑战,蒸汽动力军舰逐步被燃气动力军舰所取代。但到目前为止,汽轮机仍是常规大、中型水面舰艇的重要推进类型之一。至于核动力舰艇,汽轮机则是目前主要可用的动力类型。

我国的汽轮机制造业起步于20世纪50年代,最初的技术来源于苏联和捷克。1956年,上海汽轮机厂制造出我国第一台6 000 kW的电站汽轮机。之后,我国汽轮机制造业发展迅速,单机功率从6 000 kW一直发展到1 000 MW。目前正在研发的核电汽轮机单机功率约1 900 MW。

总体来看,我国汽轮机的发展经历了以下四个阶段:

第一阶段:1953—1980年,我国汽轮机的发展处于起步阶段,当时的技术特征是仿制与低水平自主研发相结合,生产出了50 MW、75 MW、100 MW、125 MW和200 MW的汽轮机。

第二阶段:1981—1990年,引进美国Westinghouse公司技术,生产出300 MW的汽轮机。

第三阶段:1991—2000年,该阶段的技术特征是引进消化与自主创新相结合,表明我国的汽轮机技术已发展到较为先进的水平,重要产品是火电600 MW汽轮机和核电1 000 MW汽轮机,蒸汽参数从超高压向超临界压力发展。

第四阶段:2001年至今,随着我国经济的高速发展,电力需求高涨,汽轮机制造业迅速发展,超临界600 MW汽轮机已形成批量制造能力,1 000 MW超超临界汽轮机也已投入运行。

我国舰船蒸汽动力装置的研制起步较晚。20世纪50年代至60年代初期,我国蒸汽动力科研队伍以及锅炉、汽轮机制造业尚处于起步阶段,舰船用蒸汽动力装置主要是从苏联购买、引进。20世纪60年代至70年代中期,我国舰船蒸汽动力装置发展迅速,取得了丰硕的成果。其间,在民船建造中,我国建成了"跃进"号和"红旗"号货船,均采用汽轮机推进。我国自行设计、制造的3 676 kW汽轮机与锅炉、动力装置于1972年安装建造于万吨轮"天津"号上,运行良好。另外,自20世纪60年代初译制了苏联转让的TB-8舰用汽轮机(单机组功率26 460 kW)图纸,由哈尔滨汽轮机厂试制成功,第一套机组于1970年装于我国某型导弹驱逐舰使用,性能良好。这一机型很快通过定型并转入批量生产,为加强我国的海上作战力量做出了重要贡献。在此期间,我国还研制成功了完全立足于国内设计制造的压水堆核动力装置,用于我国核动力潜艇上。此后,随着我国经济实力的日益增强和科研水平的不断提高,船舶汽轮机设计、制造水平取得了长足的进展。目前,我国某型导弹驱逐舰和国产航母均采用我国自行研制的汽轮机动力装置。

如今,汽轮机的发展正朝着高参数、大容量、高经济性和高安全可靠性等方向发展。由于汽轮机的设计与制造不仅涉及材料技术、计算机技术等基础研究领域,而且涉及大量的技术装备,汽轮机的设计制造水平可以直接反映出一个国家的工业水平。目前,世界上能独立研制汽轮机的国家为数不多。主要国家和著名厂商有美国的通用电气公司GE,法国的ALSTOM公司,德国的西门子公司,俄罗斯的彼得格勒金属工厂,瑞士的ABB公司,日本的日立、三菱等公司。我国的汽轮机生产厂商较多,其中,上海汽轮机厂、东方汽轮机有限公司和哈尔滨汽轮机厂有限公司是我国汽轮机的三大主力生产厂。此外,我国还有一些中型汽轮机生产厂家。近年来,许多民营的汽轮机企业也在不断发展和壮大。

6.1.2 汽轮机的特点

汽轮机是科技含量极高的重型精密旋转机械,具有以下特点:

1.高压高温。汽轮机的进汽压力很高,最大蒸汽压力可达31 MPa,蒸汽温度约为600 ℃,这对材料性能和设计制造提出了很高的要求。

2.高转速。我国火电汽轮机的转速为3 000 r/min,核电半转速汽轮机的转速为1 500 r/min,而驱动用汽轮机的转速有时更高。运行转速高对于制造材料和加工工艺的要求也很高。

3.高精度。作为高速旋转的动力机械和封闭系统,汽轮机的转动部分与静止部分之间的配合要求和转子的动平衡要求都很高,因此汽轮机的加工和装配精度很高,对加工装备提出了很高的要求。

4.涉及学科广。汽轮机的研究与发展涉及流体力学、热力学、传热学、计算数学、空气动力学、固体力学、弹性力学、断裂力学、金属材料和机械振动等多个学科,其设计和生产需要多学科技术人员的共同努力才能完成。

5.体积和重量大。大功率汽轮机的体积和重量庞大,例如火电600 MW汽轮机本体重量达1 000 t以上,长28 m,宽10 m,高8 m。

6.1.3 汽轮机的用途

汽轮机出现以后发展迅速,很快就取代了往复式蒸汽机。目前,汽轮机作为最主要的热力原动机之一,在能源、电力等国民经济各领域以及国防方面都占有极其重要的地位。

在能源动力工业上,汽轮机可驱动发电机发电或驱动其他动力机械,以满足工农业生产的需要。在火力发电厂中,利用煤、石油、天然气等化石燃料作为一次能源,通过其燃烧把锅炉中的水加热成高温、高压的蒸汽,蒸汽再进入汽轮机中膨胀做功,将蒸汽的热能转化为机械能带动发电机,最终转化为电能。除火力发电外,核能发电、地热发电、余热发电等装置都离不开汽轮机这种能量转换装备。据统计,汽轮机为世界提供了70%的电力。作为原动机,汽轮机还广泛应用于交通运输、舰船、冶金、化工等重要领域。在工业方面,可以驱动大型鼓风机、压缩机、泵等动力设备。在舰船方面,可以驱动航空母舰、核潜艇、驱逐舰的螺旋桨等。

6.2 汽轮机的基本工作原理

汽轮机的工作原理是基本蒸汽热能的应用。图 6-3 为最简单的单级纯冲动式汽轮机简图,当具有一定压力和温度的蒸汽连续不断地流过汽轮机时,首先在固定不动的喷嘴 1 中膨胀加速,压力 p 和温度 t 降低,绝对速度 c 增大,使蒸汽的热能转变为动能。然后,蒸汽以很高的流速从喷嘴 1 流出,冲击在动叶 2 上,给叶片一个冲击力,叶片受力后带动转轮 3 和机轴 4 转动,蒸汽的动能就转变成了机轴转动的机械能。在纯冲动式动叶栅汽道中,蒸汽压力 p 不变,绝对速度 c 降低,p 和 c 变化曲线见图 6-6(a)。

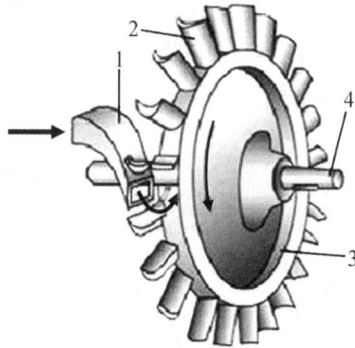

图 6-3 单级纯冲动式汽轮机简图

1—喷嘴;2—动叶;3—转轮;4—机轴

因此,汽轮机是一种没有曲柄连杆机构的回转式热机,蒸汽连续不断地进入汽轮机并在其中进行两次能量转变过程,即先将蒸汽的热能转变为动能,再将蒸汽的动能转变为机轴转动的机械能。

6.2.1 冲动作用原理

在汽轮机中,从喷嘴喷出的高速蒸汽冲击在动叶上,使动叶转动。如图 6-4 所示,从喷嘴出来的高速蒸汽以速度 c_1 流向相当于动叶表面的圆弧形曲面,蒸汽在曲面内弧构成的汽道中被迫改变流动方向,最后以速度 c_2 离开汽道,c_2 的方向恰好与 c_1 相反。在这种情况下,蒸汽的每个微团都受到来自动叶向心力的作用。与此同时,每个蒸汽微团产生一个大小相等、方向相反的离心力,作用在动叶上。这就是冲动作用的原理。

如图 6-4 所示,假设作用在 $1,2,\cdots,6$ 点上的离心力分别为 $F_1,F_2,\cdots,F_6$,它们又都可以分解成平行和垂直于动叶运动方向的两个分力 $F_{1u},F_{2u},\cdots,F_{6u}$ 和 $F_{1a},F_{2a},\cdots,F_{6a}$。纯冲动级动叶栅汽道截面积沿蒸汽流动方向既不收缩也不扩张,故汽流在汽道内不再发生膨胀。同时,假定流动中没有能量损失,则各点处汽流速度大小相等,各点处的离心力 $F_1,F_2,\cdots,F_6$ 也都相等。在动叶的相应点处(如点 1 和点 6……),垂直分力 F_a 恰好相互抵消,即蒸汽微团的离心力在垂直方向的分力之和为零。但是,在动叶运动方向各分力之和为 $F_A = \sum_{i=1}^{6} F_{iu}$,推动动叶运动,输出机械功。$F_4$ 就是根据冲动作用原理产生的蒸汽冲动力。

显然,当动叶以轮周速度 u 转动时,汽流以相对速度 w_1 和 w_2 分别进入和流出动叶栅汽道。在动叶栅汽道内,蒸汽在无膨胀加速和没有能量损失的情况下,$w_1=w_2$。蒸汽在动叶栅汽道内热能保持不变,那么它要做机械功,势必丧失与做机械功相当的动能,即 $(c_1^2/2 - c_2^2/2) \cdot 10^{-3} \text{ kJ/kg}$。因此,蒸汽流出动叶栅的绝对速度 c_2 小于流入速度 c_1。由此可见,冲动作用原理的特点是,汽流在动叶栅汽道内不发生膨胀加速,只改变流动方向。

但在实际的汽轮机中,动叶表面并不是半圆形,蒸汽流入和流出动叶栅时的方向不平行于动叶的运动方向,在动叶栅汽道中也有能量损失,但上述的冲动作用原理是同样适用的。

6.2.2　反动作用原理

当蒸汽流经截面具有收缩形的动叶栅汽道时,仍然要进行膨胀加速,使蒸汽流出动叶栅汽道的相对速度大于进入时的相对速度。蒸汽微团沿汽道运动时,受到一个沿流动方向来自汽道壁的力的作用。同时,蒸汽微团产生一个大小相等、方向相反的力作用在汽道壁上,推动动叶运动做功。这就是反动作用原理。

如图 6-5 所示,蒸汽流经呈收缩形的动叶栅汽道时,除由于蒸汽流动方向改变产生的冲动力外,还有蒸汽在其中膨胀加速时产生的、与蒸汽流动方向相反的反动力。二者的合力推动动叶运动做功。当然,合力的方向往往不会与动叶转动方向恰好相同,其可以分解为平行和垂直于动叶运动方向的两个分力,它们分别称为轮周向分力和轴向分力。实际上,只有轮周向分力才能推动动叶运动做功。同时,由于动叶前蒸汽压力 p_1 大于动叶后蒸汽压力 p_2,动叶还受到一个轴向推力的作用。需要指出的是,蒸汽的轴向分力与轴向推力会推动动叶轴向运动,这是有害的。因此,在汽轮机的设计、制造过程中,应采取相应的措施平衡轴向力(详见本书第 7 章)。

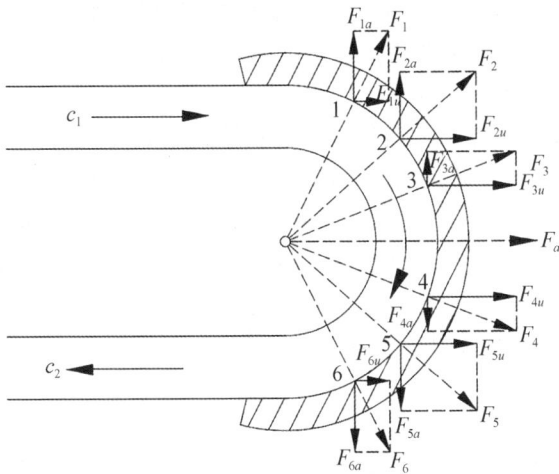

图 6-4　蒸汽的冲动力

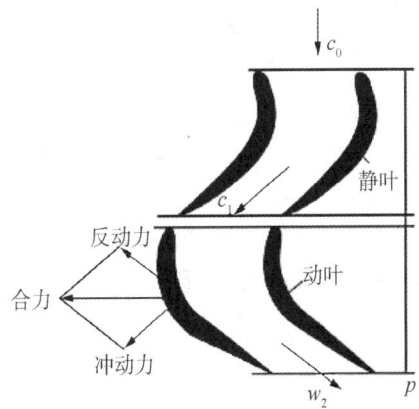

图 6-5　反动作用原理示意图

6.3 汽轮机的形式和分类

6.3.1 单级汽轮机

通常将完成一个两次能量转变过程的、相关联的喷嘴(或静叶栅)和其后的动叶栅合并起来,总称为汽轮机级,简称级。它是汽轮机最基本的工作单元和最基本的构造单元。根据蒸汽在级通流部分的流动方向,可将汽轮机级分为轴流式(汽流方向与轴平行)和径流式(汽流方向与轴垂直,又称辐流式)两种。目前,绝大多数汽轮机都采用轴流式。

根据蒸汽动能转变成机械功的过程不同,轴流式级可分为压力级和速度级。其中,蒸汽的动能转变成机械功的过程在级内只进行一次的级称为压力级。这种级在叶轮上只装一列动叶栅,故又称单列级。压力级可以是纯冲动级、反动级或带反动度的冲动级。蒸汽的动能转变成机械功的过程在级内进行一次以上的级称为速度级。目前常用的是进行两次转变的级。纯冲动级、反动级、带反动度的冲动级和速度级四种汽轮机级的含义如下:

(1)纯冲动级:如果蒸汽的热能转变成动能全部在喷嘴中完成,而在动叶栅汽道中只是根据冲动作用原理产生蒸汽的冲动力,推动动叶栅旋转而产生机械功,那么这种汽轮机级称为纯冲动级,又称冲击式级或冲击级。

(2)反动级:如果蒸汽的热能分成两半,分别在静叶栅和动叶栅中转变为动能,而在动叶栅汽道中同时根据冲动作用原理和反动作用原理产生蒸汽的冲动力和反动力,两者一起推动动叶栅旋转而产生机械功,那么这种汽轮机级称为反动级,又称反击式级或反击级。

(3)带反动度的冲动级:又称冲动级,它的结构与纯冲动级相似,而工作原理与反动级相似。蒸汽的热能大部分在喷嘴中转变为动能,一小部分在动叶栅中由于蒸汽继续膨胀而转变成动能。结果在冲动级动叶栅汽道中,以蒸汽的冲动力为主、反动力为次,二者一起推动动叶栅旋转而产生机械功。

(4)速度级:又称复速级,或寇蒂斯级(Curtis Stage)。这种级一般在叶轮上装有两列动叶栅,故又称双列级、二列速度级或双列复速级。本书统一称为复速级。复速级都是冲动式的,与单列冲动级不同的是它由一列静叶栅(或称喷嘴叶栅)、一列导向叶栅和两列动叶栅组成,如图 6-6(d)所示。从静叶栅喷出的高速蒸汽先在第一列动叶栅中将一部分动能转变为机械功,然后经导向叶片转向后,进入第二列动叶栅,又将一部分动能转变为机械功。与单列冲动级一样,为提高效率,往往不采用纯冲动式的复速级,而是采用带少量反动度的复速级。

图 6-6 是以上四种汽轮机级内的蒸汽压力和绝对速度变化的示意图。

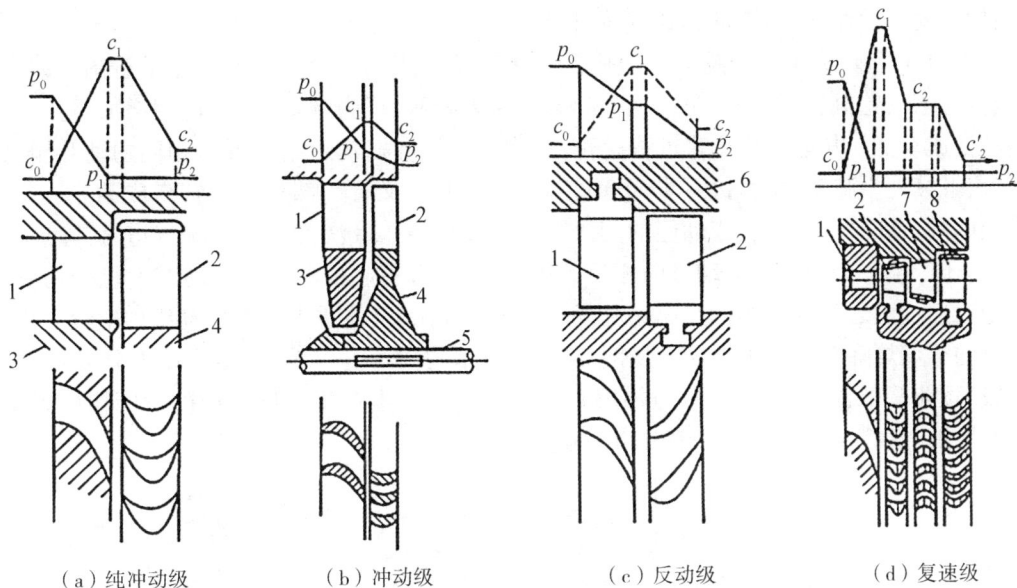

（a）纯冲动级　　　　（b）冲动级　　　　（c）反动级　　　　（d）复速级

图6-6　级内的蒸汽压力和绝对速度变化的示意图

1—喷嘴;2—动叶;3—隔板;4—叶轮;5—轴;6—静叶持环;7—导向叶片;8—第二列动叶

　　此外,按级的通流面积是否随负荷大小而变化,还可将汽轮机级分为调节级和非调节级。在采用喷嘴配汽方式的汽轮机中,第一级的通流面积随着负荷的变化而改变,所以这种汽轮机的第一级又称为调节级。调节级可以是复速级,也可采用单列级。调节级之外的其他级就是非调节级。

　　由一个汽轮机级组成的汽轮机称为单级汽轮机。图6-3是由一个纯冲动级组成的单级纯冲动式汽轮机。它具有结构简单、紧凑、轻巧等优点,但它效率低,单机功率小,工作转速太高,必须采用减速齿轮。因此,它只用来带动小功率的辅机。复速级组成的单级汽轮机可以将很大的蒸汽等熵焓降转变成机械功,但其效率仍然较低,只能用来带动各种辅助机械。

6.3.2　多级汽轮机

　　多级汽轮机由两个或两个以上的汽轮机级组成。图6-7(a)所示为由三个纯冲动级组成的多级汽轮机蒸汽压力和速度变化示意图。如图所示,蒸汽流过各级喷嘴时发生膨胀,压力降低,绝对速度增加,热能转变成动能。当从喷嘴流出的高速蒸汽流过动叶栅时,蒸汽流动方向改变而产生冲动力,推动动叶栅旋转而产生机械功。因此,蒸汽在各级动叶栅内的绝对速度降低,但压力不变。蒸汽流过各纯冲动级,顺次将总的等熵焓降转变成机械功。从图6-7(a)可以看出,蒸汽压力分成三段逐步降低,故出现三个压力梯度。

　　多级纯冲动式汽轮机在结构上的特点是气缸内采用隔板,转子采用转轮型结构。由若干个带反动度的冲动级组成的多级冲动式汽轮机,其结构组成与多级纯冲动式汽轮机相同,两者的主要区别是纯冲动级动叶叶型对称或接近对称,动叶栅汽道截面积沿蒸汽流动方向基本不变。而冲动级动叶叶型不对称,动叶栅汽道截面积沿蒸汽流动方向逐渐收缩。这样,蒸汽在冲动级通流部分中流动状况得到改善,可减少流动损失,可提高级的工作效率。因此,多级冲动式汽轮机的经济性优于多级纯冲动式汽轮机,同时,前者又保持着多级纯冲动式汽轮机级数少、结构紧凑等优点,故多级冲动式汽轮机应用广泛。

图6-7(b)所示为由三个反动级组成的多级汽轮机蒸汽压力和速度变化示意图。如图所示,蒸汽进入汽轮机后,首先在第一列静叶栅汽道内膨胀,压力降低,绝对速度增加,将一部分热能转变成动能。从静叶栅出来的高速蒸汽,进入与静叶栅汽道结构形状相同的动叶栅汽道中,蒸汽继续发生膨胀,压力进一步降低,相对速度增加,又有一部分热能转变成动能。这样,在每级的静、动叶栅中,转变成动能的蒸汽等熵焓降相等。蒸汽流经动叶栅汽道时,除产生冲动力外,还产生一个与蒸汽流动方向相反的反动力,二者一起推动动叶旋转产生机械功,故蒸汽的绝对速度随之降低。蒸汽在第一个反动级内工作后,又流进下一个反动级内继续工作,顺次将总的等熵焓降转变成机械功。从图6-7(b)所示的曲线可以看出,蒸汽压力分成六段(每级两段)逐步降低,故出现六个压力梯度。蒸汽的绝对速度在每个反动级的静叶栅中因蒸汽膨胀而增加,然后在动叶栅中由于做功而减少。

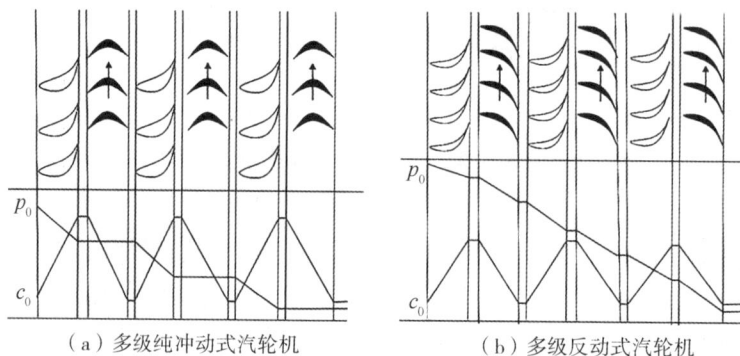

（a）多级纯冲动式汽轮机   （b）多级反动式汽轮机

图6-7　多级汽轮机蒸汽压力和速度变化示意图

图6-8为某多级冲动式汽轮机通流部分纵剖面的示意图。如图所示,汽轮机主轴上安装有若干个叶轮1,每个叶轮上安装有一列动叶栅4。两个相邻叶轮之间装有隔板2,隔板上装有静叶片,即喷嘴3。汽轮机前后端安装有汽封5,称之为轴封。隔板2与轮毂间隙处安装有隔板汽封,动叶顶端与气缸内壁的间隙处装有叶顶汽封,目的是减小汽轮机的漏汽量。

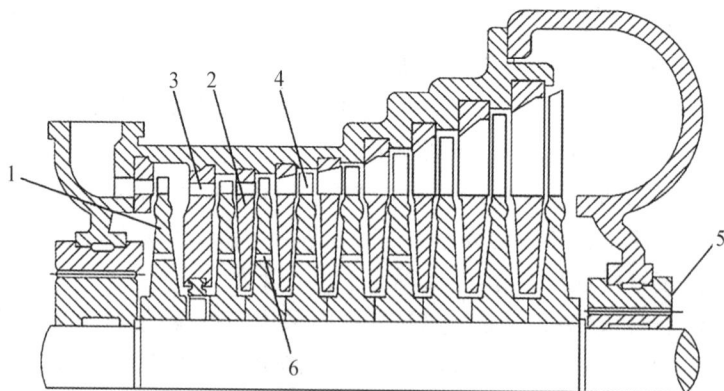

图6-8　多级冲动式汽轮机示意图

1—叶轮;2—隔板;3—喷嘴;4—动叶栅;5—汽封;6—平衡孔

图6-9为某多级反动式汽轮机通流部分纵剖面的示意图。如图所示,多级反动式汽轮机

在结构上与多级冲动式汽轮机明显不同。反动式汽轮机没有叶轮,动叶栅2、3安装在直径较大的转鼓1上。冲动式汽轮机的隔板径向尺寸较大,反动式汽轮机则没有隔板,静叶栅4、5直接安装在气缸6的内壁上。由于反动式汽轮机的轴向推力大,用于平衡轴向力的平衡活塞8径向尺寸也较大。此外,相邻几级的动叶和静叶采用相同的叶型,并且按相同的规律排列起来,简化了制造工艺,也降低了成本。

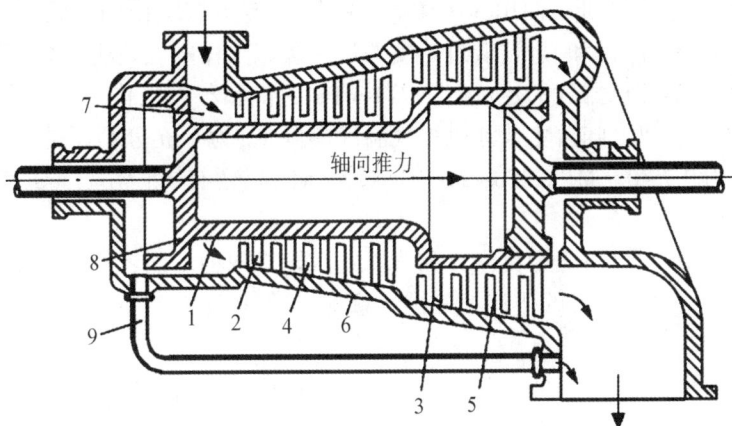

图 6-9 多级反动式汽轮机示意图
1—转鼓;2、3—动叶栅;4、5—静叶栅;6—气缸;7—环形进汽室;8—平衡活塞;9—联络蒸汽管

综上所述,多级汽轮机在结构上是由若干个结构相似、顺次布置的汽轮机级连接起来组成。蒸汽在多级汽轮机内的工作过程,可以看成是单个汽轮机级内工作过程的多次重复。蒸汽在汽轮机内总的等熵焓降分段地在各个级内转换成机械功。在多级汽轮机内,第一个汽轮机级(调节级)都采用纯冲动级、冲动级或复速级,以便进行汽轮机的功率调节。因此,在实际应用中往往出现组合式或混合式多级汽轮机。前者是由一个复速级和若干个纯冲动级或冲动级组成,后者是由一个复速级或冲动级和若干个反动级组成。

6.3.3　船舶汽轮机的分类

根据不同的分类标准,船舶汽轮机可以分成多种形式,现简要介绍如下:

根据用途不同,船舶汽轮机可分为主汽轮机和辅汽轮机两种。前者用来驱动螺旋桨,后者用来带动各种蒸汽辅机。

根据汽轮机级的形式,可分为纯冲动式、冲动式和反动式汽轮机,它们分别由纯冲动级、冲动级和反动级组成。

根据汽轮机的级数,可分为单级汽轮机和多级汽轮机两种。船舶主汽轮机和大功率辅汽轮机采用多级汽轮机,而小功率辅汽轮机采用单级汽轮机。

根据汽轮机气缸的数目,可分为单缸汽轮机和多缸汽轮机两种。船舶主汽轮机多采用双缸结构,也有采用三缸结构。按照工作蒸汽的流动顺序,分别称为高压缸汽轮机和低压缸汽轮机,或高压缸汽轮机、中压缸汽轮机和低压缸汽轮机。船舶辅汽轮机采用单缸结构。

根据气缸中心线的布置位置,可分为卧式汽轮机和立式汽轮机两种。前者气缸中心线是水平布置的,后者气缸中心线是垂直布置的。

根据工作蒸汽在气缸内的流动方向,可分为轴流式和径流式汽轮机两种。前者的蒸汽流动方向平行于气缸中心线,后者的蒸汽是在与气缸中心线垂直的平面内流动。

根据工作蒸汽的流路数目,可分为单流式和双流式汽轮机两种。前者是蒸汽从气缸的一端流到另一端,后者是两股完全对称、方向相反的蒸汽从气缸两端流向中部,或者从气缸中部流向两端。

根据蒸汽初参数,可分为高压、中压和低压汽轮机三种。使用 6.0 MPa、450 ℃以上蒸汽工作的汽轮机,称为高压汽轮机。使用 3.0 MPa、400 ℃左右蒸汽工作的汽轮机,称为中压汽轮机。使用 1.0~1.6 MPa 的饱和蒸汽、低过热度的过热蒸汽工作的汽轮机,称为低压汽轮机。在柴油机船上,利用主柴油机排气的热量产生 1.2 MPa 的饱和蒸汽工作的废气预热发电用辅汽轮机,也属于低压汽轮机。随着主柴油机排气温度的降低,为了充分利用排气的热量,汽轮机前蒸汽参数降低为 0.7~0.9 MPa、250~270 ℃(过热蒸汽),还有 0.5 MPa、300 ℃(过热蒸汽)的机组。

根据排汽压力的大小,可分为凝汽式和背压式汽轮机两种。前者的排汽流入冷凝器,排汽压力比大气压力低得多。后者的排汽汇集排汽总管,并保持比大气压力高的压力,供各种用汽设备使用。

根据带动从动机械的方式,船舶汽轮机可分为直接传动和减速传动两种形式。

6.4 船舶汽轮机动力装置概述

6.4.1 船舶汽轮机动力装置的组成

船舶动力装置的功用是为船舶提供动力——保证船舶在预定方向下以一定速度航行,并向全船供应航行和生活上必需的电能和热能等。船舶汽轮机动力装置是采用蒸汽为工质、汽轮机为主机的船舶动力装置。

图 6-10 是一种比较典型的船舶汽轮机动力装置示意图(未画出动力装置中向全船供电用的汽轮发电机及其他辅机)。如图所示,供应能量的燃油由燃油(日用)柜通过油泵输送至锅炉燃烧。燃油在锅炉内燃烧时,其化学能转变成烟气的热能。当烟气沿锅炉炉膛及其后面的烟道流过时,它的热能就逐步传递给在锅炉各受热面内流动的炉水、蒸汽(过热器)、给水(经济器)和空气(空气预热器)。锅炉产生的过热蒸汽进入汽轮机后逐级膨胀,蒸汽的热能首先转变成汽流的动能,高速汽流施加作用力于汽轮机的叶片上,推动叶轮连同整个转子旋转,汽流的动能于是被转换成汽轮机轴上的机械能。汽轮机通过联轴器、减速齿轮箱和轴系带动螺旋桨推进器转动,螺旋桨推进器将轴系传递的机械能转变为推动水的推力能,水产生对桨的反作用力,使船克服船体阻力而前进。

汽轮机的排汽在凝汽器内凝结成水,凝水被凝结水泵抽出,经低压加热器加热后输送至除氧器加热除氧,然后再被给水泵输送高压加热器加热,后经经济器再次加热,最后重新进入锅炉,形成一个循环。

在船舶汽轮机动力装置中,主锅炉一般都能同时供应过热、饱和和减温三种蒸汽,满足主、辅汽轮机和全船生活上需要的热能。目前,船舶汽轮机动力装置往往都采用水管锅炉作为主锅炉。在核动力装置中,主锅炉由核反应堆和蒸汽发生器组成的"原子锅炉"代替。

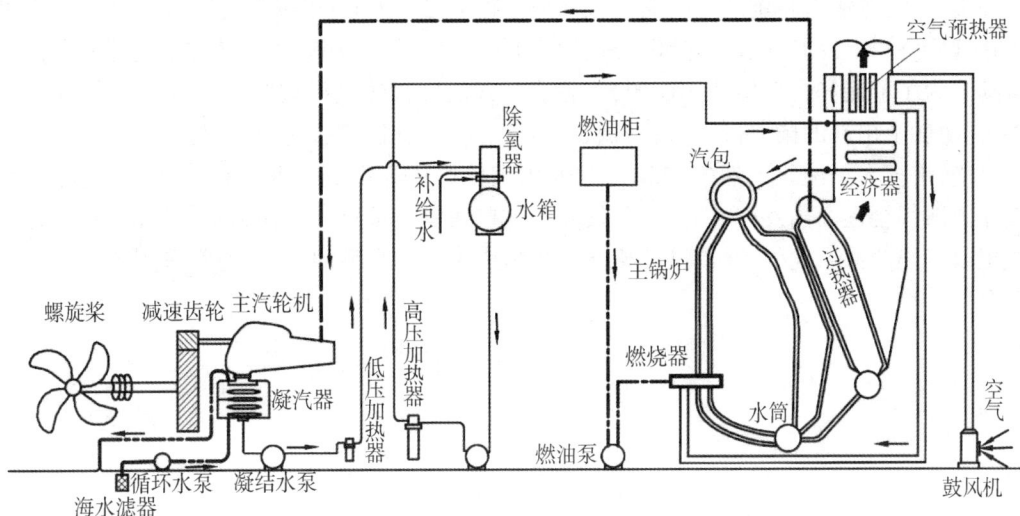

图 6-10　船舶汽轮机动力装置示意图

主汽轮机目前广泛采用双缸式,倒车汽轮机与正车低压缸汽轮机布置在同一个气缸内。减速传动机构广泛采用两级齿轮减速器,还有一些船舶为了减轻重量,采用行星齿轮减速传动机构。

6.4.2　船舶汽轮机动力装置的特点

1.优点

与船舶主柴油机相比,船舶主汽轮机具有如下优点:

(1)单机功率大。汽轮机工作过程连续、稳定,蒸汽在其中高速流动,故在较小的汽道中单位时间内能流过大量的蒸汽,使其单机功率大大增加。目前,船舶汽轮机单机功率可达88 240 kW以上。

(2)结构简单、紧凑、轻巧。汽轮机是一种回转式热机,它没有曲柄连杆机构和进、排气定时机构,零件种类少,结构简单。为保证汽轮机在高效率下工作,其结构必须紧凑、轻巧。

(3)管理、使用方便,维修、保养工作量少。汽轮机工作稳定,运动部件中也没有类似于活塞、缸套这种直接摩擦部分。因此,运行平稳、可靠,振动和噪声小,管理、使用方便。零件磨损量也极小,检修工作量少。

2.缺点

但是,与船舶柴油机相比,船舶汽轮机由于存在以下缺点而限制了其在船舶上的应用:

(1)汽轮机动力装置效率比较低。与柴油机动力装置相比,汽轮机动力装置循环初温低,故循环效率低。其效率不及船舶柴油机,额定功率也不如燃气轮机。

(2)汽轮机动力装置比较复杂。汽轮机以蒸汽为工质,必须装备锅炉、冷凝器和其他一些为它们服务的辅机。这样,整个动力装置就比较复杂。

(3)制造、装配和技术管理要求高。这是保证汽轮机运行时效率达到额定值和防止发生事故所必不可少的。

此外,汽轮机动力装置机动性比柴油机以及燃气轮机动力装置差,重量指标也不如燃气轮机装置小。

综上所述,船舶汽轮机适用于需要大功率(超过 22 600 kW)的大吨位和快速的舰艇和商船。在这些舰船上,如发电机、循环水泵、给水泵和鼓风机等功率较大的辅机,也都采用辅汽轮机带动。为了节能和合理地使用能源,汽轮机与其他形式热机组成联合装置可获得较高的经济性,如船舶上出现的柴油机和汽轮机联合装置、燃气轮机和汽轮机联合装置等。

目前,许多大型液化天然气(LNG)船采用汽轮机作为主机。因为在载货航行时,货舱中的液化天然气会逐渐蒸发,产生大量蒸发气。这些蒸发气可以直接作为主锅炉的燃料,为主汽轮机提供过热蒸汽。此外,在以柴油机作为主推进装置的大型油船上,通常采用辅汽轮机带动货油泵。

第7章　船舶汽轮机的理论基础

7.1　蒸汽在汽轮机级内的能量转变

7.1.1　基本假设

汽轮机级是汽轮机的基本工作单元和基本构造单元,学习和研究汽轮机都是从汽轮机级开始的。蒸汽在汽轮机级内的流动十分复杂,它是一种三元黏性可压缩非定常流动,并且伴随有能量转换,在低压级中还存在湿蒸汽的两相流动(干饱和蒸汽和水滴的混合物流动)。目前还无法完全按照蒸汽的实际流动状态进行级的计算。因此,为便于进行级的分析和计算,首先应将复杂的流动简化为既反映蒸汽流动的主要规律,又能使问题获得解决的简单流动模型,为此,通常做如下假设:

(1)蒸汽在汽轮机内的流动是一元流动,即蒸汽参数和速度只沿流动方向变化,而在垂直流动方向的任意截面上各点的蒸汽参数和速度都相同,用一个平均值来表示。

(2)蒸汽在汽轮机级内的流动是稳定的,即在级的通流部分中任意一点的蒸汽参数和速度都不随时间变化。实际上,当汽轮机功率和蒸汽参数变化不大时,可以近似地认为是稳定流动。

(3)蒸汽在汽轮机级内的流动是绝热流动,即蒸汽在级的通流部分中流动时与外界不发生热量交换。实际上,蒸汽流过级通流部分的时间很短,而且各叶栅中的叶片是成组或整圈布置,相邻各叶片中蒸汽参数相同,彼此之间没有热量交换是可以实现的。

根据这些基本假设,把蒸汽在汽轮机级内的流动作为一元、稳定、绝热流动来研究。可以说明汽轮机的能量转变过程和变工况的基本特性,对叶栅相对高度较小的汽轮机级可获得足够精确的计算结果。但是,对于叶栅相对高度较大的汽轮机级,或者在垂直于流动方向上的任意截面上蒸汽参数和速度极不均匀的情况下,需要应用二元或三元流动理论。

为了便于说明问题,可将蒸汽在级内的能量转变过程分为两个阶段来说明,即在喷嘴(或静叶栅)中和动叶栅中的能量转变。另外,用符号 p、ρ、t、u、h 和 s 分别表示蒸汽的压力、密度、温度、内能、比焓和比熵。同时还在各符号右下角加注 0、1、2 分别表示喷嘴(或静叶栅)前、喷嘴(或静叶栅)后或动叶栅前、动叶栅后等不同位置。

7.1.2　蒸汽在喷嘴中的能量转变

1.蒸汽在喷嘴中的理想流动

在汽轮机中,喷嘴的作用是将蒸汽的热能转变成动能,并使汽流按一定的方向进入动叶栅。喷嘴固定在气缸或隔板上,因此蒸汽流过喷嘴时不对外做功,即 $W=0$。同时,蒸汽流过喷嘴时与外界无热量交换,即 $q=0$。另外,假设蒸汽流经喷嘴汽道时不发生任何能量损失,即为等熵过程。蒸汽流过喷嘴时的能量转变,应符合能量守恒定律。对于单位质量的蒸汽,理想流动时的能量守恒方程如下:

$$h_0 + \frac{c_0^2}{2} + q = h_{1t} + \frac{c_{1t}^2}{2} + W \qquad (7\text{-}1)$$

其中,在 c_1、h_1 等右下角加注 t 表示理想流动。

由于 $W=0$ 且 $q=0$,能量方程式(7-1)可简化为

$$h_0 + \frac{c_0^2}{2} = h_{1t*} + \frac{c_{1t}^2}{2} \qquad (7\text{-}2)$$

由此可求出蒸汽流出喷嘴时的理想速度为

$$c_{1t} = \sqrt{2(h_0 - h_{1t}) + c_0^2} = \sqrt{2\Delta h_{a1} + c_0^2} \qquad (7\text{-}3)$$

式中:h_{1t} ——蒸汽等熵膨胀的最终比焓,J/kg。

$\Delta h_{a1} = h_0 - h_{1t}$ ——蒸汽在喷嘴中的等熵焓降,J/kg。

当喷嘴前的蒸汽参数 p_0、t_0 和初速 c_0 已知时,可在 h-s 图上确定蒸汽进入喷嘴时的状态点 0 和比焓 h_0。从点 0 引等熵膨胀线,交喷嘴后压力 p_1 等压线于 1_t 点,其比焓为 h_{1t}。1_t 点和 h_{1t} 是理想流动时蒸汽流出喷嘴时的状态点和比焓。如图 7-1(a)所示,0—1_t 线是蒸汽在喷嘴中的理想流动过程线。

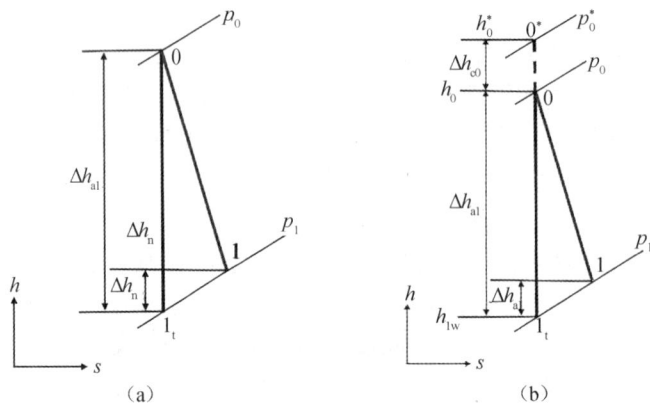

图 7-1 蒸汽在喷嘴中的流动过程

h_0 和 h_{1t} 的差值就是蒸汽在喷嘴中的等熵焓降 Δh_{a1},利用式(7-3)就可计算出蒸汽流出喷嘴时的理想速度 c_{1t}。为了便于计算和分析,可引用滞止参数。所谓滞止参数就是设想将汽流等熵地滞止到初速度 $c_0=0$ 的假想状态点 0^*,称为滞止状态点,相应的蒸汽参数 p_0^*、t_0^* 等称为滞止参数。滞止状态点如图 7-1(b)中 0^* 所示。

由实际初参数 p_0、t_0 决定的喷嘴进口状态点 0,转变到滞止参数 p_0^*、t_0^* 决定的滞止状态点 0^*,于是滞止比焓 h_0^* 为

$$h_0^* = h_0 + \frac{c_0^2}{2} \qquad (7\text{-}4)$$

它表示 1 kg 蒸汽进入喷嘴时具有的总能量,将式(7-4)代入式(7-2)后,可得出蒸汽流出

喷嘴时的理想速度 c_{1t} 为

$$c_{1t} = \sqrt{2(h_0^* - h_{1t})} = \sqrt{2\,\Delta h_{a1}^*} \qquad (7\text{-}5)$$

式中：$\Delta h_{a1}^* = h_0^* - h_{1t}$ ——蒸汽在喷嘴中的滞止等熵焓降，J/kg。

2.蒸汽在喷嘴中的实际流动

在实际流动过程中,由于蒸汽具有黏性和喷嘴壁面汽道不可能绝对光滑,蒸汽流动时会产生摩擦、涡流等各种能量损失,使蒸汽的一部分动能重新转变为热能,并被蒸汽本身所吸收。这样,蒸汽流出喷嘴出口的实际速度 c_1 要比理想速度 c_{1t} 小。蒸汽流出喷嘴的实际速度 c_1 可按下式计算:

$$c_1 = \varphi\, c_{1t} \qquad (7\text{-}6)$$

式中：φ ——喷嘴的速度系数,用实验方法确定,其值在 0.93~0.98 之间。

蒸汽流过喷嘴时的能量损失,称为喷嘴损失,用 Δh_n 表示,其值为

$$\Delta h_n = \frac{1}{2}(c_{1t}^2 - c_1^2) = (1 - \varphi^2)\frac{c_{1t}^2}{2} \qquad (7\text{-}7)$$

如图 7-1 所示,由于蒸汽流经喷嘴时的能量损失又转变成相应的热量,被蒸汽本身所吸收,使喷嘴出口的比焓 h_1 大于理想流动时出口的比焓 h_{1t},其值为

$$h_1 = h_{1t} + \Delta h_n \qquad (7\text{-}8)$$

h_1 等焓线与 p_1 等压线的交点 1 就是蒸汽流出喷嘴时的实际状态点。状态点 0 和 1 的连线即为蒸汽流过喷嘴时的近似工作过程线。

3.喷嘴汽道截面积的变化规律

为了使蒸汽在喷嘴中有效地进行能量转变,喷嘴汽道截面积沿蒸汽流动方向的变化,应该与汽流截面积变化规律相适应。下面分析蒸汽在喷嘴中膨胀时,蒸汽参数与喷嘴汽道截面积沿流动方向变化之间的关系。

为了保证稳定流动,蒸汽流过喷嘴时必须满足连续流动方程,即

$$G = \rho \cdot A \cdot c = 常数 \qquad (7\text{-}9)$$

式中：G——蒸汽质量流量,kg/s;

A——垂直于流动方向的任意截面的蒸汽截面积,m^2;

ρ——上述截面上蒸汽的密度,kg/m^3;

c——上述截面积蒸汽的绝对速度,m/s。

将式(7-9)先取对数,再微分,即连续方程式的微分形式为

$$\frac{\mathrm{d}A}{A} + \frac{\mathrm{d}c}{c} + \frac{\mathrm{d}\rho}{\rho} = 0 \qquad (7\text{-}10)$$

上式表明:蒸汽各截面的面积变化规律 $\mathrm{d}A/A$ 取决于该截面上蒸汽的绝对速度变化率 $\mathrm{d}c/c$ 和密度变化率 $\mathrm{d}\rho/\rho$。

假定蒸汽流经喷嘴的过程是等熵膨胀过程,根据经典理想气体绝热方程,即

$$\frac{p}{\rho^k} = 常数 \qquad (7\text{-}11)$$

其微分式为

$$\frac{\mathrm{d}p}{p} = -k\,\frac{\mathrm{d}\rho}{\rho} \qquad (7\text{-}12)$$

式中：k——绝热指数。对于过热蒸汽，$k=1.3$；对于饱和蒸汽，$k=1.135$；对于干度为 x 的湿蒸汽，$k=1.035+0.1x$。

根据工程热力学可知，对于一元、稳定、等熵流动的动量方程式为

$$-\frac{\mathrm{d}p}{\rho} = c\mathrm{d}c \tag{7-13}$$

气体在等熵流动时，声速的表达式为

$$a = \sqrt{k\frac{p}{\rho}} = \sqrt{kRT} \tag{7-14}$$

式中：R——通用气体常数，$R=461.76\ \mathrm{J/(kg \cdot K)}$。对于过热蒸汽，$R$ 值随状态改变略有变化，而湿蒸汽 R 值变化较大。

汽流的速度 c 与当地声速 a 的比值叫作马赫数，即

$$M = \frac{c}{a} \tag{7-15}$$

从式(7-12)中求得 $\mathrm{d}p$ 值代入式(7-13)中，并引入式(7-14)和(7-15)后，求得

$$\frac{\mathrm{d}\rho}{\rho} = -\frac{c\mathrm{d}c}{k\frac{p}{\rho}} = -M^2\frac{\mathrm{d}c}{c} \tag{7-16}$$

再将 $\mathrm{d}\rho/\rho$ 值鼓风机代入式(7-10)中，可求得喷嘴汽道截面积变化与汽流速度变化之间的关系，即

$$\frac{\mathrm{d}A}{A} = \frac{c\mathrm{d}c}{k\frac{p}{\rho}} - \frac{\mathrm{d}c}{c} = (M^2-1)\frac{\mathrm{d}c}{c} \tag{7-17}$$

由式(7-17)可以看出，汽流速度变化所要求的喷嘴汽道截面积变化不仅取决于速度本身的变化，还取决于马赫数 M。

当汽流速度小于当地声速，$c<a$，$M<1$ 时，即汽流为亚声速流动，因为 $M^2-1<0$，所以汽道截面积的变化与汽流速度变化具有相反的符号。即亚声速汽流在汽道中膨胀加速时，汽道的截面积应随汽流加速而逐渐减小，这样的喷嘴称为收缩喷嘴，如图 7-2(a)所示。

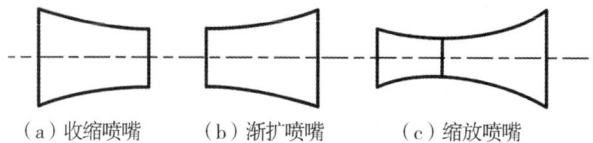

（a）收缩喷嘴　　　（b）渐扩喷嘴　　　（c）缩放喷嘴

图 7-2　喷嘴汽道截面积变化示意图

当汽流速度大于当地声速，$c>a$，$M>1$ 时，即汽流为超声速流动，因为 $M^2-1>0$，所以汽道截面积的变化与汽流速度变化具有相同的符号。即超声速汽流在汽道中膨胀加速时，汽道的截面积应随汽流加速而逐渐增大，这样的喷嘴称为渐扩喷嘴，如图 7-2(b)所示。

当汽流速度等于当地声速，即 $c=a$，$M=1$ 时，此时喷嘴汽道截面积的变化等于零，即 $\mathrm{d}A=0$，喷嘴的截面积应达最小值。即该截面上的汽流速度达到临界值，故该截面为临界截面或喉部。

显然，汽流由亚声速变到超声速时，汽道截面积沿流动方向变化由收缩形变为渐扩形，整

个汽道呈缩放形,如图7-2(c)所示。该喷嘴称为缩放喷嘴,或称拉瓦尔喷嘴。缩放喷嘴是由收缩喷嘴和渐扩喷嘴组合而成,其连接处就是缩放喷嘴的临界截面。因此,汽流在缩放喷嘴中流动时,先以亚声速在收缩部分内加速,在喉部处达到声速,然后在渐扩部分继续以超声速加速,到达其出口截面时为超声速汽流。

收缩喷嘴在出口截面处,汽流速度最大达到声速,采用斜切口后也能获得超声速汽流。缩放喷嘴可以将更多的蒸汽热能转变成动能,故应用于需要转换很大的蒸汽等熵焓降为机械功的汽轮机内,如船舶主汽轮机的调节级、倒车级和辅汽轮机中。但是,缩放喷嘴的流动损失、变工况下的工作性能等不如收缩喷嘴,加工制造也更复杂,因此船舶主汽轮机绝大多数级都采用收缩喷嘴。

4.临界参数

蒸汽在喷嘴中膨胀加速的过程中,由于汽流速度逐渐增加,而当地声速随汽流膨胀温度逐渐降低而降低,在汽道内某一截面上使汽流速度等于当地声速,即 $c = a, M = 1$。该截面称为临界截面 A_{cr}。在临界截面上的蒸汽温度、压力和密度等指标分别称为临界温度、临界压力和临界密度等,统称为临界参数,分别用 t_{cr}、p_{cr} 和 ρ_{cr} 等来表示。

在临界截面上,汽流速度等于当地声速,该汽流速度即为临界速度,$c = a = c_{cr}$。由工程热力学可知,临界速度 c_{cr} 可按下式计算:

$$c_{cr} = \sqrt{\frac{2k}{k+1} \times \frac{p_0^*}{\rho_0^*}} \tag{7-18}$$

由式(7-18)可见,当喷嘴前滞止参数 p_0^* 和 ρ_0^* 确定后,临界速度 c_{cr} 就可以确定。

临界压力可按下式计算:

$$p_{cr} = \left(\frac{2}{k+1}\right)^{\frac{k}{k-1}} \cdot p_0^* \tag{7-19}$$

由式(7-19)可见,临界压力 p_{cr} 只与蒸汽性质或绝热指数 k 以及喷嘴前蒸汽滞止压力 p_0^* 有关。对于过热蒸汽,$k = 1.3$,$p_{cr} = 0.546 p_0^*$。对于饱和蒸汽,$k = 1.135$;$p_{cr} = 0.577 p_0^*$。

p_{cr} 是设计时选定喷嘴形式和汽轮机工作时判定喷嘴工作状态的依据。设计时,当喷嘴后蒸汽压力 $p_1 \geq p_{cr}$ 时,采用收缩喷嘴;当 $p_1 < p_{cr}$ 时,原则上应该选用缩放喷嘴。

7.1.3 蒸汽在动叶栅中的能量转变

1.速度三角形

汽轮机工作时,动叶栅以轮周速度 u 旋转,u 常用其平均直径 d_2 和汽轮机转速 n 来表示,即

$$u = \pi d_2 n/60 \tag{7-22}$$

从喷嘴(或静叶栅)流出的蒸汽以绝对速度 c_1,将与叶轮旋转平面成夹角 α_1 的方向流入动叶栅汽道。角 α_1 称为喷嘴的汽流出口角,其值由喷嘴(或静叶)的叶型、栅距和安装角来确定,一般为13°~18°。

汽流经过喷嘴(或静叶栅)与动叶栅之间的轴向间隙流入动叶栅汽道。由于动叶栅以轮周速度 u 在运动,蒸汽是以相对速度 w_1 流入动叶栅汽道,即

$$\overrightarrow{w_1} = \overrightarrow{c_1} - \overrightarrow{u} \tag{7-23}$$

如图 7-4 所示,根据 c_1、u 的大小和方向,利用余弦定理可以求得 w_1 的大小和方向,其数值为

$$w_1 = \sqrt{c_1^2 + u^2 - 2u\,c_1 \cdot \cos\alpha_1} \tag{7-24}$$

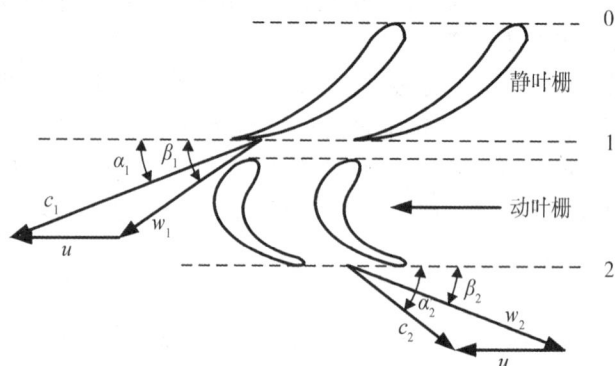

图 7-4　汽轮机级内蒸汽流动示意图

由 c_1、w_1 和 u 组成的三角形称为动叶栅进口速度三角形。汽流的相对速度 w_1 与轮周向的夹角 β_1 称为动叶栅的汽流进口角,其数值为

$$\beta_1 = \arcsin\frac{c_1\sin\alpha_1}{w_1} \tag{7-25}$$

为使汽流无撞击地进入动叶栅,应该使动叶栅的叶型进口角与汽流进口角 β_1 相等。否则,会使汽流在动叶进口处发生撞击,造成撞击损失。当蒸汽流过动叶栅时,速度的大小和方向都发生变化,最后以相对速度 w_2 流出动叶栅,它与轮周方向的夹角 β_2 称为动叶栅的汽流出口角。对于一般的冲动级,β_2 常较 β_1 小 5°~10°,它取决于动叶的叶型、栅距和安装角。w_2 的数值可大于 w_1 或小于 w_1,这主要由动叶栅中的能量损失和汽流在动叶栅中的膨胀程度来决定。例如,纯冲动级 w_2 小于 w_1,而反动级 w_2 大于 w_1。当蒸汽流出动叶栅、离开汽轮机时,它的绝对速度为 c_2,它等于相对速度 w_2 和轮周速度 u 的向量和,即

$$\vec{c_2} = \vec{w_2} + \vec{u} \tag{7-26}$$

同样,根据 w_2 和 u 的大小和方向,可以得出蒸汽流出动叶栅的绝对速度 c_2 的大小和方向角 α_2,如图 7-4 所示,其数值为

$$c_2 = \sqrt{w_2^2 + u^2 - 2u\,w_2 \cdot \cos\beta_2} \tag{7-27}$$

$$\alpha_2 = \arctan\frac{w_2 \cdot \sin\beta_2}{w_2\cos\beta_2 - u} \tag{7-28}$$

由 w_2、u 和 c_2 所组成的速度三角形,称为动叶栅出口速度三角形。为使用方便,可将动叶栅进、出口速度三角形绘在一起,如图 7-5 所示。需要注意的是,在进口速度三角形中,角 α_1 和 β_1 都是从 u 的正方向逆时针起算。而在出口速度三角形中,角 α_2 和 β_2 都是从 u 的反方向顺时针起算。

2.级的反动度及蒸汽在级内的工作过程

汽轮机级的反动度表示蒸汽在动叶栅汽道中是否发生膨胀及其膨胀的程度,不同的反动度会对级的工作过程产生不同的影响。汽轮机级的反动度是蒸汽在动叶栅汽道中的等熵焓降 Δh_{a2} 与在该级内喷嘴(或静叶栅)和动叶栅中的等熵焓降之和 $\Delta h_{a1} + \Delta h_{a2}$ 的比值,用 Ω 表示,即

$$\Omega = \frac{\Delta h_{a2}}{\Delta h_{a1} + \Delta h_{a2}} \approx \frac{\Delta h_{a2}}{\Delta h_a} \tag{7-29}$$

式中：Δh_a——级的等熵焓降，$\Delta h_a = \Delta h_{a1} + \Delta h'_{a2} \approx \Delta h_{a1} + \Delta h_{a2}$。

根据反动度不同，汽轮机级可分为纯冲动级（$\Omega = 0$）、反动级（$\Omega = 0.5$）和冲动级（即带反动度的冲动级，$0 < \Omega < 0.5$），下面分别进行讨论。

（1）带反动度的冲动级，简称冲动级。它的反动度 $0 < \Omega < 0.5$，蒸汽在动叶栅汽道中发生膨胀加速，其等熵焓降为 $\Delta h_{a2} \approx \Omega \Delta h_a$，动叶栅后压力 p_2 小于喷嘴后压力 p_1，p_2 也称为级的背压。蒸汽在冲动级内的工作过程如图 7-6 所示，冲动级的速度三角形如图 7-5 所示。

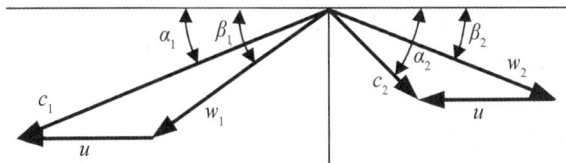

图 7-5　冲动级的速度三角形

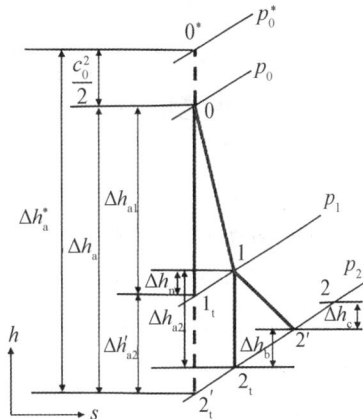

图 7-6　蒸汽在冲动级内的工作过程

首先，讨论蒸汽在动叶栅中的理想流动。如图 7-6 所示，点 1 是蒸汽流出喷嘴（或静叶栅）的实际出口状态点，同时也是动叶栅的进口状态点。从点 1 引等熵膨胀线交级后压力 p_2 等压线于 2_t 点，该点处的比焓为 h_{2t}。2_t 和 h_{2t} 是在理想流动时蒸汽流出动叶栅时的状态点和比焓，直线 1—2_t 是理想流动时蒸汽在动叶栅中的等熵膨胀过程线，动叶栅中的等熵焓降 Δh_{a2} 为

$$\Delta h_{a2} = h_1 - h_{2t} \tag{7-30}$$

如图 7-6 所示，从 0 点引等熵膨胀线交级后压力 p_2 等压线于 $2'_t$ 点，相应的比焓值为 h'_{2t}。h_0^*、h_0 与 h'_{2t} 的差值分别称为级的滞止等熵焓降 Δh_a^* 和级的等熵焓降 Δh_a。

蒸汽流过动叶栅时，理想流动过程的能量方程为

$$h_1 + \frac{w_1^2}{2} = h_{2t} + \frac{w_{2t}^2}{2} \tag{7-31}$$

根据上式可求得蒸汽流出动叶栅时的理想速度 w_{2t} 为

$$w_{2t} = \sqrt{2(h_1 - h_{2t}) + w_1^2} = \sqrt{2\Delta h_{a2} + w_1^2} \tag{7-32}$$

其次，讨论蒸汽在动叶栅中的实际流动。与蒸汽流过喷嘴时类似，蒸汽流过动叶栅时也会产生摩擦、涡流等各种能量损失，使汽流实际出口相对速度 $w_2 < w_{2t}$，两者之间关系为

$$w_2 = \psi \cdot w_{2t} \tag{7-33}$$

式中：ψ——动叶栅的速度系数，用实验方法确定。通常在汽轮机动叶栅中，$\psi = 0.85 \sim 0.95$。

蒸汽流过动叶栅时的能量损失，称为动叶栅损失，用 Δh_b 表示，其值为

$$\Delta h_b = \frac{1}{2}(w_{2t}^2 - w_2^2) = (1 - \psi^2)\frac{w_{2t}^2}{2} \tag{7-34}$$

动叶栅损失又重新转变成相应的热量被蒸汽本身所吸收,因此,蒸汽流出动叶栅的实际比焓 h'_2 大于理想出口比焓 h_{2t} ,其值为

$$h'_2 = h_{2t} + \Delta h_b \tag{7-35}$$

如图 7-6 所示, h'_2 等焓线与 p_2 等压线的交点 2′是蒸汽流出动叶栅的实际状态点。直线 1—2′是蒸汽实际流过动叶栅时的近似工作过程线。折线 0—1—2′表示蒸汽流过冲动级的近似工作过程线。

蒸汽在动叶栅做功后以绝对速度 c_2 离开,故 c_2 称为级的余速,与此相应的动能不能在本级做功,而是一项损失,称为级的余速损失,用 Δh_c 表示。即

$$\Delta h_c = \frac{c_2^2}{2} \tag{7-36}$$

余速损失的能量在动叶栅后又转变成相应的热量,并在 p_2 压力下加热蒸汽,使动叶栅后的蒸汽实际比焓 $h_2 > h'_2$, h_2 的值为

$$h_2 = h'_2 + \Delta h_c \tag{7-37}$$

如图 7-6 所示, h_2 等焓线与 p_2 等压线的交点 2,即为考虑余速损失后蒸汽在级后的实际状态点。

综上,当考虑了喷嘴损失 Δh_n 、动叶栅损失 Δh_b 和余速损失 Δh_c 之后,冲动级的工作过程如图 7-6 所示。其中, Δh_u 称为级的轮周焓降,其值为

$$\Delta h_u = \frac{c_0^2}{2} + \Delta h_a - \Delta h_n - \Delta h_b - \Delta h_c \tag{7-38}$$

冲动级多应用于主汽轮机和大功率辅汽轮机中。

(2)纯冲动级。它的反动度 $\Omega = 0$,蒸汽在动叶栅汽道内不发生膨胀,没有等熵焓降,即 $\Delta h_{a2} = 0$,故压力也不降低,即 $p_1 = p_2$ 。因此,蒸汽在纯冲动级内的等熵焓降就等于其在喷嘴(或静叶栅)中的等熵焓降,即 $\Delta h_a = \Delta h_{a1} + \Delta h_{a2} = \Delta h_{a1}$ 。

蒸汽在纯冲动级内的工作过程和速度三角形,如图 7-7 所示。

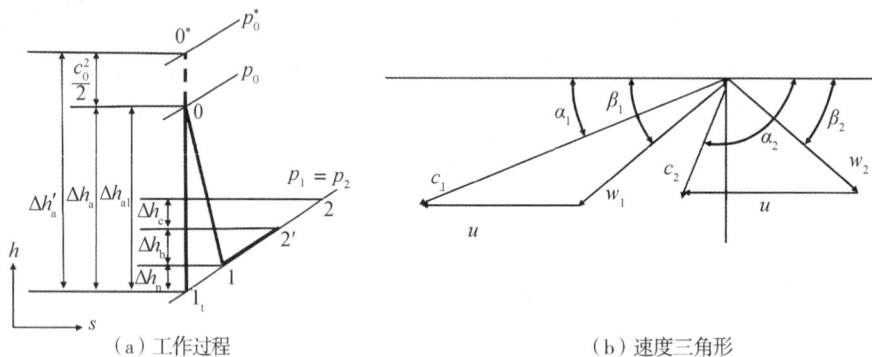

(a)工作过程　　　　　　(b)速度三角形

图 7-7　蒸汽在纯冲动级内的工作过程和速度三角形

由于蒸汽流过动叶栅时的能量损失 Δh_b 转变成相应的热量,在 p_2 压力下加热蒸汽,使其出口比焓 h'_2 大于喷嘴出口实际比焓 h_1 , h'_2 值为

$$h'_2 = h_1 + \Delta h_b \tag{7-39}$$

如图 7-7(a)所示,点 2′是蒸汽流出动叶栅的实际状态点。直线 1—2′是蒸汽实际流过动叶栅时的近似工作过程线,折线 0—1—2′即为蒸汽流过纯冲动级的近似工作过程线。

由于动叶栅损失,使蒸汽流出动叶栅的实际相对速度 w_2 小于 w_1 ,两者间的关系为

$$w_2 = \psi w_1 \qquad (7\text{-}40)$$

动叶栅能量损失 Δh_b 为

$$\Delta h_b = \frac{1}{2}(w_1^2 - w_2^2) = (1 - \psi^2)\frac{w_1^2}{2} \qquad (7\text{-}41)$$

在纯冲动级内,动叶采用对称或接近对称的叶型,故 β_2 角等于或比 β_1 角小 $3° \sim 5°$ 。纯冲动级应用于倒车级组和小功率辅汽轮机中。

(3)反动级。它的反动度 $\Omega = 0.5$,蒸汽在喷嘴(或静叶栅)中的等熵焓降和在动叶栅中的等熵焓降相等,即 $\Delta h_{a1} = \Delta h_{a2}$ 。反动级的工作过程与冲动级相同,只是 Δh_{a2} 值有差异。

蒸汽在反动级内的工作过程和速度三角形,如图7-8所示。

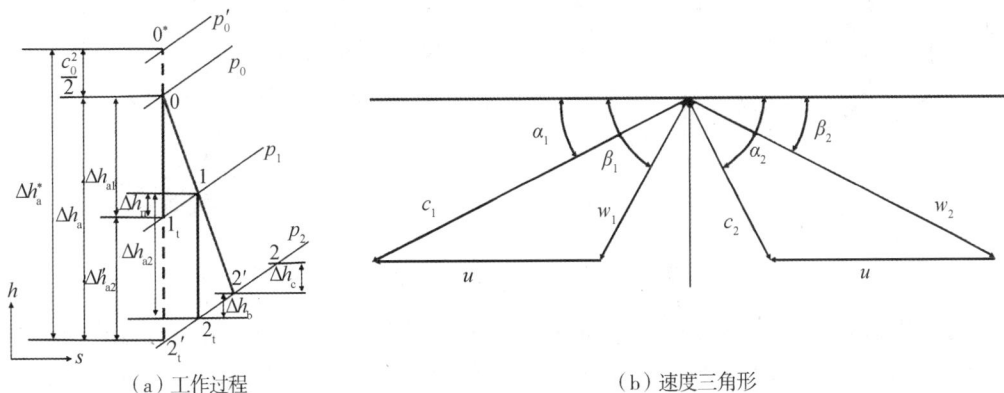

图 7-8　蒸汽在反动级内的工作过程和速度三角形

反动级静叶和动叶采用相同的叶型,并且按相同的排列规律构成静叶栅和动叶栅,其静叶栅的汽流进口角和动叶栅的汽流进口角相等,即 $\alpha_0 = \alpha_2 = \beta_1$ 。静叶栅的汽流出口角和动叶栅的汽流出口角相等,即 $\alpha_1 = \beta_2$ 。动叶栅和静叶栅的速度系数也相等,即 $\varphi = \psi$ 。同时, $\Delta h_{a1} = \Delta h_{a2}$ 。因此,动叶栅进、出口速度三角形全等并对称于 Z 轴,如图7-8(b)所示,汽流在静叶栅出口的绝对速度与动叶栅出口的相对速度相等,即 $c_1 = w_2$ 。

在反动级内,蒸汽流出静、动叶栅的速度和能量损失计算公式与冲动级相同,这里不再重复。反动级多应用于主汽轮机的低压部分。

7.2　汽轮机级的轮周功和轮周效率

7.2.1　蒸汽在动叶上的作用力

蒸汽流过动叶栅汽道时,速度的大小和方向发生改变,这是汽道壁和汽道前后压力差 $(p_1 - p_2)$ 作用的结果。因此,可先研究动叶对汽流的作用力,再根据牛顿第三定律来确定蒸汽在动叶上的作用力。

如图7-9所示,在动叶栅中取一个汽道。汽道的两个侧面是两个相邻汽道的中心流面

$aba'b'$ 和 $cdc'd'$,汽道的上下壁面 $abcd$ 和 $a'b'c'd'$ 分别为叶片顶部和根部截面处的汽流流面,在该汽道的两侧面和上下两壁面都无蒸汽通过。在动叶前后取两个与轮周速度 u 方向平行的平面 $aca'c'$ 和 $bdb'd'$,其上的蒸汽参数和速度是均匀的。在 $aca'c'$ 流面上,蒸汽压力为 p_1 ,汽流绝对速度为 c_1 ,其方向角为 α_1 。在 $bdb'd'$ 流面上,则分别为 p_2 、c_2 和 α_2 。蒸汽流过汽道后,压力由 p_1 降为 p_2 ,绝对速度由 c_1 降为 c_2 ,方向角由 α_1 变为 α_2 。

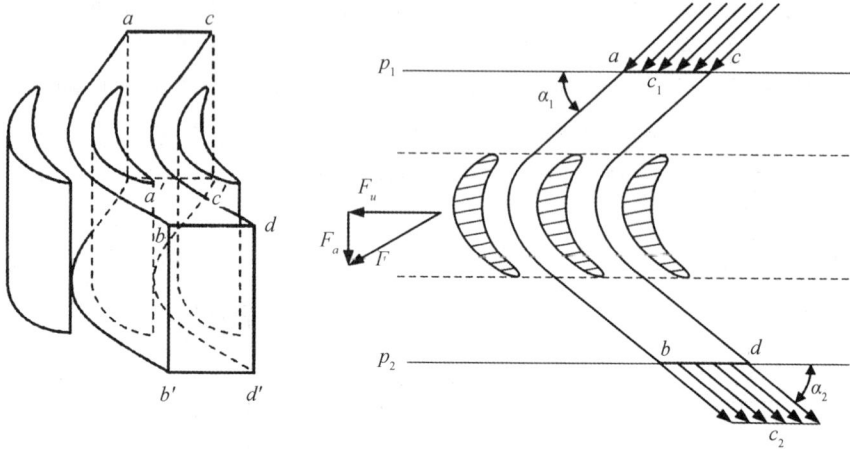

图 7-9　流过动叶栅的汽流示意图

在稳定流动条件下,在微小的时间间隔内,有相同质量 $\mathrm{d}m$ 的蒸汽流入和流出这个汽道。汽流经过汽道时,速度的大小和方向都会发生变化。如果不计质量力、黏性力和蒸汽参数沿叶高的变化,加之作用在汽道两侧面的压力相等,则作用在蒸汽上的表面力只有所有动叶的作用力 R ,以及动叶栅前后压差 $(p_1 - p_2)$ 产生的作用力。

设动叶栅的汽道数为 Z_2 ,在 $\mathrm{d}t$ 时间间隔内,蒸汽流过动叶栅的动量变化值为

$$\mathrm{d}\overrightarrow{M} = Z_2\mathrm{d}m(\overrightarrow{c_2} - \overrightarrow{c_1}) \tag{7-42}$$

$\mathrm{d}\overrightarrow{M}$ 是一个矢量,它在轮周向和轴向的投影分别为

$$\mathrm{d}M_\mathrm{u} = Z_2\mathrm{d}m(c_{2\mathrm{u}} - c_{1\mathrm{u}}) \tag{7-43}$$

$$\mathrm{d}M_\mathrm{a} = Z_2\mathrm{d}m(c_{2\mathrm{a}} - c_{1\mathrm{a}}) \tag{7-44}$$

式中:各符号右下角再加注 u 和 a 分别表示轮周向和轴向分量。

根据动量定理,某一时间内物体动量沿某一轴的变化量,等于同一时间内作用在物体上合力沿同一轴的冲量。于是,可以写出沿轮周向和轴向的动量方程式:

$$R_\mathrm{u}\mathrm{d}t = Z_2\mathrm{d}m(c_{2\mathrm{u}} - c_{1\mathrm{u}}) \tag{7-45}$$

$$R_\mathrm{a}\mathrm{d}t + (p_1 - p_2)A_2\mathrm{d}t = Z_2\mathrm{d}m(c_{2\mathrm{a}} - c_{1\mathrm{a}}) \tag{7-46}$$

由此可得

$$R_\mathrm{u} = \frac{Z_2\mathrm{d}m}{\mathrm{d}t}(c_{2\mathrm{u}} - c_{1\mathrm{u}}) \tag{7-47}$$

$$R_\mathrm{a} = \frac{Z_2\mathrm{d}m}{\mathrm{d}t}(c_{2\mathrm{a}} - c_{1\mathrm{a}}) - (p_1 - p_2)A_2 \tag{7-48}$$

式中: $Z_2\mathrm{d}m/\mathrm{d}t$ 是单位时间内流过动叶栅的蒸汽质量,即蒸汽流量 G ,kg/s。$A_2 = \pi d_2 l_\mathrm{b}$ 为动叶

栅所有汽道出口端面积之和,m^2。d_2 和 l_b 分别为动叶栅平均直径和高度,m。故上式可写成:

$$R_u = G(c_{2u} - c_{1u}) \tag{7-49}$$

$$R_a = G(c_{2a} - c_{1a}) - (p_1 - p_2)A_2 \tag{7-50}$$

由于蒸汽在动叶栅上的作用力 F 与 R 大小相等,方向相反,蒸汽作用在动叶上的轮周向力和轴向力的表达式为

$$F_u = -R_u = G(c_{1u} - c_{2u}) \tag{7-51}$$

$$F_a = -R_a = G(c_{1a} - c_{2a}) + (p_1 - p_2)A_2 \tag{7-52}$$

在汽轮机级内,c_{1u} 总是正值,其方向总与轮周速度 u 的正方向一致;而 c_{2u} 可能是正值(当 $\alpha_2 > 90°$ 时),也可能是负值(当 $\alpha_2 < 90°$ 时);c_{1a} 和 c_{2a} 的方向总是一致的。因此,式(7-51)和(7-52)可写成:

$$F_u = G(c_{1u} \pm c_{2u}) = G(c_1\cos\alpha_1 + c_2\cos\alpha_2) = G(w_1\cos\beta_1 + w_2\cos\beta_2) \tag{7-53}$$

$$\begin{aligned} F_a &= G(c_{1a} - c_{2a}) + (p_1 - p_2)A_2 \\ &= G(c_1\sin\alpha_1 - c_2\sin\alpha_2) + (p_1 - p_2)A_2 \\ &= G(w_1\sin\beta_1 - w_2\sin\beta_2) + (p_1 - p_2)A_2 \end{aligned} \tag{7-54}$$

当蒸汽流过喷嘴(或静叶栅)时也同样会产生蒸汽作用力,虽然不能产生机械功,但会增加喷嘴(或静叶栅)的负荷。

7.2.2 汽轮机级的轮周功

蒸汽作用在动叶栅上的轮周向分力 F_u 推动动叶栅以轮周速度 u 转动,故 F_u 与 u 的乘积就是单位时间内蒸汽在动叶栅上做出的轮周功,称为级的轮周功率,用 N_u 表示。当动叶栅进、出口平均直径不同,分别等于 d_1 和 d_2 时,相应的动叶轮周速度分别等于 u_1 和 u_2,这时,汽轮机的轮周功率等于

$$N_u = G(u_1c_{1u} \pm u_2c_{2u}) \tag{7-55}$$

对于 1 kg 蒸汽来说,在动叶上所做的轮周功,用 e_u 表示,其值为

$$e_u = \frac{N_u}{G} = u_1c_{1u} \pm u_2c_{2u} \tag{7-56}$$

当动叶栅进、出口处平均直径相同时,式(7-55)和(7-56)就可简化为

$$N_u = Gu(c_{1u} \pm c_{2u}) \tag{7-57}$$

$$e_u = u(c_{1u} \pm c_{2u}) \tag{7-58}$$

根据图 7-5 可求得

$$w_1^2 = c_1^2 + u_1^2 - 2u_1c_1 \cdot \cos\alpha_1 \tag{7-59}$$

$$w_2^2 = c_2^2 + u_2^2 - 2u_2c_2 \cdot \cos\alpha_2 \tag{7-60}$$

上两式相减后可得出

$$u_1c_1 \cdot \cos\alpha_1 + u_2c_2 \cdot \cos\alpha_2 = \frac{c_1^2 - c_2^2}{2} + \frac{w_2^2 - w_1^2}{2} + \frac{u_1^2 - u_2^2}{2} \tag{7-61}$$

将上式代入(7-56),可得

$$e_u = \frac{c_1^2 - c_2^2}{2} + \frac{w_2^2 - w_1^2}{2} + \frac{u_1^2 - u_2^2}{2} \tag{7-62}$$

当动叶栅进、出口处平均直径相同时,上式可简化为

$$e_u = \frac{1}{2}(c_1^2 - c_2^2) + \frac{1}{2}(w_2^2 - w_1^2) \qquad (7\text{-}63)$$

汽轮机级的轮周功 e_u 与 $h\text{-}s$ 图上的轮周焓降 Δh_u 是相等的,即

$$e_u = \Delta h_u = \frac{c_0^2}{2} + \Delta h_{a1} + \Delta h_{a2} - \Delta h_n - \Delta h_b - \Delta h_c = \Delta h_a^* - \Delta h_n - \Delta h_b - \Delta h_c \qquad (7\text{-}64)$$

7.2.3　汽轮机级的轮周效率

轮周效率是衡量汽轮机级工作经济性的一个重要指标,它表示蒸汽在汽轮机级内所具有的理想能量转变为级的轮周功的份额。因此,轮周效率 η_u 即为蒸汽流过某级时所做的轮周功 e_u 与蒸汽在该级内所具有的理论功 e_a 之比,即

$$\eta_u = \frac{e_u}{e_a} \qquad (7\text{-}65)$$

在理想流动时,1 kg 蒸汽流过汽轮机级能做出的理论功 e_a 应该等于蒸汽在该级内的滞止等熵焓降 Δh_a^* ,即

$$e_a = \Delta h_a^* = \frac{c_{1t}^2}{2} + \frac{w_{2t}^2}{2} - \frac{w_1^2}{2} \qquad (7\text{-}66)$$

因此,汽轮机级的轮周效率 η_u 以汽流速度的形式表示如下:

$$\eta_u = \frac{e_u}{e_a} = \frac{2u(c_1\cos\alpha_1 + c_2\cos\alpha_2)}{c_{1t}^2 + w_{2t}^2 - w_1^2} \qquad (7\text{-}67)$$

上式也可写成能量平衡的形式,即

$$\eta_u = \frac{\Delta h_a^* - \Delta h_n - \Delta h_b - \Delta h_c}{\Delta h_a^*} \qquad (7\text{-}68)$$

式(7-67)和(7-68)对于各种汽轮机级都适用。它们表明:计算汽轮机级的轮周效率 η_u 既可以借助于 $h\text{-}s$ 图,也可以借助于速度三角形,用两种方法求得的结果应该是一致的,由此可以进行相互校核。

1.纯冲动级的轮周效率 η_{uA}

1 kg 蒸汽流过纯冲动级所做的理论功为

$$e_{uA} = \Delta h_a^* = \frac{1}{2}c_{1t}^2 \qquad (7\text{-}69)$$

式中:在符号右下角加注 A 表示纯冲动级。

根据式(7-68)可得,纯冲动级的轮周效率(不考虑余速利用)等于

$$\eta_{uA} = \frac{\Delta h_a^* - \Delta h_n - \Delta h_b - \Delta h_c}{\Delta h_a^*} \qquad (7\text{-}70)$$

根据式(7-58)、(7-69)和图 7-7 可得

$$\eta_{uA} = \frac{2u(c_{1u} \pm c_{2u})}{c_{1t}^2} = \frac{2u(w_1\cos\beta_1 + w_2\cos\beta_2)}{c_{1t}^2} \qquad (7\text{-}71)$$

根据式(7-6)和(7-40),可知 $c_{1t} = \dfrac{c_1}{\varphi}$, $\psi = \dfrac{w_2}{w_1}$ 。

根据进口速度三角形,可得 $w_1\cos\beta_1 = c_1\cos\alpha_1 - u$。

将上式代入式(7-70),可得

$$\eta_{uA} = \frac{2u\,w_1\cos\beta_1\left(1 + \frac{w_2\cos\beta_2}{w_1\cos\beta_1}\right)}{\frac{c_1^2}{\varphi^2}} = 2\varphi^2\frac{u}{c_1}\left(\cos\alpha_1 - \frac{u}{c_1}\right)\left(1 + \psi\frac{\cos\beta_2}{\cos\beta_1}\right) \tag{7-72}$$

从式(7-72)可以看出,喷嘴和动叶的速度系数 φ 和 ψ 越高,喷嘴损失和动叶栅损失越小,纯冲动级轮周效率越高。因此,除设计时要选用气动特性良好的喷嘴和动叶叶型外,运行时要改善蒸汽质量防止汽道壁面结垢,检修时要防止出汽边缘损坏,以维持汽道表面光洁和形状正确,使 φ 和 ψ 维持较高值不变。同时,应适当减小角度 α_1 和 β_2,增加级的轮周功,从而提高轮周效率。但是,过分地减小 α_1 和 β_2,将使汽流摩擦损失增加,φ 和 ψ 值降低。一般情况下,α_1 角不小于 $12°\sim13°$,而动叶栅的汽流出口角 β_2 比汽流进口角 β_1 小一些,这有利于提高纯冲动级的轮周效率。

将式(7-72)中 u/c_1 与 η_{uA} 的关系绘于图7-10中,得到 $\eta_{uA} - u/c_1$ 曲线,该曲线为一近似抛物线,即为轮周效率曲线。

图中:$\varepsilon_n = \Delta h_n/\Delta h_a^*$ ——喷嘴的能量损失系数;

$\varepsilon_b = \Delta h_b/\Delta h_a^*$ ——动叶栅的能量损失系数;

$\varepsilon_c = \Delta h_c/\Delta h_a^*$ ——余速能量损失系数。

根据式(7-70),可得出

$$\eta_{uA} = 1 - \frac{\Delta h_n}{\Delta h_a^*} - \frac{\Delta h_b}{\Delta h_a^*} - \frac{\Delta h_c}{\Delta h_a^*} = 1 - \varepsilon_n - \varepsilon_b - \varepsilon_c \tag{7-73}$$

能量损失系数 ε_n、ε_b 和 ε_c 随速度比 u/c_1 变化的情况如图7-10所示。从图中可见,随着速度比 u/c_1 的增加,ε_n 保持不变,ε_b 逐渐减小,而 ε_c 变化很大。最大轮周效率 η_{umax} 位于余速损失趋于最小值处,其相应的速度比为最佳速度比 $(u/c_1)_{optA}$。从速度三角形可知,当 $\alpha_2 = 90°$ 时,动叶栅汽流出口绝对速度 c_2 最小,即余速损失最小。

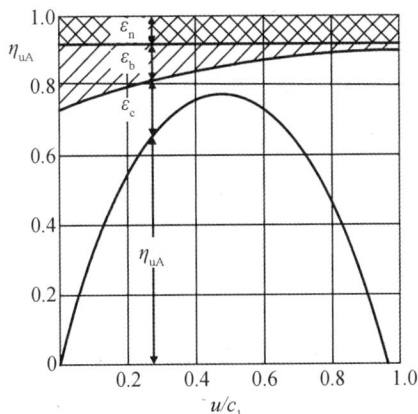

图7-10 纯冲动级-关系曲线

从图7-10中可见,在假定 φ、ψ、α_1 和 β_2 值不随速度比 u/c_1 变化的情况下,当 $u/c_1 = 0$ 时,

即 $u = 0$，叶轮转速为零，轮周效率即为零。当 $u/c_1 = \cos \alpha_1$ 时，即 $u = c_1 \cos \alpha_1$，则汽流作用在动叶上的轮周向分力等于零，轮周效率亦为零。因此，在 $u/c_1 = 0$ 连续地改变到 $u/c_1 = \cos \alpha_1$ 的过程中，必然存在一个使 η_{uA} 达到最大值的最佳速度比 $(u/c_1)_{optA}$。将式(7-72)对 u/c_1 求导，并令其一阶导数等于零，即可求得 $(u/c_1)_{optA}$ 值。

$$\frac{d \eta_{uA}}{d\left(\dfrac{u}{c_1}\right)} = 2 \varphi^2 \left(1 + \psi \frac{\cos \beta_2}{\cos \beta_1}\right)\left(\cos \alpha_1 - 2\frac{u}{c_1}\right) = 0$$

由于 $1 + \psi \dfrac{\cos \beta_2}{\cos \beta_1} \neq 0$，只有 $\cos \alpha_1 - 2\dfrac{u}{c_1} = 0$，于是

$$\left(\frac{u}{c_1}\right)_{optA} = \frac{\cos \alpha_1}{2} \tag{7-74}$$

一般，$\alpha_1 = 13° \sim 18°$，其纯冲动级的最佳速比 $(u/c_1)_{optA} = 0.46 \sim 0.49$。

将式(7-74)代入(7-72)中，求得纯冲动级最高轮周效率为

$$\eta_{umaxA} = \frac{\varphi^2}{2} \cos^2 \alpha_1 \left(1 + \psi \frac{\cos \beta_2}{\cos \beta_1}\right) \tag{7-75}$$

2. 反动级的轮周效率 η_{uR}

单级反动式汽轮机因效率过低而不存在。下面讨论的是多级反动式汽轮机的某一中间级，其特点是能够全部利用上一级的余速动能，本级的余速动能又能全部被下级利用，并认为相邻的两级余速动能相等。这时，1 kg 蒸汽流过反动级做出的理论功为

$$e_{aR} = \Delta h_a \approx \frac{c_{1t}^2 - c_0^2}{2} + \frac{w_{2t}^2 - w_1^2}{2} \tag{7-76}$$

式中：在符号右下角加注 R 表示反动级。

反动级轮周效率 η_{uR} 的值为

$$\eta_{uR} = \frac{2u(w_1 \cos \beta_1 + w_2 \cos \beta_2)}{c_{1t}^2 - c_0^2 + w_{2t}^2 - w_1^2} \tag{7-77}$$

和

$$\eta_{uR} = \frac{\Delta h_a^* - \Delta h_n - \Delta h_b - \Delta h_c}{\Delta h_a} \tag{7-78}$$

由于反动级的反动度 $\Omega = 0.5$，即 $\Delta h_{a1} = \Delta h_{a2}$，进、出口速度三角形对称、全等（$\alpha_0 = \alpha_2 = \beta_1$，$\alpha_1 = \beta_2$，$c_0 = w_1 = c_2$，$c_1 = w_2$）和 $\varphi = \psi$ 等特点，从图7-8所示的反动级进、出口速度三角形中得知：

$$w_1^2 = c_1^2 + u^2 - 2u c_1 \cdot \cos \alpha_1$$
$$w_1 \cos \beta_1 = c_1 \cos \alpha_1 - u$$
$$w_2 \cos \beta_2 = c_1 \cos \alpha_1$$

再根据式(7-5)和(7-32)可求得

$$c_{1t} = w_{2t}$$

将上述各关系式代入式(7-77)，可得

$$\eta_{uR} = \frac{2u(2 c_1 \cos \alpha_1 - u)}{2 c_{1t}^2 - 2 w_1^2} = \frac{u(2 c_1 \cos \alpha_1 - u)}{\dfrac{c_1^2}{\varphi^2} - c_1^2 - u^2 + 2u c_1 \cos \alpha_1} = \frac{\dfrac{u}{c_1}\left(2\cos \alpha_1 - \dfrac{u}{c_1}\right)}{\dfrac{1}{\varphi^2} - 1 + \dfrac{u}{c_1}\left(2\cos \alpha_1 - \dfrac{u}{c_1}\right)}$$

$$= \cfrac{1}{1 + \cfrac{\frac{1}{\varphi^2} - 1}{\frac{u}{c_1}\left(2\cos\alpha_1 - \frac{u}{c_1}\right)}} \tag{7-79}$$

从式(7-79)可以看出,反动级的轮周效率 η_{uR} 取决于 φ 和 ψ 、 α_1 和 β_2 以及速度比 u/c_1 。 φ 、 ψ 、 α_1 和 β_2 对 η_{uR} 的影响与纯冲动级分析类似,只是数值上有所差异,这里不再赘述。速度比 u/c_1 对反动级轮周效率 η_{uR} 起决定性影响。从式(7-79)可以看出, η_{uR} - u/c_1 关系也是近似抛物线关系。与 η_{uA} - u/c_1 曲线类似,当 $u/c_1 = 0$ 和 $u/c_1 = 2\cos\alpha_1$ 时, η_{uR} 都等于零。因此,当 $u/c_1 = 0$ 连续改变到 $u/c_1 = 2\cos\alpha_1$ 的过程中,必然存在一个最佳速度比 $(u/c_1)_{optR}$,使 η_{uR} 达到最大值。假定 φ 、 ψ 、 α_1 和 β_2 值不随速度比 u/c_1 的改变而变化,将式(7-79)中的 $y = \frac{u}{c_1}\left(2\cos\alpha_1 - \frac{u}{c_1}\right)$ 对 u/c_1 求导,并令其一阶导数等于零,即可求得 y 的最大值,即

$$\frac{\mathrm{d}y}{\mathrm{d}\left(\frac{u}{c_1}\right)} = 2\cos\alpha_1 - 2\frac{u}{c_1} = 0$$

求得
$$\left(\frac{u}{c_1}\right)_{optR} = \cos\alpha_1 \tag{7-80}$$

将式(7-80)代入(7-79)中,可得出反动级的最高轮周效率为

$$\eta_{uRmax} = \frac{\cos^2\alpha_1}{\cos^2\alpha_1 + \frac{1}{\varphi^2} - 1} \tag{7-81}$$

根据式(7-79)可画出反动级轮周效率 η_{uR} 随速度比 u/c_1 变化的关系曲线,如图7-11所示。在图上可同时画出纯冲动级的轮周效率 η_{uA} 和冲动级的轮周效率 $\eta_{u\Omega}$ 随速度比 u/c_1 变化的关系曲线,以便进行比较。

当反动级和纯冲动级都在最佳速比下工作时,反动级的最高轮周效率比纯冲动级的大。这是由于反动级静叶栅出口的绝对速度 c_1 和动叶栅出口的绝对速度 c_2 比纯冲动级小,而反动级动叶栅的 ψ 又大于纯冲动级。因此,反动级的 Δh_n 、 Δh_b 和 Δh_c 都比纯冲动级小,使其 $\eta_{uRmax} > \eta_{uAmax}$ 。

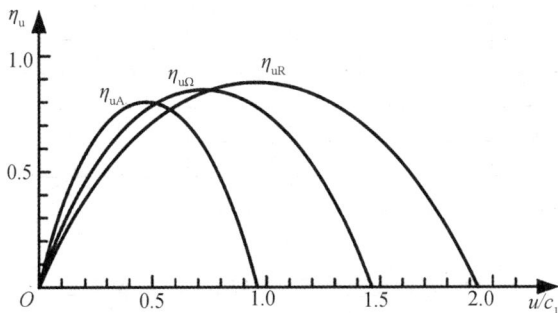

图7-11 反动级 η_{uR}-u/c_1 关系曲线

如图 7-11 可见,当 α_1 角相同时,反动级轮周效率 η_{uR} 随速度比 u/c_1 变化曲线的跨度比纯冲动级大一倍。反动级轮周效率变化在 $(u/c_1)_{optR}$ 附近比纯冲动级平缓,故在 u/c_1 偏离最佳速度比时,反动级轮周效率下降程度比纯冲动级小得多。由于 $(u/c_1)_{optR} > (u/c_1)_{optA}$,在轮周速度 u 相同时,反动级的等熵焓降和做功能力均小于纯冲动级。但是,反动级静、动叶栅顶端漏汽比纯冲动级多,蒸汽作用在动叶上的轴向推力也比纯冲动级大。

3. 冲动级的轮周效率 $\eta_{u\Omega}$

理论上,根据汽轮机级轮周效率的基本公式,可以推导出冲动级的轮周效率与速度系数、汽流角度和速度比的一般关系式,并通过求导得到最佳速比的表达式。本书直接给出冲动级的轮周效率公式,不再推导。

$$\eta_{u\Omega} = 2\frac{u}{c_a}\left(\varphi\cos\alpha_1\sqrt{1-\Omega} + \psi\Phi\cos\beta_2 - \frac{u}{c_a}\right) \tag{7-82}$$

式中: $\Phi = \sqrt{\Omega + \varphi^2(1-\Omega) + \left(\frac{u}{c_a}\right)^2 - 2\varphi\frac{u}{c_a}\sqrt{1-\Omega}\cos\alpha_1}$

c_a——级的假设速度(假设级的等熵焓降 Δh_a 全部转变成动能时所得的速度),

$c_a = \sqrt{\Delta h_a \times 10^3}$;

u/c_a——级的假设速度比。

根据式(7-82)可绘出不同反动度 Ω 下冲动级的轮周效率 $\eta_{u\Omega}$ 随速度比 u/c_a 变化的曲线,如图 7-12 所示。冲动级轮周效率 $\eta_{u\Omega}$ - u/c_a 关系曲线也近似于抛物线。在 $\Omega < 0.5$ 范围内,随着 Ω 增加,蒸汽在动叶栅中的流动状况得到改善,最大轮周效率 $\eta_{u\Omega max}$ 相应地增加。同时,最佳速度比 $(u/c_a)_{opt\Omega}$ 也随着 Ω 的增加而增加。从图 7-12 中还可以看出,随着反动度 Ω 的增加,$\eta_{u\Omega}$ - u/c_a 曲线跨度增加,在 $(u/c_a)_{opt\Omega}$ 处曲线较平缓,故当 u/c_a 偏离最佳速度比 $(u/c_a)_{opt\Omega}$ 时,$\eta_{u\Omega}$ 下降程度减小。当然,随着 Ω 的增加,动叶栅顶端漏汽量及作用在动叶上的轴向推力都要增加。

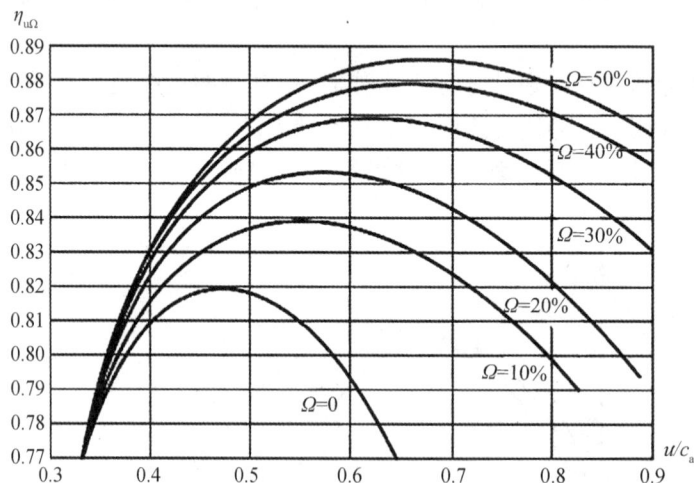

图 7-12 不同反动度下冲动级 $\eta_{u\Omega}$ - u/c_a 关系曲线

7.3 汽轮机级的通流部分和内部损失

7.3.1 汽轮机级的通流部分

如图 7-13 所示,在汽轮机级的通流部分,蒸汽实现了将热能转变成动叶运动机械能的过程。

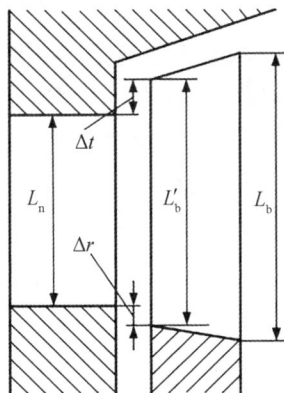

图 7-13 汽轮机级的通流部分示意图

1.喷嘴（或静叶）和动叶高度的确定

（1）选择叶栅的形式

喷嘴叶栅的形式是根据其前后压力比 p_1/p_0^* 大小来选定的,具体选定方法如下: $p_1/p_0^* \geq \varepsilon_{cr}$（临界压力比）时,采用收缩喷嘴,只需确定出口截面尺寸; $0.3 < p_1/p_0^* < \varepsilon_{cr}$ 时,如仍然采用收缩喷嘴,需确定出口截面尺寸和汽流在斜切口中的偏转角; $p_1/p_0^* < 0.3$ 时,应采用缩放喷嘴,需确定最小截面和出口截面尺寸,中间截面尺寸则根据喷嘴轴线光滑变化和便于加工制造来确定。

对于动叶栅,可根据进口速度三角形求得动叶进口的相对速度 w_1,结合 $h\text{-}s$ 图即可求得动叶栅前滞止状态点和滞止压力 p_1^*。根据 p_2/p_1^* 来判断动叶栅汽道出口速度是否超临界,如果超临界就必须确定汽流在动叶栅汽道斜切口中的偏转角。

（2）喷嘴（或静叶）和动叶高度的确定

本书只讨论收缩喷嘴在亚临界状态下出口高度的确定,这时与汽流出口绝对速度 c_1 相垂直的出口截面积 A_n,可根据该截面的连续流动方程得

$$A_n = \frac{G}{\rho_1 c_1} \tag{7-83}$$

式中: $A_n = z_1 a_1 L_n$ ——喷嘴（或静叶栅）所有汽道的出口截面积之和;

$a_1 = t_1 \sin \alpha_1$ ——一个汽道的出口宽度;

t_1 ——喷嘴（或静叶栅）的栅距;

α_1 ——流出喷嘴（或静叶栅）出口截面的汽流出口角;

L_n ——喷嘴(或静叶栅)的出口高度；

G ——流过喷嘴(或静叶栅)的蒸汽流量；

ρ_1 ——喷嘴(或静叶栅)出口截面上的蒸汽密度；

c_1 ——与喷嘴(或静叶栅)出口截面相垂直的汽流绝对速度。

将上述各值代入式(7-83)，化简后可得

$$L_n = \frac{G}{z_1 \rho_1 c_1 t_1 \sin \alpha_1} \qquad (7\text{-}84)$$

一列喷嘴(或静叶栅)的汽道数 z_1 ，在全圆周进汽时，由 $z_1 t_1 + \pi d_1$ 来确定，d_1 为喷嘴(或静叶栅)的平均截面直径。

在纯冲动式和冲动式汽轮机前几级及小功率辅汽轮机中，蒸汽的体积流量过小，通流面积也小。为保证喷嘴具有一定高度，喷嘴不能全圆周布置，只能布置于部分圆周上。这样，汽流就沿部分圆周进入喷嘴汽道，这种布置称为部分进汽。进汽弧段长度 $z_1 t_1$ 与平均直径处圆周长度 πd_1 的比值，称为级的部分进汽度，用 e 表示，即

$$e = \frac{z_1 t_1}{\pi d_1} \qquad (7\text{-}85)$$

于是，式(7-84)可写成

$$eL_n = \frac{G}{\pi d_1 \rho_1 c_1 \sin \alpha_1} \qquad (7\text{-}86)$$

在两个未知数 e 和 L_n 中，任意选定一个，另一个可通过式(7-86)求出。

当级的部分进汽度 $e=1$ 时，汽轮机是全圆周进汽。$e<1$ 时，汽轮机是部分进汽。反动级为全圆周进汽，纯冲动级或冲动级为全圆周进汽或部分进汽。

确定 e 或 L_n 时应考虑的因素是为减少叶栅的端部损失，要求喷嘴(或静叶栅)的出口高度 $L_n > 10\text{-}12$ mm，动叶栅出口高度$>15\text{-}18$ mm。当 $e<1$ 时，会引起附加的能量损失，该损失随 e 的减少而增加。此外，在确定部分进汽度 e 时，要使 z_1 为整数。

汽流在动叶栅内多半呈亚临界流动，根据其出口截面连续方程可求得动叶栅出口高度为

$$L_b = \frac{G}{e\pi d_2 \rho_2 w_2 \sin \beta_2} \qquad (7\text{-}87)$$

式中：d_2 ——动叶栅的平均直径；

ρ_2 ——动叶栅出口截面上的蒸汽密度；

w_2 ——动叶栅出口截面上的汽流相对出口速度；

β_2 ——动叶栅出口截面上的汽流出口角；

喷嘴和动叶的宽度是根据强度条件来确定的。

2.汽轮机通流部分的组成

静、动叶高度和宽度确定后，在组成汽轮机级通流部分时还应考虑超高和间隙。

(1)超高

动叶栅进口高度 L'_b 是根据喷嘴(或静叶栅)出口高度 L_n 确定的，通常要求 $L'_b > L_n$，如图 7-13 所示，两者差值称为超高 Δ ，即

$$\Delta = L'_b - L_n = \Delta t + \Delta r$$

Δt 和 Δr 分别表示动叶栅的顶部超高和根部超高，一般 $\Delta t > \Delta r$ 。

汽轮机级的通流部分必须留有超高。采用超高的目的,就是使喷嘴中出来的蒸汽不至于与动叶栅顶部和根部发生碰撞,保证其顺利地流进动叶栅汽道。由于汽流流动时离心力的作用,动叶栅顶部超高要大于根部超高。

如果超高过小,由于制造和安装误差,汽轮机运行时动、静部分受热情况不同而发生径向相对位移及汽流向外散溢等原因,仍会使汽流撞击动叶栅顶部和根部,造成能量损失。如果超高过大,则会使停滞在轴向间隙内的蒸汽被吸入动叶栅汽道中,扰乱主流流动,造成能量损失。一般,顶部和根部超高应在表7-1的范围内。

表 7-1　动叶栅顶部和根部超高范围

喷嘴高度 L_n /mm	≤50	51~90	91~150	>150
顶部超高 Δt /mm	1.5	2	2~2.5	2.5~3.5
根部超高 Δr /mm	0.5	1	1~1.5	1.5
直径之差 ($d_b - d_n$)/mm	1	1	1	1~2

同理,在多级汽轮机中,某一级喷嘴进口高度应比相邻前一级动叶出口高度稍大些。当动叶栅进、出口蒸汽密度差别不大时,为制造方便,动叶进、出口高度相等,即 $L'_b = L_b$ 。但是,在凝汽式多级汽轮机的最后几级中,蒸汽密度降低得很快,动叶出口高度明显大于进口高度,动叶顶部或动叶顶部和根部都做成倾斜形,如图7-13所示,其倾斜角 $\gamma \geqslant 12° \sim 15°$ 。否则,汽流将无法充满整个动叶栅汽道,而在端部形成停滞区,产生涡旋,使汽流脱离动叶端面而引起附加能量损失。

（2）间隙

为保证汽轮机安全运行,喷嘴(或静叶栅)与动叶栅之间必须留有轴向间隙 δ_a 。同时,在隔板中心孔与转子间、动叶顶与气缸内壁间都留有径向间隙 δ_r 。这些间隙对于汽轮机运行安全和经济性影响很大。从安全角度出发,级内各种间隙应最好取得大一些。这样,转子和静子发生不同程度的热膨胀或汽轮机发生振动时,可以保证转子与静子不至相互碰撞。此外,轴向间隙取得大一些,可使喷嘴(或静叶栅)出口汽流中的涡旋与主流混合,均匀地进入动叶栅,改善汽流的流动情况。但是,随着轴向间隙的增加,在动叶超高处容易形成涡旋。同时,主流蒸汽更容易将其周围的静止蒸汽吸入动叶栅,吸气损失随之增加。同理,各径向间隙 δ_r 增加会使漏汽量增加,漏汽损失随之增加。

因此,汽轮机内部的各种间隙不应太小,但也不宜过大。为此,可在动叶栅顶、底端处加装轴向和径向汽封环。这样,既能保持大间隙带来的优势,又可减小其不良后果。加装轴向汽封环后,动叶栅顶、底两端轴向间隙减小。一旦转子和静子发生碰撞,轴向和径向汽封环很容易被磨平,从而避免汽轮机发生严重事故。

7.3.2　汽轮机级的内部损失

在汽轮机的通流部分中,蒸汽的热能转变成动叶轮周上的机械功,然后在通过转轮(或转鼓)传递给轴的过程中,都会产生损失,这些损失称为级的内部损失。其特点是它们最终转变成热能,被蒸汽本身所吸收,使蒸汽的比焓升高。因此,内部损失对于蒸汽在级内的工作是有影响的。

1.叶栅损失

从本章第一节内容可知,当蒸汽流过喷嘴(或静叶栅)和动叶栅时,分别会产生喷嘴损失

Δh_{n} 和动叶栅损失 Δh_{b} ,现在分析静、动叶栅汽道中产生能量损失的原因及其物理本质。

(1)叶型损失。即蒸汽流过无限高叶栅时产生的能量损失,其值主要取决于蒸汽流动时沿叶型表面的压力分布。叶型损失主要由以下四部分组成:

①附面层中的摩擦损失。其大小与叶型表面光洁度及压力分布有关。当蒸汽流经汽道时,由于黏性在叶型表面形成附面层,如图 7-14(a)所示。附面层内汽流层之间及汽流与汽道壁面之间产生摩擦损失。从图 7-14(a)中可以看出,附面层沿汽流流动方向逐渐增厚,而当汽道收缩大汽流加速较快时,附面层厚度减薄,摩擦损失减少。因此,冲动级采用一定反动度后,可以使动叶栅中的汽流速度增加,从而减少摩擦损失。

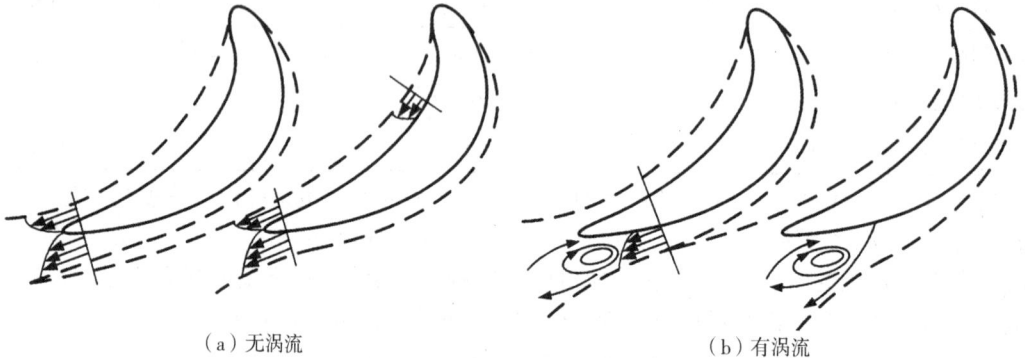

(a)无涡流 (b)有涡流

图 7-14 有关附面层的摩擦损失和涡流损失示意图

②附面层脱离引起的涡流损失。在扩压段的附面层中,汽流动能除一部分因摩擦阻力被消耗外,还有一部分要转变成压力能。当汽流动能在附面层中某截面下降到零以后继续升压时,就会产生倒流,使汽流脱离壁面形成涡旋,大大增加能量损失,称为涡流损失。在扩压作用强烈的出口端背弧上,涡流损失比较严重,如图 7-14(b)所示。冲动式叶栅中的涡流损失比反动式严重。

③尾迹损失。叶片出口边缘总有一定的厚度,由于附面层的影响,沿叶型内弧和背弧流出的汽流在叶片后缘点离开叶型时产生脱离,使叶片出口边后的压力下降,在内弧面和背弧面附面层的相互作用下,出口边后形成涡流区,称为尾迹,如图 7-15 所示。尾迹区的汽流速度比主流速度低得多,故使整个汽流的速度受到损失,称为尾迹损失。

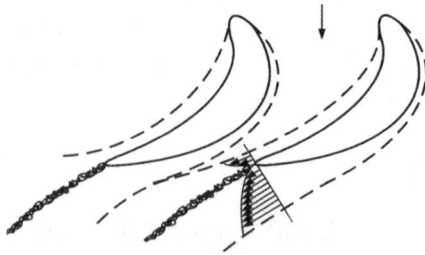

图 7-15 尾迹损失示意图

④冲波损失。在某些叶栅的进、出口处或汽道中某个局部区域,因汽道过度收缩,可能会出现超声速汽流。当它因某种原因被滞止(如通过扩压区)成亚声速时会产生冲波。汽流经过冲波后,压力会突然升高,速度急剧降低。有时,在冲波附近还会出现扩压段,引起附面层加

厚而脱离,使叶型损失增加。这些由冲波引起的损失,称为冲波损失。

(2)端部损失

当蒸汽流过有限高的叶栅时,在叶栅汽道顶、底两端壁面上会产生附面层,由此产生摩擦损失。汽流沿叶栅汽道流动时,蒸汽微团产生离心力使汽道内弧上的压力大于背弧上的压力,从而在汽道内产生横向压力梯度。在汽道中部,横向压力梯度与蒸汽微团的离心惯性力相平衡。但是,在汽道顶、底两端的附面层中,汽流速度小,其离心惯性力不足以平衡横向压力梯度。因此,在两个端面的附面层内,会出现汽流自内弧向背弧的流动,称为二次流动。在叶片背弧面的顶、底两端处,汽流二次流动的低速附面层与主流附面层相互作用,结果使两端面上的附面层骤然增厚,导致附面层局部脱离。再者,根据连续流动条件,顶、底端面处的二次流动会使端面附面层外的主汽流产生横向的补偿流动,如图7-16(a)所示。于是,在叶片背弧面与顶、底端壁面的交界处形成两个方向相反的涡旋,引起较大的能量损失,称为二次流动损失,如图7-16(b)所示。顶、底端壁面附面层摩擦损失和二次流动损失的综合,称为端部损失。二次流动损失是端部损失的主要部分。

实际上,没有上端壁面的叶栅汽道也会产生上、下成对的二次流动,还会使汽流从汽道的内弧面绕过叶顶流向相邻汽道的背弧面,如图7-16(c)所示。实验证明,影响端部损失的主要因素是相对高度 $\tau = L/b$(b 是叶型弦长)。当 τ 增加时,端部损失减少。但是当 τ 大于某一数值后,因两端涡旋不再影响汽道中的主汽流,端部损失也就不再变化了。然而,当 τ 小于规定值时,两端涡旋充满整个汽道,端部损失剧烈增加。

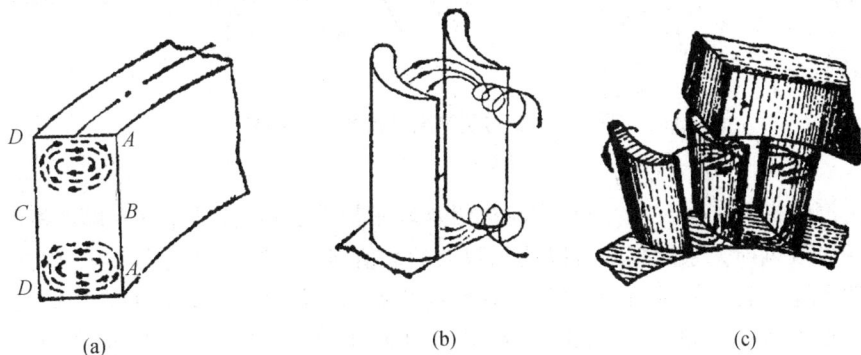

图 7-16 端部损失示意图

2.内部损失

在研究汽轮机级的轮周功和轮周效率时,除所涉及的喷嘴(或静叶栅)损失 Δh_n、动叶栅损失 Δh_b 和余速损失 Δh_c 之外,还有下列几种内部损失:

(1)撞击损失 $\Delta h'_c$

如果设计时叶型资料有限,或者当汽轮机级在变工况下运行时,会出现动叶栅汽流进口角 β_1 不等于叶型进口角 β_{1p} 的情况,即 $\beta_1 \neq \beta_{1p}$。这时,汽流会撞击动叶的进口部分,引起动叶栅汽道中压力分布情况变坏,使叶型损失增加,产生额外的能量损失,称为撞击损失。否则,该项损失不存在。

当 $\beta_1 > \beta_{1p}$ 时,汽流会撞击在叶型进口部分的背弧面,在进口部分内弧面会产生扩压区引起附面层分离。但是,内弧面其他部分都是降压区,故撞击损失较小。当 $\beta_1 < \beta_{1p}$ 时,汽流会

撞击在叶型进口部分的内弧面,使进口背弧面产生扩压区,背弧面上附面层急剧增厚,促使附面层提前分离,使叶形损失大大增加。

(2)部分进汽损失 Δh_p

它是部分进汽级的特有损失,由鼓风损失 Δh_w 和斥汽损失 Δh_d 两部分组成。而全圆周进汽的纯冲动级、冲动级和反动级则不存在这种损失。

①鼓风损失 Δh_w。如图 7-17(a)所示,对于部分进汽的汽轮机级,只有在装有喷嘴的工作弧段 $e\pi d_1$ 内,才有蒸汽通过动叶栅汽道。当动叶栅在没有安装喷嘴的非工作弧段 $(1-e)\pi d_1$ 旋转时,动叶两侧与轮室中的滞汽发生摩擦,产生摩擦损失。同时,动叶如同鼓风机叶片一样,鼓动轮室中的滞汽通过动叶栅汽道,消耗一部分有用功。这种鼓风现象产生的能量损失,称为鼓风损失,如图 7-17(b)所示。

在没有安装喷嘴的非工作弧段处,用护罩将无蒸汽流过的动叶栅罩住,可减少鼓风的滞汽量,降低鼓风损失,如图 7-17(c)所示。

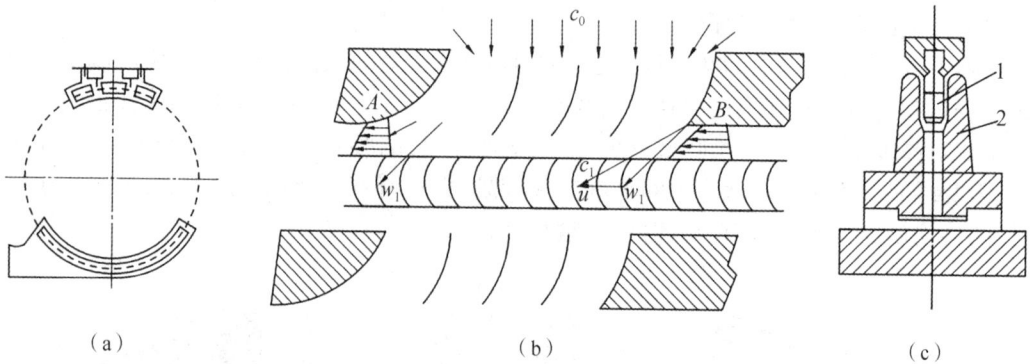

图 7-17　部分进汽时蒸汽流动示意图
1—不进汽的动叶;2—护罩

船舶主汽轮机倒车运行时,正车汽轮机级被转子带动倒转,鼓动轮室中的滞汽产生鼓风损失。正车各级鼓风损失累计起来可以达到很大的数值,致使转子和气缸发热。因此,要限制倒车级以全功率连续运行的时间,或者采用特殊的降温措施保证主汽轮机的安全运行。

②斥汽损失 Δh_d。如图 7-17(b)所示,当动叶栅处于喷嘴非工作弧段时,汽道内充满轮室中原来停滞的蒸汽。当这部分汽道随叶轮转到喷嘴的工作弧段时,从喷嘴流出的高速汽流排斥并加速停滞在动叶栅汽道中的滞汽,导致工作蒸汽的动能损失掉一部分。此外,由于转轮高速旋转的作用,在喷嘴组出口端与转轮的间隙 A 中发生漏汽,而在喷嘴组进入端的间隙 B 中,则将一部分停滞蒸汽吸入动叶栅汽道,也造成了能量损失。

(3)湿汽损失 Δh_m

湿气损失是在湿蒸汽区工作的汽轮机特有的损失,它产生在凝汽式多级汽轮机的最后几级和用干饱和蒸汽工作的辅汽轮机内。

图 7-18 为湿损失示意图。级前、喷嘴(或静叶栅)后和级后的蒸汽压力和干度分别为 p_0 和 x_0,p_1 和 x_1,p_2 和 x_2。当 1 kg 蒸汽进入级内时,只有 x_0 kg 蒸汽在喷嘴(或静叶栅)中膨胀加速,而 $(1-x_0)$ kg 的水分是不会膨胀加速的。当湿蒸汽在喷嘴(或静叶栅)中膨胀加速时,还有一部分蒸汽凝结成水滴,其值为 (x_0-x_1) kg。在反动式的动叶栅中,蒸汽膨胀加速又会分离出 (x_1-x_2) kg 水滴。这样,在动叶栅上实际做功的蒸汽量就减少了。同时,这些水滴的

速度比蒸汽的速度低得多,水滴被高速蒸汽带动加速,将消耗一部分蒸汽的动能。同时,二者速度不等还会使汽流产生涡旋运动,又使做功的动能减少。

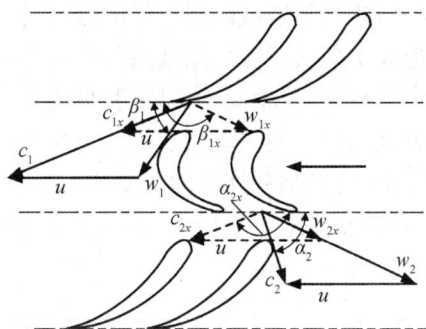

图 7-18 湿汽损失示意图

当湿蒸汽在喷嘴中膨胀时,由于气态变化非常快,使部分蒸汽来不及凝结成水,汽化潜热没有释放出来,形成过饱和蒸汽或称过冷蒸汽,致使蒸汽的等熵焓降减小,造成过冷损失。

水滴速度 c_{1x} 小于蒸汽绝对速度 c_1 ,一般 $c_{1x} = (0.1 \sim 0.13)c_1$,如图 7-18 所示。因此,蒸汽和水滴进入动叶栅时的相对速度的大小和方向都不相同,即 $\beta_{1x} > \beta_1$, $w_{1x} < w_1$ 。于是,水滴进入动叶栅时就会撞击动叶进口边的背弧面,对动叶起制动作用,即阻止转轮旋转。同样,由于 $w_{2x} < w_2$, $\alpha_{2x} > \alpha_2$,水滴将撞击下一级喷嘴,这些都会造成能量损失。

上述这些损失统称为湿气损失,常用经验公式计算:

$$\Delta h_m = (1 - x_m)\eta_u \Delta h_a^* \tag{7-88}$$

式中: x_m ——级前和级后蒸汽干度的平均值, $x_m = \dfrac{x_0 + x_2}{2}$ 。

实践得知,当级内蒸汽湿度超过 10% 时,级效率显著减低。因此,设计汽轮机时应限制末级内蒸汽的终湿度不超过 $10\% \sim 14\%$ 。为了减少湿气损失,要尽可能除去级内湿蒸汽中的水滴,提高蒸汽的干度。采用饱和蒸汽工作的辅汽轮机,机前装有汽水分离器。在凝汽式多级汽轮机的后几级,可采用机内去湿装置。有的汽轮机采用中间再热循环方式提高低压缸的排汽干度。

湿蒸汽中的水滴撞击动叶,使动叶进口部分背弧面的金属表面产生疲劳性剥蚀损坏,称为水滴对动叶的侵蚀。由于水滴密度比蒸汽大得多,在离心力作用下,水滴被抛向动叶栅的顶部。同时,动叶顶部轮周速度较大,所以动叶顶部进口部分背弧面侵蚀现象最严重。当侵蚀程度较轻时,动叶表面会失去光泽变得粗糙,而当侵蚀严重时,动叶表面则会出现密集的小坑点,甚至会产生材料剥蚀。为了提高动叶表面的抗侵蚀能力,目前常用的办法是将司太立合金焊在动叶顶部进口部分的背弧面上。为了保证动叶自由膨胀,及减少动叶振动时焊缝中的剪切应力,合金薄片是由若干块组成的,如图 7-19 所示。此外,有的汽轮机对动叶顶易受水滴侵蚀的部分进行淬硬处理,以提高该区域的硬度。

以上介绍的喷嘴损失 Δh_n 、动叶栅损失 Δh_b 、余速损失 Δh_c 、撞击损失 $\Delta h'_c$ 、部分进汽损失 Δh_p 和湿气损失 Δh_m ,都是蒸汽流过级的通流部分,将蒸汽的热能转变成动叶运动轮周功的过程中产生的能量损失,统称为流动损失。

(4)转轮摩擦损失 Δh_f 。

它是动叶上的轮周功传递给机轴的过程中所产生的能量损失。对于纯冲动级或冲动级,当转轮在轮室中转动时,带动两侧及外缘的蒸汽质点运动。紧贴转轮两侧面和外缘表面上蒸汽质点的圆周速度与转轮表面上相应部分的圆周速度大致相等,而靠近气缸内壁或隔板表面处蒸汽质点却是静止的。这样,转轮与气缸或隔板之间的蒸汽具有不同的圆周速度,如图7-20所示。由于蒸汽具有黏性,故形成了蒸汽质点之间及其与转轮之间的摩擦。显然,克服这种摩擦和带动气室内蒸汽运动需要消耗一部分轮周功。同时,转轮与气缸或隔板间隙中的蒸汽旋转速度也各不相同,转轮表面处蒸汽质点的离心力远大于气缸内壁或隔板表面处蒸汽质点的离心力,前者沿半径方向向外抛出,后者则从外缘向机轴中心方向做补偿流动,于是在转轮两侧形成涡旋区。这种涡旋运动除使摩擦阻力增加外,本身也要消耗一部分轮周功。上述两种能量损失统称为转轮的摩擦损失。

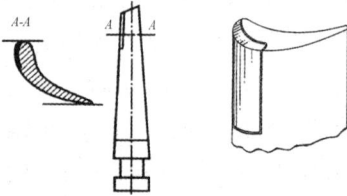

图 7-19　焊有硬质合金的动叶

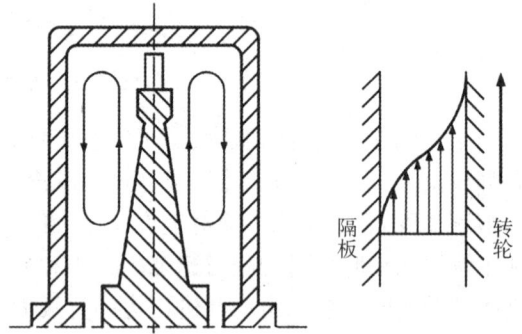

图 7-20　转轮摩擦损失示意图

反动式汽轮机采用转鼓型转子,只有转鼓的两个端面与周围滞汽间产生摩擦阻力,故转鼓的摩擦损失远小于纯冲动式和冲动式汽轮机。转鼓摩擦损失平均分配到每个反动级时,小至可以忽略不计。

(5)内部漏汽损失 Δh_1。

当冲动式汽轮机运行时,各级隔板前后有较大的压力差,而隔板与机轴之间有一定的间隙 δ_r,使一部分蒸汽 G_{1L} 通过隔板汽封漏入转轮与隔板间的汽室中,如图7-21所示。G_{1L} 这部分蒸汽没有经过喷嘴汽道,所以得不到应有的动能。同时,当转轮上开有平衡孔和动叶根部反动度为3%~5%时,动叶根部不发生漏汽或者吸汽,G_{1L} 通过平衡孔后与动叶栅后主流蒸汽 G_2 汇合。当动叶根部反动度为负值时,则 G_{1L} 一部分或全部通过喷嘴与动叶根部之间的轴向间隙流入动叶栅汽道,扰乱主流蒸汽 G_2,造成吸汽损失。当负反动度较大时,G_{1L} 和级后部分蒸汽经平衡孔倒流至动叶栅前而被吸入动叶栅汽道,产生严重的吸汽损失。当动叶根部反动度较大时,喷嘴流出蒸汽 G_1 的一部分从喷嘴与动叶根部的轴向间隙中漏出,并与 G_{1L} 汇集在一起,通过平衡孔漏到级后,产生漏汽损失。如果转轮上不开平衡孔以及动叶根部具有一定的反动度,G_{1L} 同样会被吸入动叶栅汽道,产生吸汽损失。

在冲动级内,动叶栅前后存在压差,而动叶顶部压差最大,动叶栅与喷嘴和气缸内壁间有轴向间隙 δ_a 和径向间隙 δ_r,必然产生 G_{2L} 的蒸汽泄漏,如图7-21所示。G_{2L} 不经过动叶栅汽道而漏到级后,不参加做功。只有蒸汽流量 G_2 在动叶栅汽道内产生机械功。

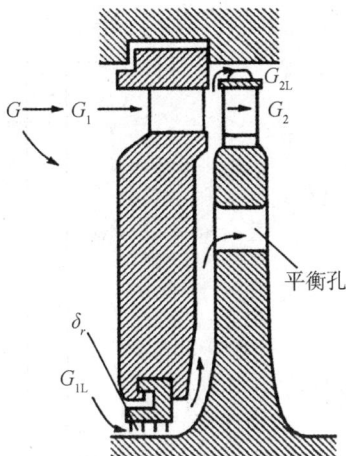

图 7-21 冲动式汽轮机内部泄漏损失示意图

上述这些能量损失都称为级的内部漏汽损失,用 Δh_1 表示。为了减少 G_{2L},新式汽轮机在动叶根部和顶部围带上车出汽封尖环,以减小轴向间隙和径向间隙,从而减少漏汽量,同时又可保证汽轮机安全运行。对于反动式汽轮机,静叶栅与转鼓表面之间以及动叶栅与气缸内壁之间都有径向间隙,这些间隙也会产生蒸汽泄漏。

7.3.3 汽轮机级的内效率和内功率

1. 级的内功 e_i

在汽轮机级内的能量转换和传递过程中,由于存在上述各项内部损失,使 1 kg 蒸汽的能量在机轴上产生的内功 e_i 为

$$
\begin{aligned}
e_i &= e_u - \Delta h'_c - \Delta h_w - \Delta h_d - \Delta h_m - \Delta h_f - \Delta h_1 \\
&= e_a - \Delta h_n - \Delta h_b - \Delta h_c - \Delta h'_c - \Delta h_w - \Delta h_d - \Delta h_m - \Delta h_f - \Delta h_1 \\
&= e_a - \Sigma \Delta h_s
\end{aligned}
\tag{7-88}
$$

式中:$\Sigma \Delta h_s = \Delta h_n + \Delta h_b + \Delta h_c + \Delta h'_c + \Delta h_w + \Delta h_d + \Delta h_m + \Delta h_f + \Delta h_1$ ——汽轮机级内的全部内损失。

需要指出的是,对于某一具体的汽轮机级来说,并非以上九种内部损失全都存在,有的可以不予考虑。例如,反动级是全圆周进汽的,故 $\Delta h_w = 0$,$\Delta h_d = 0$,Δh_f 很小可忽略不计。此外,在过热蒸汽区工作的汽轮机级,$\Delta h_m = 0$。一般采用变工况性能良好的叶型,$\Delta h'_c = 0$。

汽轮机级的内功在 h-s 图上表示,如图 7-22 所示。级的内功 e_i 与 h-s 图上级的内焓降 Δh_i 是一致的,即

$$
\Delta h_i = \Delta h_a^* - \Sigma \Delta h_s
\tag{7-89}
$$

在图 7-22 中,2 点是考虑了所有内部损失后,蒸汽在动叶栅后的实际状态点。折线 0—1—2 和 0—1—2′—2 分别是蒸汽实际流过纯冲动级和反动级时的近似工作过程线。

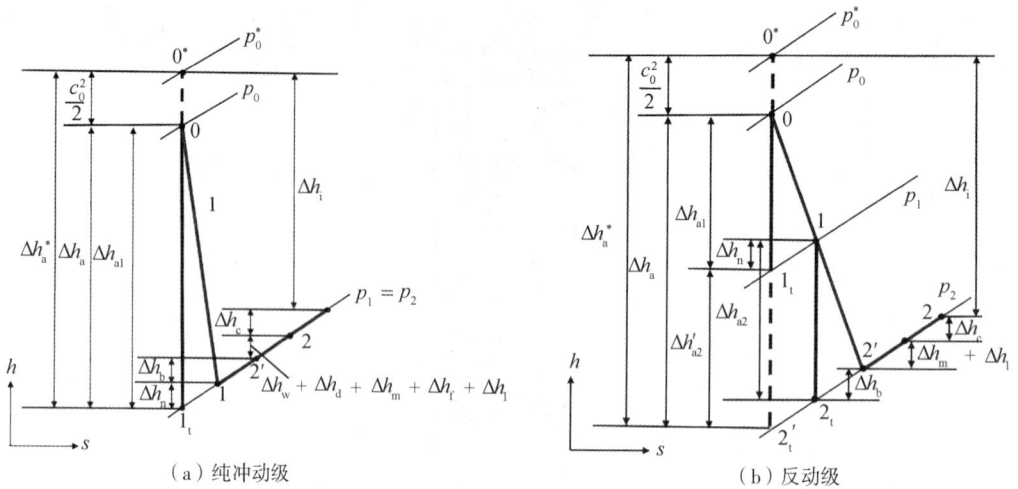

（a）纯冲动级　　　　　　　　（b）反动级

图 7-22　蒸汽在汽轮机级内的工作过程

2.级的内效率 η_i

1 kg 蒸汽所做的内功 e_i 与理论功 e_a 的比值,称为级的内效率,用 η_i 表示,即

$$\eta_i = \frac{e_i}{e_a} = \frac{\Delta h_i}{\Delta h_a^*} = \frac{\Delta h_a^* - \Sigma \Delta h_s}{\Delta h_a^*} \tag{7-90}$$

纯冲动级的内效率 η_{iA} 随速度比 u/c_1 变化的曲线如图 7-23 所示。为方便比较,图 7-23 中同时给出了 $\eta_{uA} - u/c_1$ 关系曲线。在同一速度比 u/c_1 下,两条效率曲线之间的差值就是 $(\Delta h_c' + \Delta h_w + \Delta h_d + \Delta h_m + \Delta h_f + \Delta h_l) / \Delta h_a^*$。从图 7-23 中可以看出,两种效率的差值随 u/c_1 的增大而增大,这主要是由转轮摩擦损失 Δh_f 和鼓风损失 Δh_w 的影响所致。这样,η_{uAmax} 所对应的最佳速度比要比 η_{iAmax} 所对应的最佳速度比大,二者分别为 0.48 和 0.44。

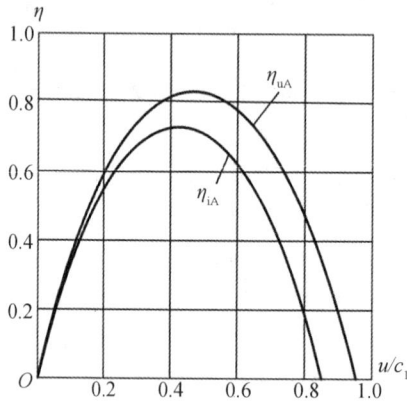

图 7-23　纯冲动级的 η_{iA}-u/c_1 关系曲线

3.级的内功率 N_i

汽轮机轴上发出的功率称为级的内功率,用 N_i 表示,其值为

$$N_i = G \Delta h_i = G \Delta h_a^* \eta_i \tag{7-91}$$

7.4 复速级

7.4.1 复速级的速度三角形

如本章第二节所述,汽轮机在最佳速度比 $(u/c_1)_{opt}$ 下工作时,才具有较高的效率。纯冲动级的最佳速度比 $(u/c_1)_{optA} = 0.46 \sim 0.49$,而动叶的轮周速度 u 受到材料强度的限制,一般不超过 300 m/s。因此,为使纯冲动级安全又经济地运行,只能转换较小的蒸汽等熵焓降为机械功,否则就会产生安全性与经济性之间的矛盾。当级的等熵焓降 Δh_a 较大时,为保证安全运行使 $u < 300$ m/s,而 $u/c_1 \ll (u/c_1)_{optA}$,导致其效率很低;反之,为满足经济性使 $u/c_1 = (u/c_1)_{optA}$,使得 $u > 300$ m/s,会导致汽轮机运行不安全。由于在 $u/c_1 \neq (u/c_1)_{optA}$ 时,轮周效率下降的主要原因是余速损失剧烈增加。因此,如果能将离开动叶栅的蒸汽余速 c_2 在另一列动叶栅中继续做功,就可提高级效率,解决纯冲动级转换大的等熵焓降时安全性与经济性之间的矛盾。于是,出现了复速级,常见的是双列复速级,或称二列速度级。本书中出现的复速级都是指双列复速级。

如图 7-24 所示,有两个进、出口速度三角形,分别表示两列动叶栅的汽流绝对速度 c,相对速度 w 和轮周速度 u 相互间的关系。图中各符号右下角再加注 1 和 2,分别表示第一列动叶栅和第二列动叶栅。为了使问题简化,假定第一列和第二列动叶栅的进、出口平均直径都相同。

在复速级内,蒸汽流出喷嘴、第一列动叶栅、导向叶栅和第二列动叶栅的实际速度 c_{11}、w_{21}、c_{12} 和 w_{22} 都可以根据能量守恒定律求得:

$$c_{11} = \varphi \sqrt{2\,\Delta h_{a1} + c_0^2} \tag{7-92}$$

$$w_{21} = \psi_1 \sqrt{2\,\Omega_1\,\Delta h_a + w_{11}^2} \tag{7-93}$$

$$c_{12} = \varphi_g \sqrt{2\,\Omega_g \Delta h_a + c_{21}^2} \tag{7-94}$$

$$w_{22} = \psi_2 \sqrt{2\,\Omega_2\,\Delta h_a + w_{12}^2} \tag{7-95}$$

式中:φ、ψ_1、φ_g 和 ψ_2 ——喷嘴、第一列动叶栅、导向叶栅和第二列动叶栅的速度系数,其值可从叶型手册查得;

Ω_1、Ω_g 和 Ω_2 ——第一列动叶栅、导向叶栅和第二列动叶栅的反动度,三者之和为级的反动度;

Δh_a 和 Δh_{a1} ——蒸汽在复速级内和喷嘴中的等熵焓降,J/kg。

上述各列叶栅的汽流出口角 α_{11}、β_{21}、α_{12} 和 β_{22},它们取决于喷嘴、第一列动叶、导向叶片和第二列动叶的叶型、安装角和节距,其值可从叶型手册查得。

根据两个进、出口速度三角形,可求得第一、二列动叶栅的汽流进口角 β_{11} 和 β_{12},以及导向叶栅的汽流进口角 α_{21}。为了减少和避免撞击损失,应该采用叶型进口角与上述这些汽流进口角相等,或进口部分做成流线型的动叶和导向叶片。

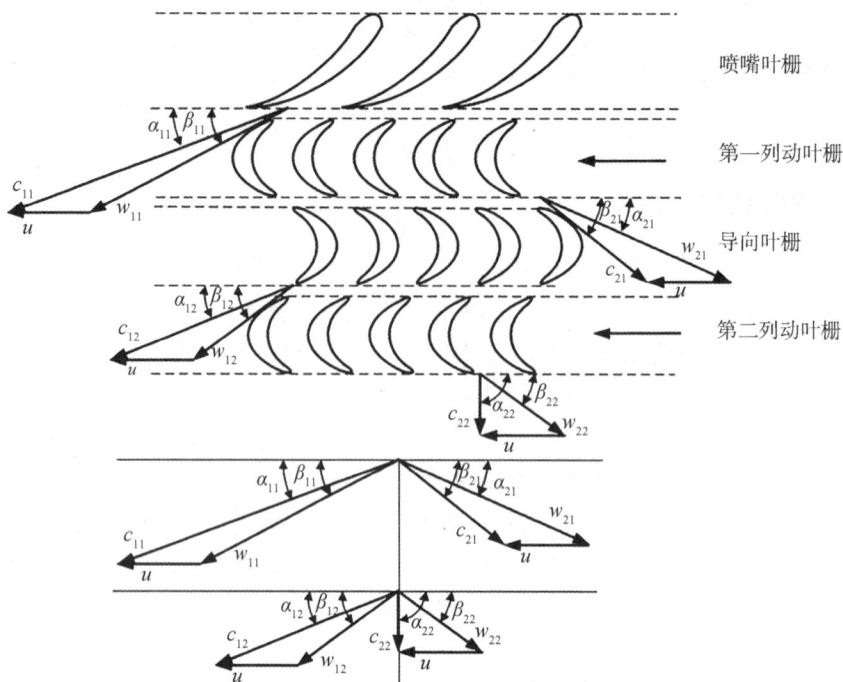

图 7-24 复速级内蒸汽流动示意图和速度三角形

图 7-24 所示的两个进、出口速度三角形,是根据复速级反动度 $\Omega = 0$ 时画出的。这时,在第一、二列动叶栅和导向叶栅中的等熵焓降为零,其速度关系为 $w_{21} = \psi_1 w_{11}$, $c_{12} = \varphi_g c_{21}$, $w_{22} = \psi_2 w_{12}$ 。如图所示, $(c_{11u} + c_{21u}) \gg (c_{12u} + c_{22u})$,从式(7-56)可知,蒸汽在第一列动叶栅上做出的轮周功(约为总轮周功的 75% ~ 80%)比第二列动叶栅上(约为总轮周功的 20% ~ 25%)大得多。级的轮周功在两列动叶栅上分配很不均匀,汽轮机运行时两列动叶栅上承受的动负载也很不均匀,这在动叶振动时会产生很不利的影响。

为了改善蒸汽在两列动叶栅和导向叶栅中的流动情况,以及适当改变蒸汽在两列动叶栅上分配很不均匀的情况,复速级经常采用不大的反动度($\Omega \not> 15\%$)。从图 7-24 也可以看出,适当增大 α_{11} 角及适当减小 α_{12} 角,可使第一列动叶栅上做出的轮周功减小,并使第二列动叶栅上做出的轮周功增加,以使两列动叶栅功率分配得到改善。在有些船舶汽轮机中,采用 $\alpha_{11} = 26° \sim 27°$ 和 $\alpha_{12} = 18° \sim 20°$ 的配套叶型组,获得很好的效果。

7.4.2 复速级的工作过程

图 7-25 和 7-26 分别是具有反动度的复速级和纯冲动式复速级的工作过程在 h-s 图上的表示。

如图 7-25 所示,复速级的反动度 $\Omega = \Omega_1 + \Omega_g + \Omega_2$,其喷嘴、第一列动叶栅、导向叶栅和第二列动叶栅的等熵焓降分别为 $\Delta h_{a1} = (1 - \Omega) \Delta h_a$, $\Delta h_{a21} = \Omega_1 \Delta h_a$, $\Delta h_{ag} = \Omega_g \Delta h_a$ 和 $\Delta h_{a22} = \Omega_2 \Delta h_a$ 。

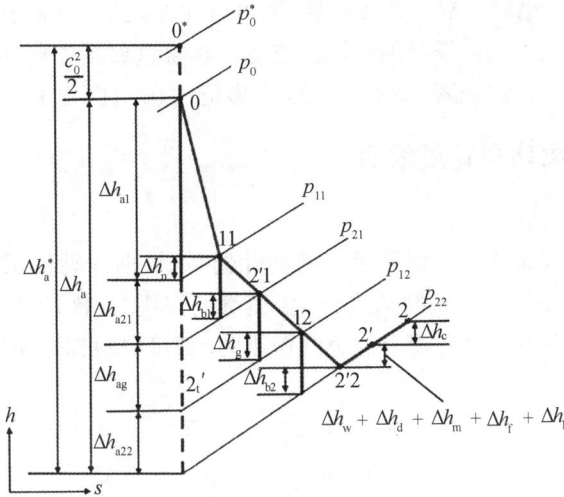

图 7-25 具有反动度的复速级工作过程

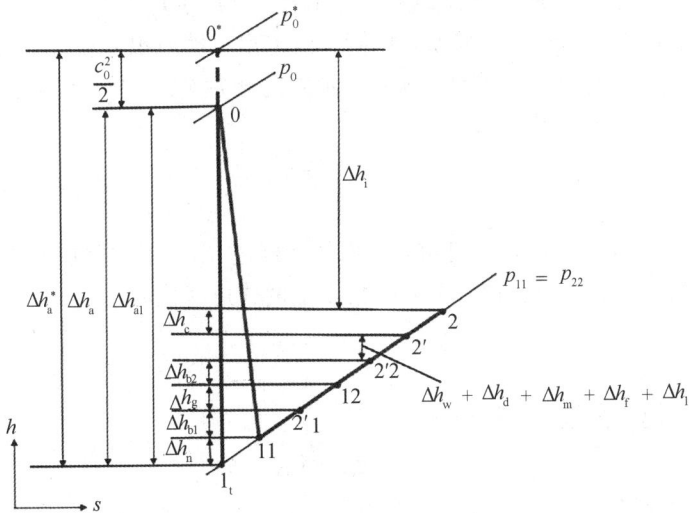

图 7-26 纯冲动式复速级工作过程

由于有反动度,当蒸汽流过第一、二列动叶栅和导向叶栅时,都继续膨胀加速,蒸汽压力都有所降低。如图 7-25 所示,p_{11} 和 p_{21} 分别是第一列动叶栅前、后的压力,p_{21} 和 p_{12} 分别是导向叶栅前、后的压力,p_{12} 和 p_{22} 分别是第二列动叶栅前、后的压力。但是,当复速级的反动度 $\Omega = 0$ 时,即 $\Omega_1 = \Omega_g = \Omega_2 = 0$,则 $p_{11} = p_{12} = p_{22}$,如图 7-26 所示。

如图 7-25 和 7-26 所示,在复速级内,蒸汽流过喷嘴和其后各列叶栅时都有能量损失,分别称为喷嘴损失 Δh_n、第一列动叶栅损失 Δh_{b1}、导向叶栅损失 Δh_g 和第二列动叶栅损失 Δh_{b2}。

蒸汽流出喷嘴、第一列动叶栅、导向叶栅和第二列动叶栅的理想速度分别为 c_{11t}、w_{21t}、c_{12t} 和 w_{22t},它们与实际出口速度的关系可以由速度系数反映出来,即 $c_{11} = \varphi c_{11t}$,$w_{21} = \psi_1 w_{21t}$,$c_{12} = \varphi_g c_{12t}$ 和 $w_{22} = \psi_2 w_{22t}$。当蒸汽以绝对速度 c_{22} 流出第二列动叶栅时,其具有的动能构成复速级的余速损失,即

$$\Delta h_c = \frac{c_{22}^2}{2} \text{ J/kg} \tag{7-96}$$

计算出 Δh_n、Δh_{b1}、Δh_g、Δh_{b2} 和 Δh_c 后,就可以在 h-s 图上确定出蒸汽流出喷嘴、第一列动叶栅、导向叶栅和第二列动叶栅时的实际状态点。连接这些状态点,可以得出蒸汽实际流过复速级时的近似工作过程线,如图 7-25 和 7-26 中多折线 0—11—2′1—12—2′2—2′—2 所示。

7.4.3 复速级的轮周功和轮周效率

1.复速级的轮周功 e_u

在复速级内,当蒸汽流过第一列和第二列动叶栅时,根据冲动作用原理(对纯冲动式)或同时根据冲动和反动作用原理(对冲动式)产生蒸汽的作用力,推动两列动叶栅运动,产生机械功。与单列级类似,在两列动叶栅上的蒸汽作用力,都可以根据动量定理来计算,其表达式如下:

$$F_{u1} = G(c_{11u} \pm c_{21u}) \tag{7-97}$$

$$F_{a1} = G(c_{11a} - c_{21a}) + (p_{11} - p_{21})A_{21} \tag{7-98}$$

$$F_{u2} = G(c_{12u} \pm c_{22u}) \tag{7-99}$$

$$F_{a2} = G(c_{12a} - c_{22a}) + (p_{12} - p_{22})A_{22} \tag{7-100}$$

式中:A_{21} 和 A_{22}——第一列和第二列动叶栅所有汽道出口端面积之和。

当求得蒸汽在第一列和第二列动叶栅上的轮周向分力 F_{u1} 和 F_{u2} 之后,就可以写出 1 kg 蒸汽在二列动叶栅上做出的轮周功,即

$$e_{u1} = u_{11}c_{11u} \pm u_{21}c_{21u} \tag{7-101}$$

$$e_{u2} = u_{12}c_{12u} \pm u_{22}c_{22u} \tag{7-102}$$

式中:u_{11}、u_{21} 和 u_{12}、u_{22}——第一列和第二列动叶栅进、出口平均直径处动叶的轮周速度。

当两列动叶栅进、出口平均直径都相同时,则上两式可简化为

$$e_{u1} = u(c_{11u} \pm c_{21u}) \tag{7-103}$$

$$e_{u2} = u(c_{12u} \pm c_{22u}) \tag{7-104}$$

1 kg 蒸汽在复速级内做出的轮周功为

$$e_u = e_{u1} + e_{u2} \tag{7-105}$$

2.复速级的轮周效率 η_{uV}

在理想情况下,1 kg 蒸汽流过复速级能做出理论功 e_a,其值等于级内蒸汽的滞止等熵焓降 Δh_a^*。轮周功 e_u 与理论功 e_a 的比值即为复速级的轮周效率,用 η_{uV} 表示(在 η_u 右下角再加注 V,表示复速级)。

$$\eta_{uV} = \frac{e_u}{e_a} \tag{7-106}$$

下面直接给出纯冲动式复速级轮周效率公式,推导过程从略。

$$\eta_{uV} = 8\varphi^2 \frac{u}{c_{11}}\left(\cos\alpha_{11} - 2\frac{u}{c_{11}}\right) \tag{7-107}$$

将式(7-107)对 u/c_{11} 求导,并令一阶导数为零,就可求得纯冲动式复速级的最佳速度比 $(u/c_{11})_{optV}$ 的值为

$$(u/c_{11})_{optV} = \frac{\cos\alpha_{11}}{4} \tag{7-108}$$

将式(7-108)代入(7-107)中,求得纯冲动式复速级的最高轮周效率 η_{uVmax} 为

$$\eta_{uVmax} = \varphi^2 \cos^2 \alpha_{11} \tag{7-109}$$

根据对速度复速级速度三角形分析可知,在最佳速度比时,其 $c_{11}\cos\alpha_{11} = 4u$,从第二列动叶栅流出汽流的绝对速度 c_{22} 达到最小值,方向角 $\alpha_{22} = 90°$,即轴向排汽,故余速损失最小,轮周效率达到最大值。

纯冲动式复速级 $\eta_{uV} - u/c_{11}$ 关系曲线如图 7-27 所示,为方便比较,同时画出纯冲动级和反动级轮周效率 η_{uA} 和 η_{uR} 随速度比 u/c_1 变化曲线。通过比较,可以看出:

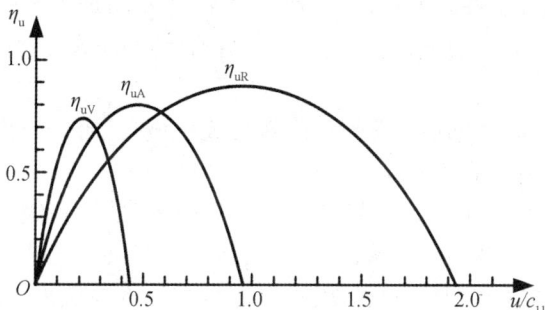

图 7-27 纯冲动式复速级的轮周效率 η_{uV} 与速度比 u/c_{11} 的关系

(1) $\eta_{uVmax} < \eta_{uAmax} < \eta_{uRmax}$,即复速级最大轮周效率最小。原因之一是增加了导向叶栅和第二列动叶栅,使通流部分中的流动损失增加。目前, $\eta_{uVmax} \not> 75\%$,当 u/c_{11} 偏离 $(u/c_{11})_{optV}$ 越远时,余速损失增加得越多, η_{uV} 也就下降得越多。

(2) $(u/c_{11})_{optV} < (u/c_1)_{optA} < (u/c_1)_{optR}$,相应的效率曲线跨度也按相同规律变化。

(3)当 $u/c_1 \neq (u/c_1)_{opt}$ 时,复速级轮周效率下降程度最大,纯冲动级次之,反动级最小。

在复速级内采用少量的反动度可提高其轮周效率。与此同时,最佳速度比 $(u/c_{11})_{optV}$ 和最大轮周效率 η_{uVmax} 也随着级内采用反动度的增大而增加,轮周效率曲线跨度也相应增大。因此,当 $u/c_1 \neq (u/c_1)_{opt}$ 时, η_{uV} 下降的程度也较小。采用反动度后,还可使复速级各列叶栅高度变化平顺。同时,汽流在动叶栅和导向叶栅中均有一定程度的膨胀,改善了通流部分中汽流流动状况,提高了级的轮周效率。同时,还可使级的轮周功在两列动叶栅中分配较均匀。但是,复速级的反动度不宜过大,一般不超过 15%。否则,将使动叶栅和导向叶栅顶端径向间隙漏汽量增多,还会使动叶和转轮上的轴向推力增大。

根据能量守恒定律,也可以确定复速级的轮周效率 η_{uV} 。1 kg 蒸汽在复速级内的轮周焓降 Δh_{uV} 为

$$\Delta h_{uV} = \Delta h_a^* - \Delta h_n - \Delta h_{b1} - \Delta h_g - \Delta h_{b2} - \Delta h_c \tag{7-110}$$

Δh_{uV} 与 Δh_a^* 的比值即为复速级的轮周效率 η_{uV} ,即

$$\eta_{uV} = \frac{\Delta h_{uV}}{\Delta h_a^*} = \frac{\Delta h_a^* - \Delta h_n - \Delta h_{b1} - \Delta h_g - \Delta h_{b2} - \Delta h_c}{\Delta h_a^*} \tag{7-111}$$

对于复速级,在蒸汽的热能转变为两列动叶上的轮周功以及将轮周功传递给机轴的过程中,同样会产生如同本章第三节介绍的各种内部损失。这些内部损失产生的原因、影响因素及减少措施,与前述内容相同或类似,其内焓降、内效率和内功率的计算方法也与单列级类似,这里不再赘述。

7.4.4 复速级的特点和应用

复速级的主要特点是能够安全而又比较经济地将较大的蒸汽等熵熔降转变成机械功。纯冲动级或冲动级的等熵熔降一般为 $\Delta h_a = 60 \sim 80$ kJ/kg，而复速级为 $\Delta h_a = 200 \sim 280$ kJ/kg。

如前文所述，由于汽轮机动叶的轮周速度 $u \not> 300$ m/s，在一个级内将更多的蒸汽等熵熔降转变成机械功时，其 u/c_1 值很小。这时，如采用复速级，可使 u/c_{11} 接近最佳速度比 $(u/c_{11})_{optV}$，保证一定的经济性。但是，同单列级相比，由于增加了一列导向叶栅和一列动叶栅，通流部分流动损失增加，致使 $\eta_{uVmax} < \eta_{uAmax}$。目前，纯冲动式复速级的轮周效率最高不超过 75%。

复速级主要适用于将很大的蒸汽等熵熔降转变成机械功，而对经济性的要求处于次要地位的场合。在船舶汽轮机中，它主要应用于如下三个方面：

（1）作为多级汽轮机的调节级。调节级就是多级汽轮机的第一级。一般通过改变进入第一级的蒸汽流量和参数来调节多级汽轮机的功率，故第一级又称调节级。采用复速级作为调节级，可以将很大的等熵熔降转变为机械功，可以减少多级汽轮机需要的总级数。另外，使第一级后蒸汽压力、温度降低，可以降低对第一级后各级材料的要求和减轻气缸的重量。此外，由于第一级后蒸汽压力降低、比容增大，第一级后各级喷嘴和动叶的高度增加，并可减少气缸进汽端向外泄漏的蒸汽，提高汽轮机效率。最后这两个优点在中、小功率汽轮机内尤为显著，可以弥补复速级轮周效率较低的缺陷。因此，船舶主汽轮机和大功率的多级辅汽轮机，常以复速级作为调节级。

（2）用于倒车级组。倒车级组在船舶机动操纵时投入使用，对其主要要求是工作安全可靠，能够迅速发出全部倒车功率，结构简单、紧凑和重量轻，对工作经济性要求不高。因此，船舶主汽轮机的倒车级组常由一个复速级，或一个复速级加一个冲动级，或两个复速级组成。

（3）带动各种功率较大的辅机。与纯冲动级相比，复速级能够在较高效率下（有效效率 55%~65%）带动功率较大的辅机（100~1 000 kW 以下的发电机、货油泵、给水泵等）。这种功率较大的辅汽轮机常由一个复速级，或一个复速级加 1~2 个冲动级，或两个复速级组成。某些船舶辅汽轮机还采用三列复速级，用来带动循环水泵、消防泵等。

7.5 多级汽轮机

7.5.1 分段膨胀做功

为提高船舶汽轮机的单机功率和工作效率，往往都采用相当高的蒸汽参数，这样，蒸汽在汽轮机内的总等熵熔降就很大，可达 1 200 kJ/kg。单级纯冲动式汽轮机由于轮周速度的限制，无法在高效率下将这么大的等熵熔降转变成机械功。而一个做功能力较大的双列复速级所能利用的等熵熔降和压力比 p_0/p_2 一般也只能分别达到 250~340 kJ/kg 和 5 左右。在这种压力比之下，汽轮机的热效率只能达到 9% 这样低的数值。不仅远低于柴油机，甚至低于蒸汽机。实际上，任何形式的单级汽轮机都不能有效地利用这么大的熔降，于是就提出了蒸汽在多级汽轮机内分段膨胀做功的理论。

分段膨胀做功是将蒸汽的热能分成几个阶段转变成动能,再转变成机械功。这样每一段蒸汽等熵焓降在一个级内转变成机械功,则蒸汽流出级的喷嘴(或静叶栅)时的绝对速度 c_1 小,同时轮周速度 u 值在材料强度允许范围内(一般 $u \not> 300$ m/s),使其速度比 u/c_1 接近或等于最佳速度比 $(u/c_1)_{opt}$,汽轮机级具有较高的效率。于是,汽轮机就可以安全又经济地将很大的等熵焓降转变成机械功。船舶主汽轮机和大功率辅汽轮机都采用多级汽轮机,前者由 $10 \sim 30$ 个汽轮机级所组成,后者的级数则少得多。

需要指出的是多级汽轮机的基本结构单元和基本工作单元是汽轮机级,但并不是简单地等于各个级的组合,各个级相互间存在影响,这主要反映在多级汽轮机级内重热热量的利用和余速动能的利用上。

7.5.2 重热热量的利用

蒸汽在汽轮机内的工作过程实际上是一个有损失的熵增过程。在多级汽轮内所有各级中产生的内部损失,最终都会转变成相应的热能,被蒸汽本身所吸收。这样就使后续级内蒸汽的比焓和比熵都增加,从而使蒸汽在后续级内的实际等熵焓降有所增加。也就是说,多级汽轮机中某级内部损失的能量转变成热量后,在后续各级中还能部分地得到利用,这就是多级汽轮机的重热现象。

为了方便解释,假设多级汽轮机是由三个纯冲动级组成,蒸汽初速度 $c_0 = 0$。蒸汽在多级汽轮机内的工作过程如图 7-28 所示。p_0 和 t_0 分别表示蒸汽流进多级汽轮机时的初压和初温,p_{0II} 和 p_{0III} 分别表示蒸汽进入第二级和第三级时的初压,p_{2z} 表示多级汽轮机的背压。如果蒸汽在级内流动过程中无损失,则各级的等熵焓降分别为 Δh_{aI}、$\Delta h'_{aII}$ 和 $\Delta h'_{aIII}$,汽轮机的总等熵焓降 $\Delta H_a = \Delta h_{aI} + \Delta h'_{aII} + \Delta h'_{aIII}$ kJ/kg。蒸汽在多级汽轮机内的理想流动过程线和实际工作过程线分别为直线 0—2_{tIII} 和多折线 0—1_I—2_I—1_{II}—2_{II}—1_{III}—2_{III}。

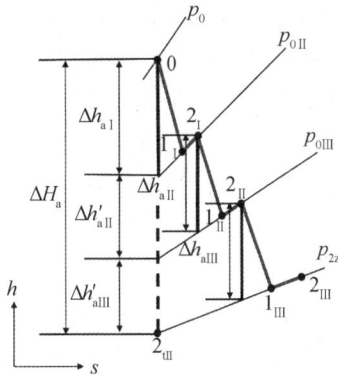

图 7-28 蒸汽在多级汽轮机内的工作过程

如前文所述,在多级汽轮内所有各级中产生的内部损失(除末级余速损失外),最终都会转变成相应的热能,被蒸汽本身所吸收,结果使后续级内蒸汽的比焓和比熵都增加。另外,由于 h-s 图上两条等压线之间的垂直距离(即等熵焓降)随比熵的增加而增加,而且在过热区的增加程度比饱和区大。因而使蒸汽在后续级内的实际等熵焓降略有增加,即

$$\Delta h_{aII} > \Delta h'_{aII}$$
$$\Delta h_{aIII} > \Delta h'_{aIII}$$

因此,蒸汽在多级汽轮机各级内的等熵焓降 $\Delta h_{aⅠ}$、$\Delta h_{aⅡ}$ 和 $\Delta h_{aⅢ}$ 之和 $\Sigma \Delta h_a$ 比蒸汽从初压 p_0 和温度 t_0 等熵膨胀至 p_{2z} 时的总等熵焓降 ΔH_a 要大。这部分增加的热量,即为重热热量,用 δH_a 表示,即

$$\Sigma \Delta h_a = \Delta h_{aⅠ} + \Delta h_{aⅡ} + \Delta h_{aⅢ} = \Delta H_a + \delta H_a > \Delta H_a \qquad (7\text{-}112)$$

重热热量 δH_a 与总等熵焓降 ΔH_a 之比,称为重热热量系数,用 α 表示,即

$$\alpha = \frac{\delta H_a}{\Delta H_a} \qquad (7\text{-}113)$$

蒸汽在多级汽轮机各级内的等熵焓降之和 $\Sigma \Delta h_a$ 与总等熵焓降 ΔH_a 之比,称为重热系数,用 R 表示,即

$$R = \frac{\Sigma \Delta h_a}{\Delta H_a} = 1 + \alpha \qquad (7\text{-}114)$$

船舶多级汽轮机的重热系数 R 一般在 1.02~1.08。

多级汽轮机由于利用重热热量,使其内效率 η_{iT} 比各级内效率的平均值 η_i 要高。这主要是前面级的能量损失被后面级部分地加以利用所致。但是,重热热量只是各级汽轮机级内部损失能量中被利用的一部分。另外,损失的能量转变成热能的过程是一个不可逆的熵增过程,使蒸汽的做功能力随之减小。所以,如果多级汽轮机内各级的内效率低,使被利用的重热热量多,R 值增大,但这是损失增大所致,重热只能回收总损失的一部分,并不能补偿损失的全部,整个汽轮机的内效率就相对较低。因此,应该尽可能提高多级汽轮机内各级的内效率,才能真正提高整个汽轮机的内效率。

7.5.3 余速动能的利用

在汽轮机级的内部损失中,余速损失是一项比较大的动能损失。单级汽轮机无法将余速的能量以动能的形式加以利用。但是,在多级汽轮机内,只要将本级的喷嘴(或静叶栅)紧接安装在上一级的动叶栅后,并在两者间留出安全工作的轴向间隙,再选用进口部分做成流线型的喷嘴(或静叶)叶型,使从上级流出的蒸汽无撞击地流进本级喷嘴(或静叶栅),则上级汽流的余速能量就能保持以动能的形式在本级内加以利用,直接转变成机械能。

在一般情况下,多级汽轮机内大部分级能够部分地利用上级的余速动能,而本级的余速动能又能被相邻的下一级部分利用。考虑余速动能利用后,汽轮机级的内效率大于孤立级(没有余速动能利用的级)的内效率,证明从略。

为了充分利用余速动能,多级汽轮机在结构上应采取如下措施:

(1)各级喷嘴(或静叶)的叶型要选用得当,使上级流出的蒸汽无撞击地流进喷嘴(或静叶)。

(2)相邻级平均直径应该平顺变化,不要突然增加或减小。

(3)部分进汽时,相邻级的部分进汽度应相近,并且相邻级喷嘴应排列在对应的圆弧位置上。

(4)不在级间抽汽,保持相邻级的蒸汽流量相等。

但是,第一个非调节级就无法利用调节级流出汽流的余速动能,因为它的平均直径比调节级的小。在反动式汽轮机中,相邻级组直径变化较大,每个级组的第一个级就无法利用从上一级组最后级流出汽流的余速动能。部分进汽时相邻级喷嘴没有排列在相对应的圆弧位置上,以及抽汽孔后的级等,都很难,甚至无法利用上级的余速动能。余速动能利用系数,多级汽轮机中的反动级取为 1.0;冲动级在部分进汽时取为 0.5~0.7,全圆周进汽时取为 0.88。

7.5.4　轴向力及其平衡

1.轴向力

汽轮机运行过程中,作用在转子上的轴向力有:

(1)蒸汽作用在动叶上的轴向分力 F_a^I。

蒸汽作用在一列动叶上的轴向分力按式(7-52)计算,即

$$F_a^I = G(c_{1a} - c_{2a}) + (p_1 - p_2)\pi d_2 l_b$$

对于纯冲动级,$p_1 = p_2$;对于反动级 $c_{1a} = c_{2a}$。

(2)蒸汽作用在转轮上的轴向推力 F_a^{II}。

蒸汽作用在一个转轮上的轴向推力按下式计算:

$$F_a^{II} = (p'_1 - p_2)\frac{\pi}{4}[(d_2 - d_b)^2 - d^2] \tag{7-115}$$

式中:p'_1——转轮前的蒸汽压力,它不等于动叶前蒸汽压力,而与级间漏汽的四种情况有关;

　d——转子轴直径。

对于采用转鼓式转子的反动式汽轮机,可以不必计算 F_a^{II}。

(3)因汽封直径差造成的轴向推力 F_a^{III}。

汽封直径差产生的轴向推力 F_a^{III} 等于各不同直径汽封处轴向力之和,其值需要逐个计算各汽封处轴向力之后确定。

(4)船舶主汽轮机向船尾部倾斜安装,转子本身重量引起附加的轴向推力 F_a^{IV}。

$$F_a^{IV} = G_R \cdot \sin\alpha \tag{7-116}$$

式中:G_R——转子的重量,kg。

　α——转子轴的安装倾斜角,(°)。

2.平衡

作用在转子上各轴向力之总和可达到相当大的数值,如果不采取措施平衡轴向力,转子将会发生轴向移动。因此,应采取一些结构措施平衡掉一部分轴向力,使其不超过推力轴承承载能力,确保推力轴承长期、安全地运行。常见的平衡轴向力的方法如下:

(1)采用具有平衡孔的转轮。

平衡孔用以平衡转轮前、后的蒸汽压力差,以减少作用在转子上的轴向推力。转轮上的平衡孔数量一般为5个或7个,以保证转轮的强度。

(2)设置平衡活塞。

在多级纯冲动式汽轮机中,将高压端外部汽封的第一段汽封套直径加大,构成平衡活塞,如图7-29所示。当蒸汽经过平衡活塞上的汽封时,其压力从高压侧的 p_1 降低到低压侧的 p_x。这样,这部分汽流便产生一个与主流流动方向相反的作用力,以抵消一部分作用在转子上的轴向力,使其符合推力轴承的承载能力,保证汽轮机安全运行。多级反动式汽轮机在进汽端车出一个直径大于转鼓的平衡活塞,如图6-9中的8所示。平衡活塞高压侧压力为 p_1,而低压侧用平衡管与汽轮机排汽部分连通。

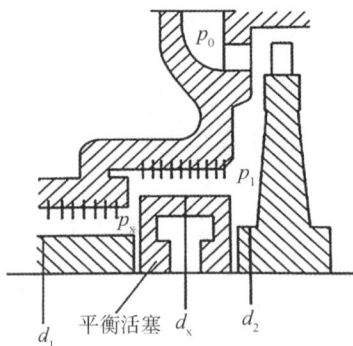

图 7-29　多级纯冲动式汽轮机的平衡活塞示意图

（3）双流式汽轮机。

船舶主汽轮机的低压缸汽轮机有的采用双流式结构，如图 7-30 所示。在双流式汽轮机内，所有的级分成完全对称的两部分。工作蒸汽可以从中心流向气缸两端，也可以从两端流向中间。由于两股汽流作用在转子上的轴向力大小相等、方向相反，可互相抵消。所以，使推力轴承受到的负荷大大减少，这样可减少推力轴承和平衡活塞的尺寸，从而可减少高压端外部汽封的漏汽量。

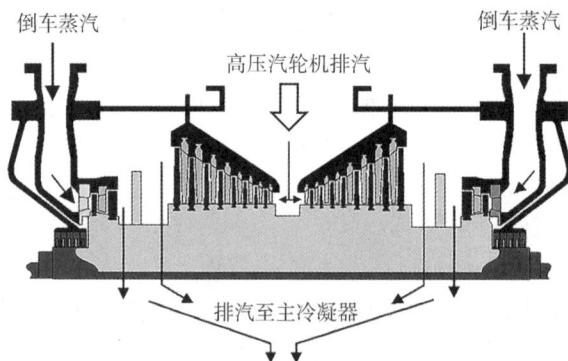

图 7-30　双流式汽轮机

7.6　船舶汽轮机-齿轮机组的外部损失

7.6.1　汽轮机的内功率

多级汽轮机轴上发出的内功率 N_{iT} 等于其中各级的内功率之和，即

$$N_{iT} = \Sigma N_i \tag{7-117}$$

根据式（7-91），多级汽轮机的内功率也可以按下式直接求得

$$N_{iT} = G\Delta H_i = G\Delta H_a \eta_{iT} \tag{7-118}$$

7.6.2 船舶汽轮机-齿轮机组的外部损失

船舶汽轮机、减速齿轮和冷凝器在结构布置上和工作过程中都有不可分割的联系,将它们组合起来,称为船舶汽轮机-齿轮机组,简称机组。机组的外部损失主要由以下三部分组成:

1.汽轮机进汽机构中的节流损失和排汽管中的压力损失

新蒸汽引入到第一级喷嘴前,先要通过速闭阀、喷嘴阀、管路和蒸汽室,蒸汽通过这些部件时会发生节流过程,即压力降低,比焓不变。在背压一定的情况下,使蒸汽在汽轮机内的总等熵焓降 ΔH_a 减少。这种由于节流作用引起总等熵焓降减少,称为进汽机构中的节流损失。该损失与管路长度、阀门线型、蒸汽室形状和汽流速度等因素有关。

汽轮机的排汽从最后一级动叶流出后,经过排汽管流至冷凝器,为了克服蒸汽流动时在排汽部分的摩擦阻力和涡流,汽流就会产生压力降,即汽轮机末级后的静压力 p_{2z} 高于冷凝器压力 p_c,这个压力降称为排汽管中的压力损失,其值为 $\Delta p_z = p_{2z} - p_c$。在汽轮机前蒸汽参数不变的情况下,由于排汽管中的压力损失,使蒸汽的总等熵焓降 ΔH_a 减少。压力损失 Δp_z 的大小主要取决于排汽管的结构形式、型线以及排汽管中的汽流速度。

2.前后端汽封漏汽损失

前后端汽封漏汽损失发生在气缸两端转子轴通过的中心孔处的径向间隙中,类似于船用泵的轴封。当气缸内蒸汽压力高于大气压力时,必然使气缸内的高压蒸汽通过此径向间隙向气缸外漏出,减少汽轮机内做功的蒸汽量,降低汽轮机效率。当气缸内蒸汽压力低于大气压力时,外界空气会漏入气缸低压端,破坏冷凝器真空,造成凝汽式汽轮机背压升高,机组总等熵焓降 ΔH_a 减少。此外,还会增加空气抽除器的负荷,这些都会降低机组效率。因此,为保证汽轮机的经济性,在气缸两端设置外部汽封,可以减少汽轮机高压端蒸汽流出和低压端空气侵入。

3.机械损失

(1)汽轮机的机械损失。即汽轮机运行时克服支持轴承、推力轴承的摩擦阻力所消耗的能量,以及带动某些附属设备(如调速器、调速油泵等)所消耗的功率,船舶主汽轮机还包括带动不工作级空转的摩擦和鼓风损失。前者由汽轮机的机械效率 η_m 来表示,其值约为98%~99.5%。后者通过考虑不工作级空转损失后的效率 η_w 来表示,其值为98%~98.5%。

(2)减速齿轮的机械损失。它包括减速齿轮轴承的摩擦损失和齿轮啮合时所消耗的能量,它们通过减速齿轮的机械效率 η_g 来表示。单级减速齿轮 η_g 为98%~98.5%,两级减速齿轮 η_g 为97%~98%,大功率汽轮机一般取偏高值,反之取偏低值。

7.6.3 船舶汽轮机-齿轮机组的有效功率和有效效率

考虑汽轮机的机械损失后,使在联轴器上发出的汽轮机功率 N_T 比内功率 N_{iT} 小,其值为

$$N_T = N_{iT} \cdot \eta_m \cdot \eta_w \tag{7-119}$$

在减速齿轮大齿轮轴端发出的机组功率通常称为船舶汽轮机-齿轮机组的有效功率,用 N_e 表示。N_e 小于 N_T,其值为

$$N_e = N_{iT} \cdot \eta_m \cdot \eta_w \cdot \eta_g = N_{iT} \cdot \eta_M \tag{7-120}$$

式中:$\eta_M = \eta_m \cdot \eta_w \cdot \eta_g$——机组的总机械效率,其值为93%~96%。

船舶主汽轮机-齿轮机组的有效功率 N_e 在传递至螺旋桨轴上时,还必须考虑轴系的主推力轴承、中间轴承、艉轴承和艉轴填料箱中的摩擦损失。这些损失可通过轴系的机械效率 η_s

反映出来,其值为 98.5%~99%。因此,螺旋桨轴上发出的功率为 N_{ep},其值可按下式计算:

$$N_{ep} = N_e \cdot \eta_s \qquad (7\text{-}121)$$

考虑汽轮机所有内部损失和外部损失后的效率,称为船舶汽轮机-齿轮机组的有效效率,用 η_e 表示,即

$$\eta_e = \eta_{iT} \cdot \eta_M \cdot \frac{G}{G'} \qquad (7\text{-}122)$$

故机组的有效功率 N_e 可写为

$$N_e = N_{iT} \cdot \eta_M = G \Delta H_a \, \eta_{iT} \, \eta_M = G' \Delta H_a \, \eta_e \qquad (7\text{-}123)$$

式中: G' ——考虑外部汽封漏汽量后,流进汽轮机的全部蒸汽量,kg/s,显然 $G' > G$。

船舶汽轮机运行时,可测得机组的有效功率 $N_e(\text{kW})$ 和汽轮机每小时的进汽量 $D(\text{kg/h})$,可计算出机组的有效效率 η_e,即

$$\eta_e = \frac{N_e}{G' \Delta H_a} = \frac{3\ 600\ N_e}{D \Delta H_a} \qquad (7\text{-}124)$$

式中: ΔH_a ——根据汽轮机前蒸汽参数 p_0、t_0 和机后压力 p_{2z},在 $h\text{-}s$ 图上求得,kJ/kg。

7.6.4　船舶汽轮机-齿轮机组的耗汽率

耗汽率是反映机组工作经济性最直观的指标,又称单位耗汽量。它是指机组每小时发出 1 kW 有效功率所消耗的蒸汽量,即

$$d_e = \frac{D}{N_e} = \frac{3\ 600}{\Delta H_a \, \eta_e} \qquad (7\text{-}125)$$

显然,在工作蒸汽初、终参数一定时,机组的有效功率越大,其有效效率越高,耗汽率就越低,反之亦然。

第8章　船舶汽轮机的结构

8.1　喷嘴和叶片

在汽轮机工作的过程中,蒸汽的两次能量转变都是在各级的喷嘴(或静叶)和动叶工作部分组成的通流部分中实现的。因此,通流部分的设计、制造、装配和管理质量对于汽轮机工作的安全性和经济性有决定性的影响。

8.1.1　喷嘴

汽轮机的第一级喷嘴直接安装并固定在气缸(或喷嘴箱)上,其后各级喷嘴安装并固定在隔板上,隔板安装并固定在气缸内壁的环形凹槽中。喷嘴通常都采用高铬不锈钢(1Cr13 或 2Cr13)制成,有时将出口边渗氮以加强其耐磨性。

汽轮机的功率调节主要是通过增加或减少进入第一级(调节级)喷嘴的蒸汽量和蒸汽参数来实现。调节级后面的各级,统称为非调节级。调节级喷嘴为了满足汽轮机功率调节的要求一般分成两至四组,进入每一组喷嘴的蒸汽流量大都由一个喷嘴阀控制。每一个喷嘴组由若干个喷嘴装配起来组成。相邻的两个喷嘴组之间用隔块隔开,喷嘴组水平分面两端用端块固定住。

图 8-1(a)为单个铣制的喷嘴块结构简图,它与相邻喷嘴块工作部分的内弧面装配起来,组成一个喷嘴汽道,如图 8-1(b)所示。而隔板喷嘴实质上是隔板的一个组成部分。

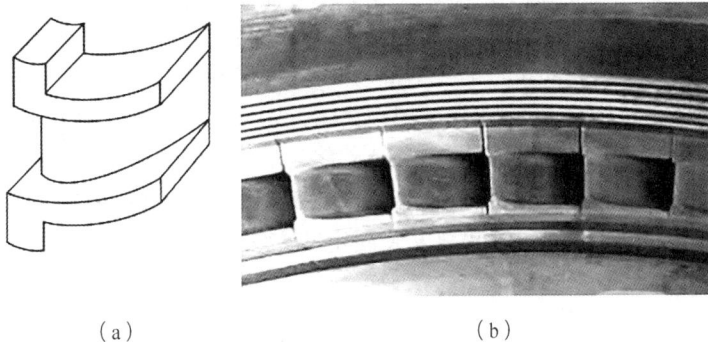

（a）　　　　　　　　　　　（b）

图 8-1　喷嘴

在使用低参数饱和蒸汽的辅汽轮机内,蒸汽温度一般为 250~300 ℃,有的采用铸造式喷嘴组(弧)。

8.1.2 叶片

根据工作时运动与否,叶片可分为静叶和动叶两种。静叶包括反动级的静叶和复速级的导向叶片。动叶又称工作叶片,是汽轮机内最重要、承受负荷最大的零件。当汽轮机运行时,动叶由于受到高速回转$(u=150\sim300\text{ m/s})$时产生的离心力和蒸汽力的作用,将承受巨大的机械应力。而作用在动叶上的负荷又时常变化,可能使动叶振动而导致断裂,造成汽轮机的严重事故。另外,长期在高温蒸汽中工作的动叶还会产生蠕变,或是长期在湿蒸汽中工作,受到湿蒸汽中水滴的侵蚀或腐蚀,使动叶寿命缩短。动叶通常采用高铬不锈钢(1Cr13或2Cr13)制成。

叶片在结构上可以分为叶根、工作部分和叶顶三部分,如图8-2(a)所示。工作部分是与蒸汽直接接触的部分,它的内、背弧面形成叶栅汽道的两个侧面,其表面要抛光,以提高叶栅的速度系数ψ,并增加不锈钢的防锈能力和提高叶片材料的疲劳强度极限。

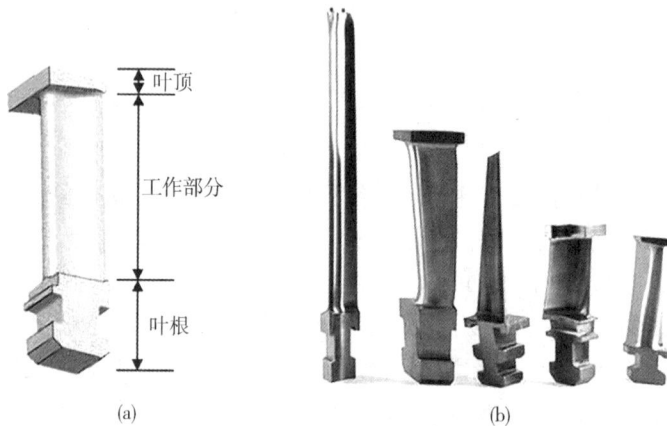

图8-2 叶片

叶片工作部分截面轮廓线围成的图形称为叶型。根据叶型的不同,可将叶片分为冲动式叶片和反动式叶片。冲动式叶片作为纯冲动级、冲动级和复速级的动叶、导向叶片,其特点是叶型对称或接近对称。反动式叶片应用于反动级内作为动叶和静叶,其特点是叶型明显地不对称。汽轮机工作时,蒸汽的比容随着蒸汽的膨胀而增大。因此,在不抽汽的情况下,叶片工作部分的高度一般逐级增加。船舶汽轮机的叶片工作部分高度一般在10~500 mm范围内,最常用的为20~300 mm。叶片工作部分的轴向宽度应根据强度的要求来确定,通常为14~60 mm。

叶根是叶片安装并固定在转轮轮缘或转鼓外缘上(对动叶)或气缸内壁上(对静叶)的部分。叶根的形状很多,如图8-2(b)所示。船舶汽轮机内最常用的有T形、齿形、叉形、轴向安装的圆柱形和枞树形等,不同形状的叶根安装固定的方法也不相同。

8.1.3 叶片组

为了加强叶片间的相互连接,以减少和避免共振时产生的振动应力,保证汽轮机安全运行,全部叶片安装和固定就绪后,在叶片的顶部再用围带把叶片围起来,分别将6~12个叶片连接成一个叶片组。

围带一般用不锈钢薄带制成,如图8-3所示。为了固定围带,在叶片的叶顶专门铣出圆形或矩形铆钉头,同时在围带中冲出相应形状的铆钉孔。当围带装在叶顶上之后,将叶顶铆钉头高出围带的金属倒铆在围带上,使围带紧扣在叶顶上。整个圆周上围带由好几段组成,各段之间留有热膨胀的间隙为 1~2 mm。在一些新型汽轮机中,叶顶相互配合,组合成圈,构成围带。

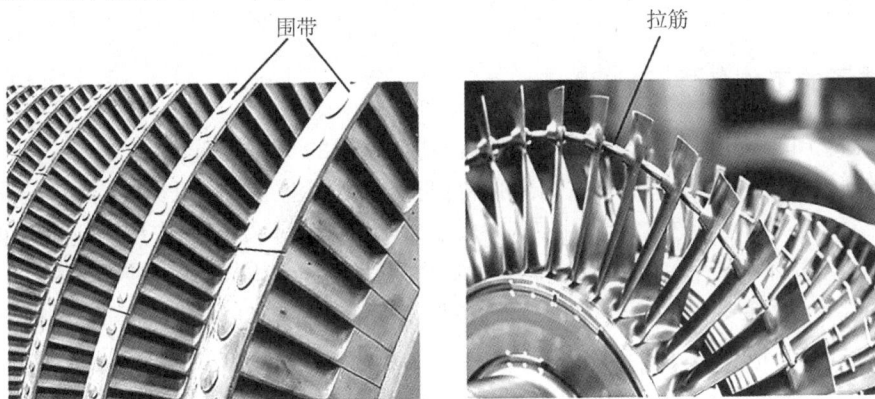

图 8-3 围带和拉筋

在有的汽轮机中,为了减少动叶顶部的漏汽,经常在围带上车出尖环形的叶顶汽封。在多级纯冲动式汽轮机内,动叶与喷嘴间的轴向间隙从第一级向后逐级增大。这主要是为保证汽轮机起动、运行和停止的安全性,而蒸汽比容逐级增大使漏汽相对减少。在反动式汽轮机内,应尽量减少静叶与转鼓表面、动叶与气缸内壁间的径向间隙,以减少叶顶漏汽。但是,为了防止动、静部分相碰时叶片折断,将静、动叶叶顶从背弧面铣薄至 0.5 mm 左右。反动级静叶和动叶叶顶处的径向间隙也是从第一级向后逐级增大的,因为蒸汽比容和叶片工作部分高度向后逐级增大,这样可保证汽轮机安全运行。

反动级叶片的叶顶铣薄之后,采用拉筋将 6~12 个叶片连接成一个叶片组。拉筋穿过叶片上钻出的圆孔后,用银焊的方法焊牢在叶片上,如图 8-3 所示。整个拉筋由几段圆弧组成,各段之间留有 1~2 mm 的热膨胀间隙。相邻两个叶片组之间还穿有减振拉筋,一端与一组叶片焊牢,另一端自由地插入相邻叶片组的相应圆孔内。当一组叶片发生振动时,另一组通过减振拉筋可以使振幅很快地衰减下来。

8.1.4 叶片振动

据统计,叶片损坏事故约占汽轮机事故的 1/3,而叶片损坏事故中多数是叶片振动损坏。汽轮机叶片是一个弹性体,在周期性汽流力作用下会发生振动。当叶片的自振频率等于或整数倍于汽流力的频率时,叶片与汽流激振力会发生共振,叶片的振幅和动应力会急剧增大,经过一段时间后叶片材料会因疲劳而断裂。从设计或运行管理角度出发,都应保证叶片振动的安全性。因此,应了解使叶片振动的外力和频率、叶片振动形式以及消除叶片振动的措施等。关于叶片振动的外力、频率和叶片振动的形式,限于篇幅,本书不再详述。

为保证汽轮机安全运行,应防止或避开共振。当动叶自振频率和外力作用频率无法满足相关要求时,应做调频处理。调频方法分为改变动叶自振频率和改变外力作用频率两个方面。前者是设计动叶时通过选用合适的叶型、采用围带和拉筋等,使动叶和叶片组的自振频率能符合避开共振区的要求。后者是通过改变汽轮机的工作转速,来实现改变外力的作用频率。因此,轮机管理人员发现汽轮机振动时,通常都是通过降低工作转速这一措施来消除共振。

8.2 转子

8.2.1 转子的工作条件

汽轮机转子的作用是传递转矩和输出机械功。转子的负荷很重,工作条件复杂。由于转子在很高的转速下工作,会产生很大的离心力,使转子中产生很大的机械应力。转子接触高温蒸汽,而且分布不均,在转子中会产生热应力。此外,转子还承受蒸汽作用力周期性的断续作用,加之转子本身不平衡,在运行中可能发生振动,严重时会使转子材料疲劳破坏,甚至断裂。因此,汽轮机转子(除动叶外)通常都采用机械强度性能高、材料成分均匀、便于热处理和机械加工的铬钢、镍钢、铬钼钢和铬镍钼钢制造。

汽轮机转子根据外形结构不同可分为转轮型和转鼓型两种,前者多用于冲动式汽轮机,后者多用于反动式汽轮机。这两种转子根据制造方法又分为装配式、整锻式、焊接式和组合式转子等。

8.2.2 转轮型转子

转轮作为一个圆盘形零件,其作用是安装和固定动叶,并将动叶运动时获得的机械能传递给机轴。转轮在结构上分为轮缘、轮盘和轮毂三部分。轮缘是安装和固定动叶的部分,其形状与叶根的形状和动叶的质量离心力有关。轮毂是转轮和机轴的连接部分,它的尺寸由其工作时的应力来决定。轮盘是连接轮缘和轮毂的圆盘形部分,它的截面形状与转轮工作时承受的负荷直接相关。

有些转轮在轮盘上开有平衡孔,主要是为了减少作用在转轮上的轴向力和级内的吸气损失,以提高级的效率。但是,当汽轮机级的反动度大于10%时,为了减少叶根处的漏汽损失,保证级的效率,一般不再开平衡孔。至于作用在转轮上的轴向力,则采用其他措施加以平衡。

1. 装配式转轮型转子

装配式转轮型转子采用红套方法将各级转轮套装在阶梯型的机轴上制成。转轮内孔尺寸比套装转轮的轴颈略小,即存在过盈量。在套装前,用专门的高频感应线圈或在油池中将转轮中心孔附近金属加热到 $100 \sim 150 \ ℃$,使转轮中心孔胀大。然后将各级转轮逐个套装在机轴上。为了防止在迅速受热时或其他情况下转轮在机轴上发生松动,每个转轮再用 $1 \sim 2$ 个键与机轴相连接。装配式转轮型转子如图 8-4 所示。

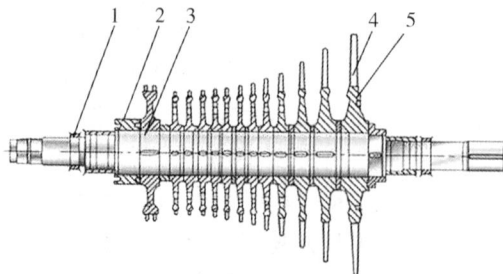

图 8-4 装配式转轮型转子

1—油封环;2—轴封套;3—轴;4—动叶;5—转轮

2.整锻式转轮型转子

在新式船舶汽轮机中,特别是当工作蒸汽参数较高时,其转子一般都做成整锻式的转轮型转子。这种转子的转轮和机轴在同一个锻件上车出,如图8-5所示。与装配式转子相比,整锻式转子有下列优点:(1)由于转轮和机轴在同一个锻件上车出,不会出现转轮在轴上松动的问题,汽轮机运行时更加安全。(2)由于整锻式转子强度大,转子可以做得更为紧凑、轻巧,同时静子的尺寸和重量也可相应减小。(3)整锻式转子制造工艺简单,不像装配式转子那样需要加工出很多要求很高的配合面,也不需要红套操作。(4)整锻式转子的材料使用率比较高。

但是,整锻式转子对锻件质量要求高,同时在合金材料使用上不如装配式转子合理。后者可以用合金钢制造转轮,用碳钢制造机轴。此外,加工整锻式转子要求特别仔细,一旦出现差错容易导致整个转子报废。

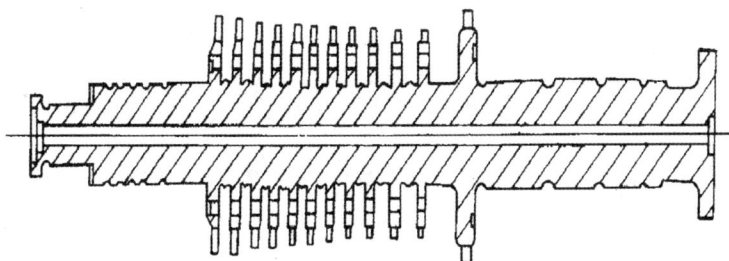

图 8-5 整锻式转轮型转子

8.2.3 转鼓型转子

反动式汽轮机一般都采用整锻式转鼓型转子,如图8-6所示。

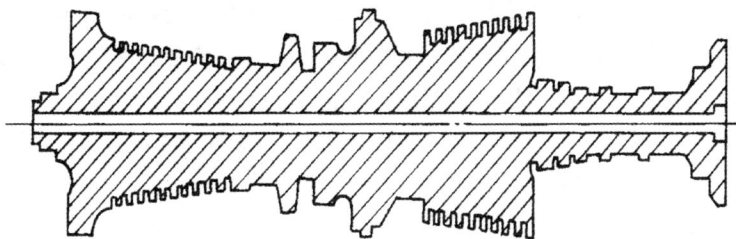

图 8-6 整锻式转鼓型转子

反动式汽轮机一般采用整锻式转鼓型转子的原因如下:

(1)便于平衡轴向力。反动式汽轮机工作过程中,各级动叶前、后蒸汽压力不同,如果采用转轮型转子,作用在各转轮上的轴向推力很大,一般推力轴承无法保证汽轮机安全工作。如果采用转鼓型转子,就没有作用在转轮上的轴向推力,至于作用在各级动叶上和转鼓两侧端面上的轴向推力,可以采用平衡活塞来平衡。

(2)可减少静叶顶端的漏汽量。在反动式汽轮机内,各级静叶直接安装并固定在气缸内壁上车出的环形叶根槽中,而不再采用隔板。为了减少绕过静叶顶端的漏汽量,必须尽可能减小静叶顶端和转子表面间的径向间隙,因此转子只能做成转鼓型。

(3)可缩短转子的总轴向长度。在相同工作条件下,多级反动式汽轮机需要的级数比多级冲动式汽轮机多,采用转鼓型转子,可以缩短多级反动式汽轮机总的轴向长度,从而减少转子工作时的挠度,同时也能相应简化转子的制造加工。

8.2.4 转轮振动

转轮振动在汽轮机运行时比较容易发生,同时也是危险性较大的振动。转轮作为一个弹性体,在周期性变化的外力作用下,当外力的频率与转轮的自振频率合拍时,也会发生共振。引起转轮振动的外力主要来自汽流的断续作用(同叶片振动)和汽轮机内的吸汽作用。

为了避免转轮共振,一方面,在设计时通过改变转轮结构来改变转轮的自振频率;另一方面,改变外力作用的频率,使它不与转轮的自振频率合拍。对于轮机管理人员来说,主要是通过后一种途径来防止转轮长期振动。

8.3 气缸和隔板

气缸是汽轮机静子的主要组成部分之一,其作用是构成一个封闭空间,使蒸汽与外界隔绝而在其中完成二次能量转变。另外,气缸还用来安装、固定或连接静子的其他部件,如喷嘴或静叶、隔板、汽封和轴承等。

8.3.1 气缸的工作条件和结构

气缸受到复杂的外力作用,包括:气缸内外压力差产生的作用力;隔板或静叶给予气缸的作用力;气缸和固定在其上各零件的重量;由于气缸各处温度不同产生的热应力等。尤其是汽轮机在起动和停车时,如果气缸各部分温度升高或冷却情况不同,加之气缸膨胀或收缩受到限制,则在气缸内将引起巨大的热应力和热变形,严重时会引起转子和静子相碰。

气缸形状复杂,其上有进汽管、排汽管、抽汽管和疏水管等管节和法兰,加之整个气缸尺寸又比较大,因此气缸一般采用铸造方法制成。工作温度在250 ℃以下的气缸采用铸铁,工作温度在250~400 ℃的气缸采用碳钢,400 ℃以上的气缸采用抗蠕变性能良好的钼钢或铬钼钢铸成。

为了便于加工、装配和检修,同时也为了便于转子的安装,气缸在通过中心线的水平面(又称中分面)处分成上、下两部分。上半部分称为气缸盖,下半部分称为下气缸。它们用比较厚的法兰连接起来。此外,大尺寸气缸的上、下两部分又分别由前、后两部分组成。前气缸和后气缸在垂直分面处用法兰连接,或者焊成一体。垂直分面装配就绪后不再拆开。采用垂直分面的目的是简化气缸的铸造和加工,并可用不同的材料铸造前、后气缸。

新式船舶汽轮机为简化铸件形状、减小铸件尺寸、保证铸件质量,同时也为方便机械加工、合理使用材料和减少工作时的热应力,通常都采用焊铸式气缸,单独铸造喷嘴箱和轻型薄壁机壳等。

8.3.2 焊铸式气缸

在焊铸式气缸中,各种管节和法兰,有时还有尺寸较大的排汽部分,都与气缸本体分开铸造,然后再用电焊焊牢或用螺栓和螺母固定在气缸本体上。另外,前、后轴承箱一般也都与下气缸本体分开铸造,然后再焊牢或用螺栓螺母连接起来。轴承箱虽然尺寸不大,但形状很复杂,其中有很多筋板和滑油通道。将轴承箱分开铸造,可大大简化下气缸本体的铸件,还便于气缸加工。这时,下气缸与前轴承箱采用专门的连接方法,既能保证气缸受热时在水平向、垂直向和轴向三个方向自由膨胀,又能保持气缸与转子间正确的相对位置。

8.3.3　喷嘴箱

气缸内调节级喷嘴前的封闭腔室,称为喷嘴室。蒸汽进入气缸后,首先流至喷嘴室,其次依次流过各汽轮机级。喷嘴室都装有蒸汽漏网,用来防止外界杂物进入汽轮机内。由于喷嘴室内蒸汽压力和温度都比较高,如果喷嘴室与气缸整体铸造,就必须加厚气缸,使气缸进汽端比排气端厚得多。这样,增加了铸造气缸的难度,而且铸件质量不易保证,起动时气缸各处受热不均匀,使起动时间延长。

新式船舶汽轮机采用较高的蒸汽参数,将喷嘴室与气缸分开制造,形成一个独立的喷嘴箱。除满足设计结构要求外,还可以合理使用合金钢。喷嘴箱可采用钼钢或铬钼钢铸造,气缸本体可用碳钢铸造。为了简化结构,常将喷嘴阀箱与喷嘴箱铸造在一起,喷嘴阀箱内安装喷嘴阀。在喷嘴室或喷嘴箱的垂直端面上安装调节级喷嘴。为了保证喷嘴箱受热膨胀时能与气缸本体之间保持正确的相对位置,在喷嘴箱与气缸本体之间装有导向键或导向销。

8.3.4　轻型薄壁机壳

有的汽轮机气缸是由一些形状简单、尺寸较小的铸件及许多大小不同的钢板和加强筋板焊接起来制成。这样可以使气缸重量大为减轻,故这种气缸称为轻型薄壁机壳。在双缸式船舶主汽轮机内,倒车级全部安置在低压缸气缸中,而且将倒车级气缸与低压缸气缸分开铸造,再一起安装并固定在一个共同的轻型薄壁机壳内。

8.3.5　隔板

隔板应用于多级纯冲动式和冲动式汽轮机。如图 8-7 所示,隔板是一个圆盘形的零件,中央有转子轴通过的中心孔,其上安装曲径式汽封。隔板在气缸水平分面处分成上下两部分,它们分别安装和固定在气缸盖和下气缸内壁的环形凹槽中。隔板在结构上分为板缘、喷嘴和本体三部分。隔板可以分为装配式、装配–焊接式、焊接式和铸造式四种。前三种隔板适用于工作温度高于 250~300 ℃的汽轮机级内,最后一种隔板适用于工作温度低于 250 ℃的汽轮机级内。

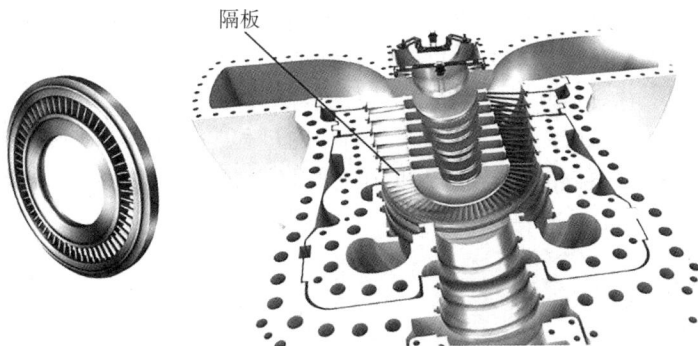

图 8-7　隔板

8.4　汽封

汽轮机的汽封根据安装位置的不同,可以分为内部汽封和外部汽封两种。安装在气缸两端机轴中心孔内壁上的汽封称为外部汽封。安装在隔板中心孔壁上、叶片的顶部和根部以及平衡活塞处的汽封称为内部汽封。其主要作用是减少在这些位置通过间隙从高压侧漏向低压侧的蒸汽量。汽轮机外部汽封应用最广泛的是曲径式汽封和炭精环式汽封;内部汽封都是采用曲径式汽封。

8.4.1　曲径式汽封

图 8-8 为曲径式汽封片的结构示意图。为了保证汽轮机工作安全,静子和转子之间必须留有一定的径向间隙 δ_r。若该径向间隙 δ_r 比较大,从高压侧漏向低压侧的蒸汽量就比较大。为了减少漏汽量,在静子的中心孔壁上嵌装入若干片汽封片,汽封片的边缘削尖至 0.5 mm 厚度。在转子轴或套装在其上汽封轴套的表面上,针对汽封片处车出相应的环形凹槽。这样,当蒸汽从高压侧漏向低压侧时,需要依次流过汽封片与转子轴表面之间的环形间隙(又称环形狭缝)和两个相邻汽封片间的空间(称环形"小室"),曲折地流过整个汽封。通常,将一个环形狭缝和其后的一个环形"小室"合称为一个曲径。

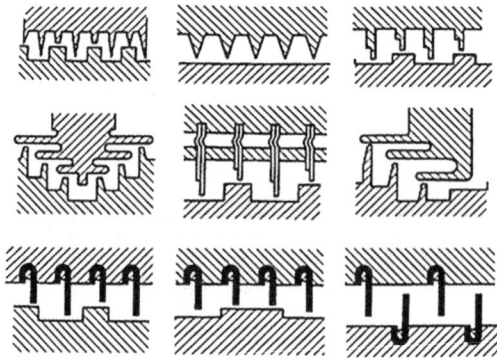

图 8-8　曲径式汽封片的结构示意图

在曲径式汽封内,蒸汽流过环形狭缝时压力降低,绝对速度增加。在略去微小的散热量的情况下,可将此膨胀过程看作一个等熵过程。在环形"小室"中,汽流冲击在汽封片上,形成强烈的旋涡,速度降为零,蒸汽的动能在等压下转变成热能被蒸汽本身所吸收,使蒸汽的比焓提高到环形狭缝前的数值。这样,蒸汽流过一个曲径的过程是由一个等熵膨胀过程和一个等压加热过程组成,曲径前后蒸汽的比焓相等,但比容却增大。蒸汽在曲径式汽封内的整个流动过程,在 h-s 图上用多折线 a_1—b_1—a_2—b_2⋯a_z—b_z 表示,如图 8-9 所示。

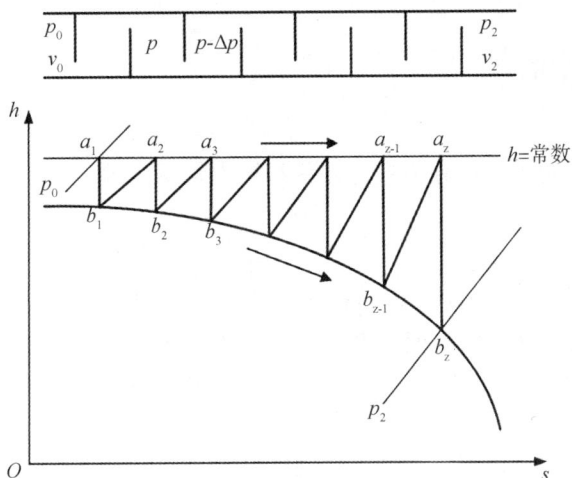

图 8-9 曲径式汽封工作原理示意图

漏过每个曲径的漏汽量可根据连续方程 $G_1 = A_1 c/v$ 来确定。为减少漏汽量,可采取如下措施:(1)减小环形狭缝面积 A_1,减小径向间隙 δ_r 至安全值(一般为 0.3~0.6 mm)。(2)减小汽流速度 c,即设法减小环形狭缝两侧的压力降。如图所示,汽封前后总压降 $p_0 - p_2$ 是在所有的环形狭缝中逐渐降低的,而每一个狭缝只承担总压降的一部分,故蒸汽速度远小于总压降下的蒸汽速度。当汽封片数 z 越多,每个"狭缝"两侧压力降越小,其漏汽量也越少。这就是曲径式汽封能减少漏汽量的基本原理。当蒸汽流过曲径式汽封时,压力逐渐降低,比容逐渐增加。当各"狭缝"面积 A_1 相同,经过各"狭缝"的漏汽量也相同时,则经过各"狭缝"的漏汽速度 c 逐渐增大,在最后一个"狭缝"达到最大值。假定蒸汽在汽封中的流动类似于收缩喷嘴中的流动,最后一个"狭缝"蒸汽速度最高只能达到临界速度。

汽封片的边缘削尖后,如果转子与汽封片相碰,只会将汽封片的边缘弯折或尖缘磨平,可保持转子轴表面不受损伤。曲径式汽封有弹性和刚性两种,在船舶汽轮机中都有应用。

8.4.2 炭精环式汽封

辅汽轮机的外部汽封有的采用炭精环式汽封,共有 3~8 个含石墨量很高的炭精环。每个炭精环由上下两半部分组成,分别固定在青铜制成的上下两半外壳中。安装时,炭精环内圆表面与转子轴的径向间隙等于 (0.001 ~ 0.002) d (d 是转子轴直径)。炭精环具有良好的润滑性,运行时即使与转子轴直接摩擦,也不至于损伤转子轴表面。因此,在炭精环式汽封中可以选用很小的径向间隙。

炭精环式汽封通过减小径向间隙可以比曲径式汽封更有效地减少漏汽量和抵制空气侵入气缸内。但是,炭精环容易磨损。为了保证正常工作,必须经常检查炭精环的磨损量。如果发现炭精环式汽封中径向间隙过大,则必须及时更换炭精环。另外,由于结构上的原因,不可能在有限的轴向长度内安装许多个炭精环。所以,炭精环式汽封主要用作小功率辅汽轮机的外部汽封。

有的船舶主汽轮机和大功率辅汽轮机采用曲径-炭精环混合式汽封作为外部汽封,充分利用了这两种汽封的优点。

8.5　轴承和润滑系统

汽轮机轴承根据其功能可以分为支持轴承和推力轴承两种。

8.5.1　支持轴承

支持轴承是在重负荷、轴颈高转速的条件下工作的。其承受的单位负荷最高可达 1.0~1.6 MPa,支持轴承内转子轴颈的圆周速度最高可达 60~65 m/s。因此,船舶主汽轮机和多数辅汽轮机都采用滑动轴承,以保持转子轴颈在支持轴承内转动时总是处于良好的液体摩擦状态。

为了保证轴承连续安全地工作,必须保持其中的楔形油膜不受破坏。为此,一方面要连续不断地供应润滑油,轴承的进油口要布置在楔形油膜压力最低的水平分面处;另一方面,在下半轴瓦壁面上不能开任何油槽,轴瓦壁面要按转子轴颈表面仔细拂配和着色检查。

支持轴承在结构上有如下三个组成部分:

(1)轴承箱。转子的重量和作用在转子上的径向力由轴承箱来承受,并通过它传递至机座。

(2)轴承盖。它固定在轴承箱上,在轴承盖和轴承箱内安装上、下两部分轴瓦。为了检查轴承内的润滑情况,可在轴承盖上安装有机玻璃杯罩和温度计。

(3)轴瓦。轴瓦在水平分面处分成上、下两部分,通常用青铜或钢锻件车成。轴瓦的内壁就是支持轴承的工作面,在其上浇铸一层锡基巴氏合金(含锑 10%~12%,铜 5.5%~6.5%,其余部分是锡)。

根据轴瓦在转子轴发生挠曲时能否随之在轴承箱和轴承盖内做一定程度的偏转,支持轴承可分为自位式和刚式轴承两种。如果采用刚式轴承,在转子轴发生挠曲时,轴颈在轴瓦两端产生很大的压力,致使这些位置很快磨损。因此,刚式轴承比较适用于粗轴颈和长度较短、不容易发生挠曲的转子。自位式轴承的轴瓦外壁固定着滑块,轴瓦连同滑块安装在上、下两半轴瓦套内,轴瓦套则固定在轴承盖和轴承箱内。轴瓦套内壁加工成球形,当转子轴发生挠曲时,轴瓦连同滑块能在轴瓦套内做一定程度的偏转。与刚式支持轴承相比,自位式支持轴承的优点是,轴承工作面与转子轴颈始终保持平行,从而可以减少轴瓦两端的磨损。但是自位式轴承的结构和制造比较复杂,成本更高。因此,新式船舶汽轮机在级数较少、转子刚性较大的情况下,可采用刚式短支持轴承。有些汽轮机还采用薄壁轴瓦刚式支持轴承。

8.5.2　推力轴承

推力轴承又称止推轴承,它用来承受作用在转子上未平衡的轴向力,并保持转子与静子间正确的轴向相对位置。船舶汽轮机较多采用在液体摩擦状态下工作的单环式推力轴承,如图8-10所示。它在结构上主要由下列三部分组成:

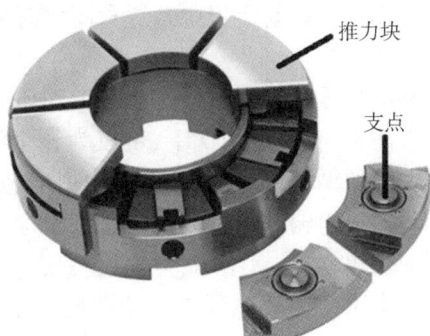

图 8-10　推力轴承

（1）轴承箱。它承受作用在转子上未平衡的轴向力，并将其传递至机座上。通常，将推力轴承箱和支持轴承箱铸为一体。

（2）轴承盖。它常与支持轴承盖铸成一体，或者将二者单独铸成后，用电焊或螺栓连接成一体。

（3）推力块和推力轴承套。一般由 6~8 块扇面形推力块组成一个推力轴承的环形工作面。在推力块工作面上浇铸 1.5~2 mm 厚一层锡基巴氏合金，该厚度要小于汽轮机通流部分最小的轴向间隙。这样，即使巴氏合金因某种原因熔化时，也不会立即发生转子与静子相碰的严重事故。

汽轮机不工作时，推力块的工作面与转子的推力盘处于平行位置。在推力块背部中央或偏近出油边，有一个支点。推力块能环绕该支点做一定程度的偏转。转子转动时，作用在推力块上的滑油压力将使推力块绕背部支点偏转一个不大的角度，直至达到力的平衡状态，在推力盘和推力块之间形成一个压力很高的楔形油膜。在一定的工况下，推力块将始终保持这一偏转角度。而当汽轮机工况变动时，作用在转子上未平衡的轴向力也随之发生变化，推力块的偏转角度也随之做相应的变化。转子在气缸内的轴向相对位置由推力盘在轴承箱内的位置决定，它可以进行相应的调整。船舶辅汽轮机中常采用自位式支持——推力轴承。

8.5.3　润滑系统

汽轮机的润滑系统又称滑油系统。其功能一方面是向汽轮机-齿轮机组各轴承和减速齿轮啮合处供给滑油，以减少摩擦和磨损，并带走摩擦热量；另一方面是向自动调节和自动保护系统供给压力油，保证汽轮机-齿轮机组安全工作。润滑系统主要有两种：重力润滑系统和压力润滑系统。前者利用滑油的重力向各轴承和减速齿轮啮合处供给滑油，后者直接利用滑油的压力供给滑油。

1.重力润滑系统

重力润滑系统的特点是必须有重力油箱。重力油箱安置在汽轮机-齿轮机组之上 10~12 m 高度处，利用重力油箱内滑油的重力向机组内供应滑油。当润滑系统由于某种原因停止供应滑油时，重力油箱还能继续向机组供油 5~6 min。这段时间足够机组的转速降为零。如果不能完全停车，则应立即起动备用滑油泵或及时采取措施排除故障，防止机组因润滑不良发生事故。此外，重力油箱还能起到澄清滑油，改善滑油质量的作用。

目前，船舶主汽轮机-齿轮机组广泛采用重力润滑系统，或将其作为应急润滑系统。辅汽轮机多采用压力润滑系统,其优点是设备易于集中布置和简化润滑系统的管路。

2.压力润滑系统

图 8-11 所示为我国建造的某大型 LNG 船主汽轮机-齿轮机组润滑系统简图。该系统为压力润滑系统,但也设置有重力油柜,在紧急情况下,可以为整个润滑系统提供滑油。该润滑系统的主要组成部分包括:①主滑油循环泵 1 台(如图 8-11 中 4 所示):该泵为齿轮泵,由主齿轮箱驱动,在汽轮机正常运行时为机组输送滑油。②辅助滑油泵 2 台(如图 8-11 中 3 所示):该泵为立式两级离心泵,由电动机驱动,一台主用,另一台备用。当机组未在海速状态下运行(如暖机、冷却、机动操纵)或滑油压力因故障低于设定值时,该泵投入使用。③滑油冷却器 2 台(如图 8-11 中 7 所示):该冷却器为水平壳管式冷却器,由海水冷却,冷却温度由滑油温度控制阀(如图 8-11 中 8 所示)控制。

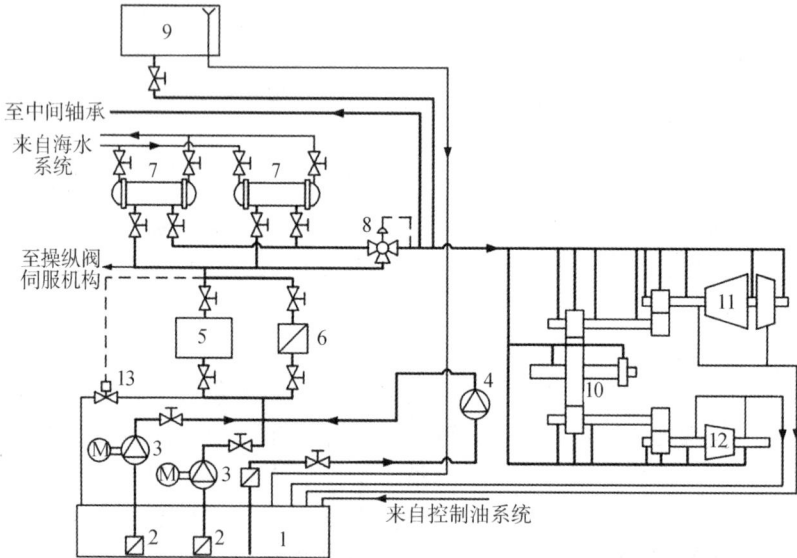

图 8-11 某大型 LNG 船主汽轮机-齿轮机组润滑系统简图

1—主滑油循环柜;2—滤器;3—辅助滑油泵;4—主滑油循环泵;5—滑油自清洗滤器;6—旁通滤器;7—滑油冷却器;
8—滑油温度控制阀;9—滑油重力柜;10—减速齿轮箱;11—低压汽轮机;12—高压汽轮机;13—滑油压力调节阀

如图所示,主滑油循环柜 1(容量 70.9 m^3)中的滑油可经过滤器 2 被电动辅助滑油泵 3 或主滑油循环泵 4 抽出并输送至滑油自清洗滤器 5。滑油在滑油自清滤器 5 中被过滤后,一部分输送至操纵阀作为伺服油,剩下的滑油输送至滑油冷却器 7。滑油自清滤器 5 设置有一个旁通滤器 6,可在紧急情况下或自清滤器检修时使用。滑油冷却温度由气动的滑油温度控制阀 8 控制。该温控阀可根据设定温度调节进入滑油冷却器 7 和旁通的滑油比例,从而使流出滑油温度控制阀 8 的滑油温度等于设定值 45 ℃。滑油流出滑油温度控制阀 8 后一部分输送至中间轴承,剩下的滑油输送至主汽轮机-齿轮机组,为各个轴承和齿轮提供润滑油。润滑完毕各个轴承和齿轮的润滑油,以及来自控制油系统的润滑油,都重新流回主滑油循环柜 1,完成一个循环。该系统设置有滑油压力调节阀 13,当设置在滑油自清洗滤器 5 出口处的压力传感器检测到滑油压力过高时,滑油压力调节阀 13 将加大开度,使超压滑油泄放至主滑油循环柜 1;反之,则减小开度,维持系统滑油压力稳定。

机组正常运行时,滑油还连续地输送至滑油重力柜 9(容量 35.46 m^3),并从该滑油重力柜溢流至主滑油循环柜1。一旦滑油系统因故障无法向机组输送润滑油，滑油重力柜9能够为机组紧急供应滑油，供油时长足以让机组彻底停下来，防止机组因为丧失润滑而损坏。当机组停车后，该重力油柜中的滑油将会全部泄放至主滑油循环柜1。由于滑油冷却器可能会有渗漏或外部汽封工作不正常，少量的海水或凝水可能漏入润滑系统中。因此，在机组运行期间，一般使用滑油分油机除去系统滑油中的水分和固体杂质。

第9章 船舶汽轮机–齿轮机组

9.1 船舶汽轮机–齿轮机组概述

9.1.1 船舶汽轮机–齿轮机组的组成和布置

船舶汽轮机、减速齿轮和冷凝器不仅在工作上联系紧密,而且在结构上也往往布置在一起,故将三者组合起来称为船舶汽轮机–齿轮机组,简称机组,其布置如图9-1所示。

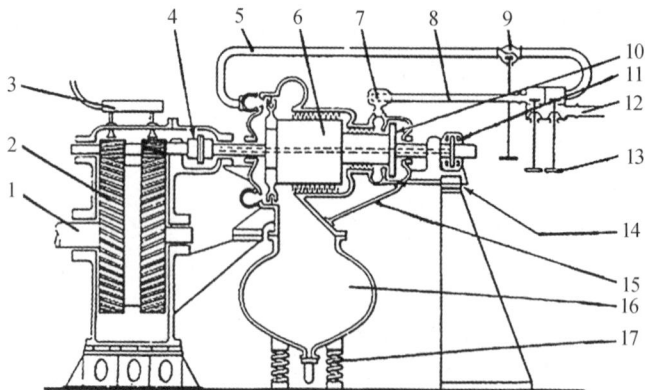

图 9-1　船舶汽轮机–齿轮机组布置示意图

1—主轴;2—减速齿轮;3—喷油嘴;4—挠性联轴器;5—倒车进汽管;6—汽轮机;
7—蒸汽滤器;8—正车进汽管;9—倒车隔离阀;10—平衡活塞;11—推力轴承;
12—主蒸汽管;13—操纵阀;14—滑动底座;15—平衡管;16—冷凝器;17—弹簧

冷凝器一般横向或纵向挂装在低压缸汽轮机气缸下面,可以减小排汽阻力损失和使总体布局紧凑。有的机组为了降低高度,将汽轮机和冷凝器布置在同一平面上。

9.1.2 减速传动机构的作用和分类

减速传动机构的作用是保证汽轮机和螺旋桨都在各自的经济转速下,将汽轮机的功率传递给螺旋桨。汽轮机在较高转速下运转,可以减少横向尺寸,更紧凑、轻巧,经济性也较高。船舶汽轮机转速一般在 3 000～9 000 r/min 之间。但是,螺旋桨在低转速下回转时才具有较高的效率。船用螺旋桨转速一般在 100 r/min 上下,若螺旋桨转速过高则会产生"空泡"现象,使螺旋桨推力减小,推进效率下降,还会使螺旋桨表面剥蚀。因此,在船舶汽轮机和螺旋桨之间必须采用减速传动机构。

船舶上常用的减速传动机构有如下几种：

(1)液力减速传动器。因传动效率低、减速比小等缺点,没有得到广泛应用。

(2)电力减速传动机构。具有操纵性能好、噪声小等优点,缺点是传动效率较低(86% ~ 94%),重量、尺寸也较大,因此一般应用于大型邮轮、大功率破冰船、拖船和大型军舰上。

(3)齿轮减速器。其优点是传动效率高(97% ~ 98.5%),减速比范围大,结构紧凑、轻巧,管理使用方便。缺点是噪声较大及需要设置倒车汽轮机等。目前,舰船汽轮机组广泛采用齿轮减速器。

(4)调距桨传动。一般用在多种航行工况的船舶,或者用在机动性要求高或需要微速航行的船舶。船舶采用调距桨推进装置是船舶动力装置的发展方向之一。还有一些船舶汽轮机采用行星齿轮减速器,或行星与传统齿轮结合的齿轮减速器。

9.2 船舶汽轮机

9.2.1 船舶主汽轮机

我国建造的某大型 LNG 船采用的主汽轮机为川崎重工生产的 UA-400 型主汽轮机,其性能参数如表 9-1 所示。

表 9-1 UA-400 型主汽轮机性能参数

功率/kW		转速/(r/min)					蒸汽参数	
额定	最大	高压缸汽轮机	低压缸汽轮机	螺旋桨转速	临界转速	超速停车	倒车最大持续转速	压力/MPa	温度/℃
25 600 (33 喷嘴)	27 300 (38 喷嘴)	4 777 (最大持续功率下)	3 153 (最大持续功率下)	83 (最大持续功率下)	68 (高压缸) 121.5 (低压缸)	95.5 + 0/−2.5	58 (最长时间 2 h)	6	510

该汽轮机为双缸、并列、冷凝式,三级抽汽预热给水,采用双级链式齿轮减速。该汽轮机由一个高压缸汽轮机和一个低压缸汽轮机组成,其工作蒸汽为来自主锅炉 6 MPa、510 ℃的过热蒸汽。来自主蒸汽阀的蒸汽通过蒸汽滤器和操纵阀进入汽轮机。正车运行时,蒸汽通过正车喷嘴阀组被输送至高压缸汽轮机。倒车运行时,蒸汽通过倒车操纵阀和倒车保安阀被输送至低压缸汽轮机。

高压缸汽轮机第一级喷嘴布置如表 9-2 所示。

表 9-2 高压缸汽轮机第一级喷嘴布置情况表

左侧喷嘴组(5 个)	右侧喷嘴组(7 个)	喷嘴数量	输出功率/kW	主轴转速/(r/min)
开启	开启	26+5+7	27 300	83.0
关闭	开启	26+7	25 600	约81.2
开启	关闭	26+5	24 400	约80.0
关闭	关闭	26	20 200	约75.1

这些额外的喷嘴阀布置于高压缸汽轮机的下方,为了防止这些阀卡死在某一位置,应定期润滑和操作这些喷嘴阀。

高压缸汽轮机是单流、冲动式汽轮机,结构如图9-2所示。蒸汽通过正车操纵阀和喷嘴箱进入汽轮机。蒸汽依次流过双列复速级和8个冲动级,最后进入设置于高压缸汽轮机内部后侧的排汽腔。高压缸汽轮机设置了两个额外的喷嘴阀组(如表9-2所示),使汽轮机在需要时可输出最大功率。蒸汽从高压缸汽轮机流出后通过管道流入低压缸汽轮机。低压缸汽轮机是单流、冲动/反动式汽轮机,结构如图9-3所示。蒸汽从低压缸汽轮机内部后侧的蒸汽室进入,然后依次流过4个冲动级和4个反动级,最终流入主冷凝器。倒车汽轮机是冲动式汽轮机,布置于低压缸汽轮机的前端。蒸汽通过倒车操纵阀和倒车保安阀进入倒车汽轮机后,依次通过两个双列复速级流向后部,最终流入主冷凝器。在紧急情况下,可以通过相应的操作规程使高压缸汽轮机或低压缸汽轮机独立运行。

汽轮机转子端部采用曲径式汽封,以防止这些区域的蒸汽泄漏至大气中,更为重要的是,防止汽轮机内部压力小于大气压力时,空气进入汽轮机。转子和汽封片之间留有足够的轴向间隙,以满足转子和汽封片之间设计状态下的轴向位移和膨胀需求。

安装在汽轮机下方的汽封蒸汽箱将10~20 kPa的蒸汽输送至汽封处。当汽轮机内部蒸汽压力高于汽封室压力时,蒸汽将进入一系列的汽封片空间,并在每一级被节流,使其压力降低。最终,压力非常低的蒸汽将会被引入汽封蒸汽冷凝器。当汽封室内蒸汽压力高于汽轮机内部机轴蒸汽泄放处的压力时,来自汽封蒸汽箱的蒸汽将会被抽入汽封,对其有效密封并防止空气进入。汽封蒸汽箱可通过一个控制阀将超压蒸汽泄放至闪发室,或通过一个配汽阀将来自高压蒸汽泄放管路的蒸汽补充进来。放汽或者补汽的需求随着汽轮机负荷的变化而变化,汽轮机高负荷的时候汽封蒸汽会泄放,而低负荷的时候则需要补汽。

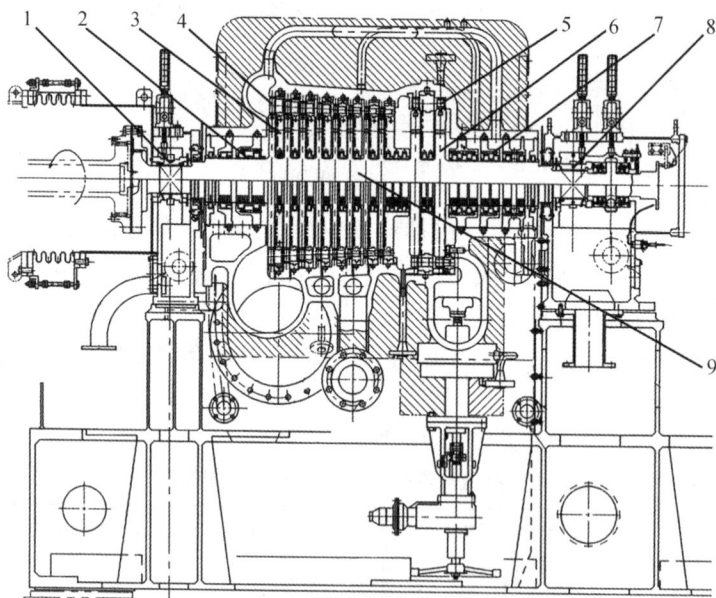

图9-2　UA-400型主汽轮机高压缸结构图

1、8—支持轴承;2、7—端部汽封;3—隔板;4—冲动级叶片;5—复速级叶片;6—叶轮;9—转子

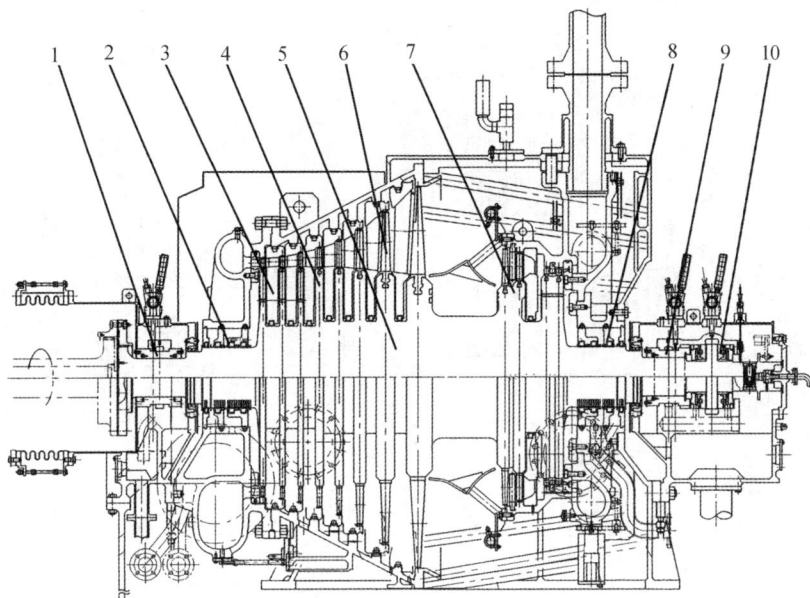

图 9-3　UA-400 型主汽轮机低压缸结构图

1、9—支持轴承；2、8—端部汽封；3—隔板；4—低压汽轮机叶轮；5—转子；

6—低压汽轮机动叶片；7—倒车汽轮机叶轮；10—推力轴承

9.2.2　船舶辅汽轮机

我国建造的某大型 LNG 船配备有两台汽轮机发电机组。该发电汽轮机为三菱重工生产的 AT42CT-B 型辅汽轮机，其性能参数如表 9-3 所示。

表 9-3　AT42CT-B 型辅汽轮机性能参数

功率/kW	转速/(r/min)	蒸汽参数 （主蒸汽阀前）		排汽真空度/kPa	级数
		压力/MPa	温度/℃		
3 368	10 045	5.98	510	94	6

该汽轮机为单缸、多级、冲动式、冷凝式汽轮机，结构如图 9-4 所示。它通过一个单级减速齿轮箱驱动交流发电机（ABB 公司制造，型号 AMG630L4，转速 1 800 r/min，输出功率 3 200 kW，电压 6 600 V，频率 60 Hz）。汽轮机、减速齿轮箱、交流发电机、滑油柜和其他附属设备都安装在同一个底座上。

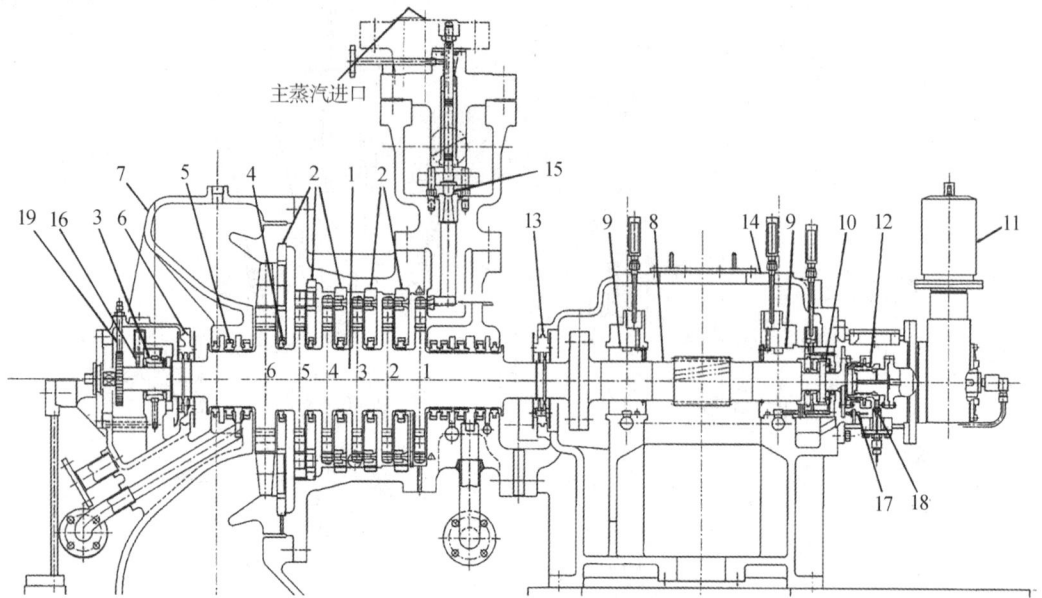

图 9-4　AT42CT-B 型辅汽轮机结构图

1—转子;2—隔板;3—支持轴承(汽轮机);4—隔板汽封;5—端部汽封;6—挡油环(汽轮机);
7—壳体;8—小齿轮;9—支持轴承(小齿轮);10—推力轴承;11—盘车马达;12—SSS 离合器;
13—挡油环(减速齿轮箱);14—减速齿轮箱壳体;15—蒸汽调节阀;16—振动传感器(转子);
17—轴向位置传感器(转子);18—位置传感器(SSS 离合器);19—转速传感器(转子)

汽轮机为六级冲动式汽轮机,其配备的电子调速器通过液压缸和蒸汽调节阀 15 来调节进入汽轮机的蒸汽流量。过热蒸汽通过主蒸汽阀进入汽轮机,该蒸汽阀设计为速闭阀,在必要情况下可以立即关闭。之后,蒸汽通过喷嘴控制阀进入汽轮机转子叶片流道。该汽轮机通常排汽至主冷凝器,如果需要的话,也可设置为排汽至辅冷凝器。

汽轮机转子端部采用曲径式汽封,以防止这些区域的蒸汽泄漏至大气中,更为重要的是,当汽轮机内部压力小于大气压力时,防止空气进入汽轮机。汽封片尖端与转子间的间隙已最小化,以减少汽封蒸汽压力高的区域和压力低的区域之间的蒸汽泄漏。转子和汽封片之间留有足够的轴向间隙,以满足转子和汽封片之间设计状态下的轴向位移和膨胀需求。其汽封蒸汽系统与上文所述的主汽轮机类似,这里不再赘述。

该减速齿轮为单级减速齿轮,小齿轮与汽轮机转子刚性相连。齿轮机构由 4 个支持轴承支撑。交流发电机通过弹性联轴器与减速齿轮轴端相连。

当汽轮机停止时或在启动过程中,润滑油靠一台电动机驱动的预润滑泵供应。当滑油压力降至 60 kPa 时预润滑泵起动,而当汽轮机达到正常工作转速的 80% 时(85 kPa),预润滑泵停止。当汽轮机正常运行时,滑油由齿轮驱动的滑油泵供应。输送至轴承和齿轮处的滑油压力通过一个压力调节阀来调节,充足的油压还被输送至速闭阀。

汽轮机的调速系统由一台 Woodward 723 PLUS 电子调速器、电液转换器、液压缸和喷嘴蒸汽调节阀组成。该调速器对于负荷的变化响应极快,甚至在发电机主开关突然脱扣的情况下依然能防止汽轮机超速。当汽轮机转速改变时,调速器通过移动与液压缸相连的传动结构迅速做出反应,使液压缸打开或关闭进入汽轮机喷嘴的蒸汽阀。

滑油和发电机绕组的冷却是由中央淡水冷却系统提供的。该系统同时为两台汽轮发电机组提供冷却,因此,冷却系统一旦发生故障将会同时影响两台机组的冷却。在应急情况下,可以打开发电机上盖,通过安装在发电机转子轴上的风机使空气流入,从而冷却绕组。

该机组还配备有一台电动机驱动的盘车机,用于在暖机和完车冷却期间(通常至少需要10 h)转动汽轮机。盘车机的 SSS 离合器 12 是同步自脱式的,当汽轮机转速小于或大于盘车机转速时,该离合器可以自动啮合或脱开。盘车电动机的起动电路与滑油压力和主蒸汽阀的位置开关有联锁。该联锁能防止滑油压力低于 20 kPa 时或主蒸汽阀开起时盘车机起动。应当注意的是,在汽轮机起动过程中,盘车电动机应总是在滑油预润滑泵起动之后再起动。在汽轮机停止过程中,盘车电动机应总是在主蒸汽阀关闭、汽轮机开始减速之后才能起动。

9.3 齿轮减速器

9.3.1 齿轮减速器类型

齿轮减速器是船舶汽轮机组最常用的减速机构。根据结构的不同,可将齿轮减速器分为单级和两级两种。单级减速齿轮一般用于辅汽轮机与从动机械之间,减速比小于 15,效率为 0.97~0.985。两级减速齿轮一般用于主汽轮机和螺旋桨之间,减速比可达 70~80,效率为 0.96~0.97。

根据第一、第二级齿轮布置的方法不同,可将两级齿轮减速器分为插入式和链式两种,如图9-5 所示。其中,插入式两级减速齿轮是第一级齿轮插入布置在第二级齿轮中间,如图 9-5(a)所示。而链式两级减速齿轮的第一级和第二级齿轮是呈前后顺序布置的,如图 9-5(b)所示。功率分支式的链式两级减速齿轮是两个第一级小齿轮各自分别与两个第一级大齿轮相啮合,如图 9-5(c)所示。各种减速齿轮在齿轮和轴承的数量、轴承间距、齿的负荷、总的质量及占据的空间等方面,各自有不同的优缺点,故各有不同的应用。其中,功率分支式减速齿轮在传递扭矩时,可以避免齿轮啮合时的弯曲变形,同时可以减少每个齿面上的负荷和工作时的应力。

另外,还有一些船舶汽轮机采用行星-平行轴减速齿轮。

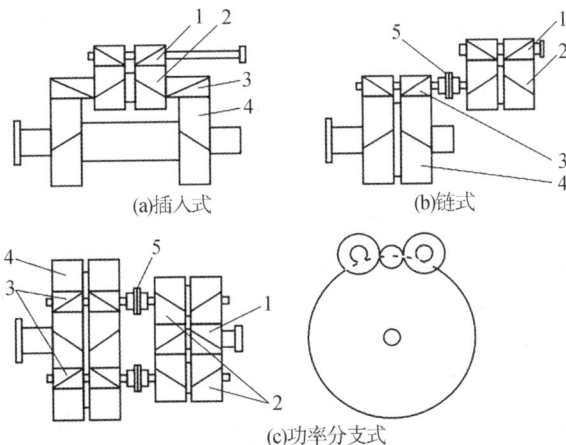

(a)插入式　　(b)链式　　(c)功率分支式

图9-5 两级减速齿轮示意图

1—第一级小齿轮;2—第一级大齿轮;3—第二级小齿轮;4—第二级大齿轮;5—联轴器

本章第二节提到的 LNG 船主汽轮机和螺旋桨之间采用的是串联式、两级减速齿轮。该减速齿轮包括两个第一级小齿轮、两个第一级大齿轮、两个第二级小齿轮和一个第二级大齿轮（主齿轮），如图 9-6 所示。高压缸汽轮机和低压缸汽轮机机轴分别通过弹性联轴器和各自的第一级小齿轮连接。第一级小齿轮分别驱动与之啮合的第一级大齿轮，第一级大齿轮分别通过安装有弹性联轴器的弹性轴与第二级小齿轮相连，两个第二级小齿轮共同驱动第二级大齿轮。此外，一个 11 kW、1 730 r/min 的可换向、电机驱动的盘车机也连接在高压缸汽轮机的第一级小齿轮上，安装在驱动轴的后端。为了避免齿轮组的腐蚀，齿轮箱上还连接有一个除湿器，以除去齿轮箱内空气中的水分。

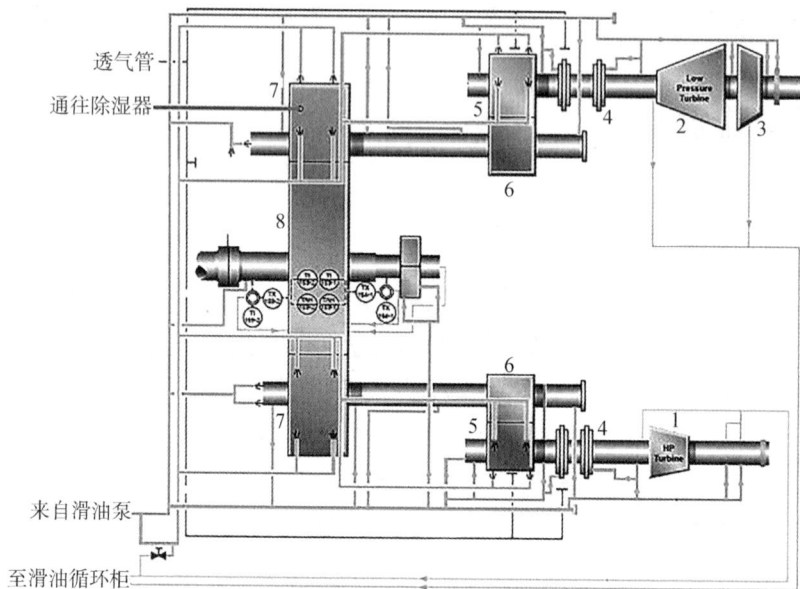

图 9-6　某 LNG 船主汽轮机-齿轮机组示意图

1—高压缸汽轮机；2—低压缸汽轮机；3—倒车汽轮机；4—弹性联轴器；
5—第一级小齿轮；6—第一级大齿轮；7—第二级小齿轮；8—第二级大齿轮（主齿轮）

9.3.2　主要零部件与齿轮箱

齿轮减速器中的大、小齿轮都采用具有斜齿的人字齿轮。大、小齿轮的齿数相互呈奇数、质数的比例，以提高齿轮的耐磨性，保证其运转平稳。小齿轮和轴一般由高强度铬镍钼合金钢（34 CrNi3Mo）整体锻件制成，而大齿轮多采用组合式结构。大齿轮轴可采用铬钼合金钢（34 CrMo）、齿圈用铬镍钼（34 CrNi1Mo）或铬钼合金钢（34 CrMo）锻件制成，轮盘用圆钢板制成。

在船舶汽轮机中，有的减速齿轮采用扭转轴结构，利用扭转轴的弹性，减轻振动或轴线偏移产生的冲击负荷对齿轮啮合的影响，以保证减速齿轮工作平稳。另外，扭转轴还可以减少齿轮制造和装配的误差引起各齿面负荷不均匀的缺陷。

船舶汽轮机一般采用焊铸式齿轮箱，通过第一、二级大齿轮中心线有两个水平分面。减速齿轮的支持轴承都采用刚性结构，根据齿面啮合时的反作用力与齿轮重力的合力来确定轴瓦的中分面。为了减少齿面磨损和冷却齿面，减速齿轮工作时应有充足的滑油进入啮合面间。因此，在齿轮箱内沿齿面啮合长度的上方装有滑油管，每根管装有若干个喷嘴，在齿轮箱工作时将滑油喷入啮合面。

9.3.3 齿轮减速器的管理和保养

1.运行管理

齿轮减速器在正常情况下工作寿命为5万~10万h。因此,常规检修保养主要是检查齿面状态和大、小齿轮的啮合情况(包括检查齿隙、齿轮中心线位置和接触斑点等)。齿轮减速器运行时,最常见的问题是齿轮工作面损伤,损伤形式主要有以下5种:(1)齿轮工作面磨损。(2)疲劳剥蚀和剥落。(3)齿面胶合擦伤。(4)塑性变形。(5)机械损伤。

在齿轮减速器的运行管理中应保证:(1)机械轴与大、小齿轮轴的中心线位置正确。(2)大、小齿轮在两个啮合齿面间的齿侧间隙和齿顶间隙应符合设计要求。(3)运行时润滑良好。

2.维修和保养

在汽轮机停车时,应定期检查大、小齿轮的啮合情况和磨损情况。齿轮的磨损情况是通过制作蜡像或压铅丝的方法,检查啮合齿面的间隙来确定。

减速齿轮检修过程中,除正常清洗和检查外,还应完成如下工作:(1)检查各轴承的油隙值和推力轴承处齿轮轴的移动量,并按说明书要求进行调整,检修前后的测量值应记入轮机日志。(2)检查大、小齿轮线的不平行度和歪斜度,不得超过规定值。(3)齿轮啮合处的总油隙值不得超过规定值。当齿轮减速器停用时,应严防湿空气侵入齿轮箱,每昼夜盘车一次。定期开启检查孔盖,检查齿轮状况。如果长期封存,可在各齿轮轴承的轴颈和轴瓦、齿轮各齿面上涂凡士林油。

9.4 凝汽设备

9.4.1 冷凝器

船舶汽轮机的凝汽设备是指冷凝器及其附属的循环水泵、凝水泵和空气抽除器等设备,如图9-7所示,它们是蒸汽动力装置的重要组成部分。

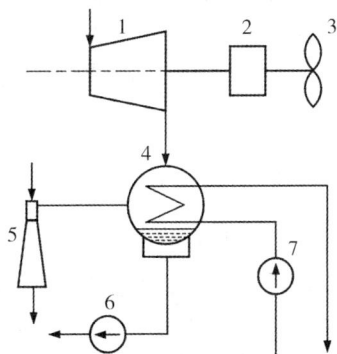

图9-7 凝汽设备示意图
1—主汽轮机;2—齿轮减速器;3—螺旋桨;4—冷凝器;5—空气抽除器;6—凝水泵;7—循环水泵

在主汽轮机 1 内工作后的排汽进入冷凝器 4,从冷却水管之间流过,与较冷的管壁接触后冷凝成水。海水由循环水泵 7 不断从舷外吸入,流过冷却水管内,冷却管壁,吸收热量后排出舷外。凝水泵 6 将冷凝器内的凝水不断抽出,供锅炉使用。空气抽除器 5 不断抽出冷凝器内的空气,保持冷凝器内的真空度。

船用蒸汽动力装置都采用表面式冷凝器。表面式冷凝器是指将被冷凝物质和冷却剂用一传热的换热间壁隔开,通过间壁表面(称为传热面)进行热交换的冷凝器。换热间壁一般用导热性能较优良的材料制成。最常用的表面式冷凝器是壳管式冷凝器,其基本结构如图 9-8 所示。

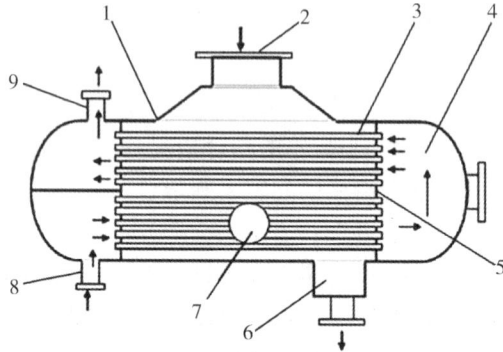

图 9-8　表面式冷凝器结构示意图

1—冷凝器壳体;2—蒸汽进口管;3—冷却水管;4—冷却水回流水室;5—管板;
6—凝结水集水箱(热井);7—空气抽出口;8—冷却水进水管;9—冷却水出水管

冷凝器的主要作用有:(1)在汽轮机排汽端建立并维持高度的真空,使蒸汽在汽轮机内获得较大的等熵焓降,提高循环效率。(2)将主、辅汽轮机的排汽凝结为纯净的凝水供入锅炉。

蒸汽在冷凝器中流过时,由于空气和汽阻的存在,使入口处蒸汽分压力 p_{s1} 大于出口处蒸汽分压力 p_{s2},与其相应的排汽温度 t_s 大于凝水温度 t_c,故称 t_s-t_c 这个温度差为凝水过冷度。凝水过冷度的危害有:(1)凝水过冷要消耗更多的蒸汽或汽轮机抽汽将其预热到预定的锅炉给水温度,增大了循环的耗热率。(2)凝水过冷使其含氧量增加,加剧了管路的腐蚀,同时也加大了除氧器的负荷。

如果冷凝器中冷却管束排列不当,使上部冷却管束的凝水流过下部冷却管束表面时被过度冷却,也会加剧凝水的过冷。船用冷凝器凝水过冷度在 2~3 ℃ 之间,新式船用冷凝器约为 1 ℃。为防止凝水过冷度的增加,在日常管理中,应注意检查工作设备和系统是否发生泄漏,保证汽轮机汽封系统和空气抽除器处于正常工作状态,冷凝器凝水水位不应过高等。

9.4.2　空气抽除器

冷凝器具有较高的真空度,因此,冷凝器外的空气总会漏入真空系统内。同时,蒸汽也会带入一些不凝结的气体,而空气抽除器的功能就是将漏入冷凝器中的空气不断抽出,以建立和维持冷凝器的真空。船用汽轮机动力装置一般采用以蒸汽为工质的射气式抽气器,称为空气抽除器。它分为单级、二级和三级三种。新式大型机组一般设有同类型的两组空气抽除器。

1.空气抽除器的工作过程

空气抽除器由缩放喷嘴、混合室和扩压管组成,如图 9-9 所示。其工作原理与喷射泵相同,结构简单,没有运动部件,工作可靠,管理方便。

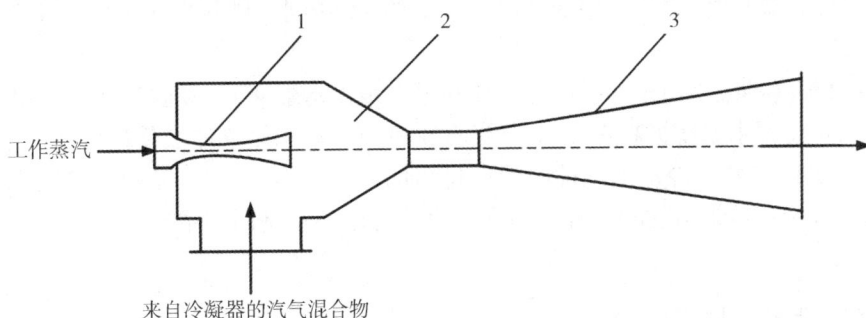

图 9-9 空气抽除器示意图
1—缩放喷嘴;2—混合室;3—扩压管

为防止杂质进入缩放喷嘴 1,在喷嘴前通常装有金属滤网。新蒸汽被减压至 1.2 ~ 1.9 MPa,温度在 250~260 ℃,然后再作为工作蒸汽进入喷嘴。蒸汽在喷嘴中膨胀加速,在其出口处汽流速度很高,产生比冷凝器内更高的真空度,故能从冷凝器内抽出蒸汽和空气的混合气体。工作蒸汽与混合气体在混合室中掺混后进入扩压管。在扩压管中,混合气体的动能转变为压力能,使其在出口处的压力高于大气压力,从而排入大气。空气抽除器的压缩比一般为 19~37。

2.二级空气抽除器及抽气系统

闭式汽封系统的空气冷却器采用单级空气抽除器,而主、辅汽轮机运行时冷凝器真空度很高,通常采用二级空气抽除器,如图 9-10 所示。

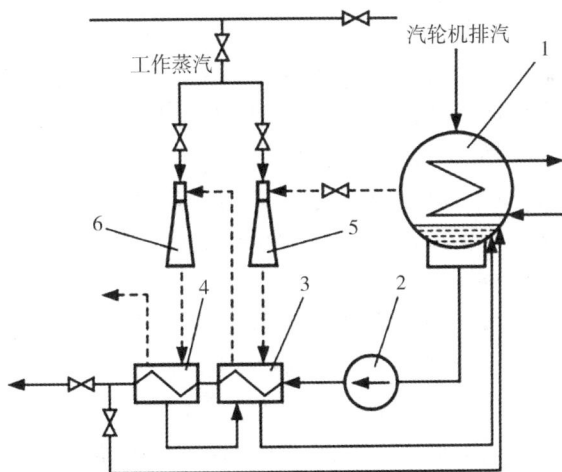

图 9-10 二级空气抽除器及抽气系统示意图
1—冷凝器;2—凝水泵;3—第一级冷却器;4—第二级冷却器;5—第一级抽气器;6—第二级抽气器

冷凝器 1 中的汽气混合物由第一级抽气器 5 抽出并压缩到某一低于大气压力的中间压力后,进入第一级冷却器 3。在第一级冷却器中,混合物中的大部分蒸汽被凝结。余下的不凝结气体和未被冷凝的蒸汽进入第二级抽气器 6。由于大部分蒸汽被冷凝,且余下的汽气混合物比体积也因温度下降而降低,因而第二级抽气器耗功大大减小。在第二级抽气器 6 的扩压管中,混合气体与工作蒸汽的混合物被压缩到比大气压力稍高的压力,然后流入第二级冷却器4。在第二级冷却器中,混合气体中的蒸汽几乎全部凝结成水,剩下的空气经排气管直接排入大气。

凝水泵2输送的凝水经第一级冷却器3和第二级冷却器4时,吸收工作蒸汽凝结时释放的汽化潜热,可将凝水温度提高3~8 ℃。当汽轮机在机动操纵或船舶低速航行时,主冷凝器中凝水少,不足以有效地冷却空气抽除器所排出的混合气体。这时,必须开启凝水再循环管路,使从第二级冷却器排出的凝水有一小部分通过再循环管路回到主冷凝器中,然后,重新通过两级冷却器。

9.4.3 凝汽设备的技术管理

船舶汽轮机运行时,排入主冷凝器的蒸汽量随负荷而变,船舶航区或季节变化使冷却水温度变化,以及冷却水量变化,都会使冷凝器内压力随之变化。然而,主冷凝器内真空度对汽轮机经济性影响很大,真空度每降低1%,汽轮机耗汽量平均增加1%~2%。

1.凝汽设备的起动

汽轮机暖机前应先起动凝汽设备。首先开启通海阀,然后开启水室端盖和冷却水管弯管处顶部的放气旋塞,检查并确认冷却水进入管路。接着,检查并起动循环水泵,确认其运转状态良好。之后,为了起动凝水泵,向冷凝器蒸汽侧先注入凝结水,其水位应不低于水位表高度的一半。冷却水系统工作正常,汽轮机起动后,起动凝水泵,之后检查并起动空气抽除器,同时开启凝水再循环阀,这样才能建立起足够的真空。在汽轮机暖机过程中,循环水泵保持低速运行,以保证冷凝器不致过热。当汽轮机负荷增加至一定程度、冷凝器水位升高时,即可关闭凝水再循环阀。

2.凝汽设备的运行管理

凝汽设备运行正常的标志是:(1)冷凝器内真空度适当;(2)凝水过冷度最小;(3)凝水质量符合标准。为保证真空度适当,凝汽设备运行时,管理人员应及时发现并消除连接法兰、凝水泵、阀和旋塞等填料不密封处,防止空气进入冷凝器。监视和调整空气抽除器的工作蒸汽压力及其冷却器的凝水再循环量。监视和调整循环水泵和凝水泵的工作,使其在适当真空度下工作。同时保证汽封系统工作正常。另外,还要确保凝水泵密封性良好,防止空气吸入泵壳中降低泵的排量,导致冷凝器中水位过高。

为保证凝水过冷度最小,轮机人员应保持冷凝器凝水水位正常。凝水水位过高会淹没冷凝器底层的冷却水管,减小蒸汽换热面积,使凝水过度冷却。凝水水位过低则会使空气抽除器冷却器的冷却水量不足,两者都会使冷凝器内真空度降低。此外,凝水过冷度增加还会使凝水中的含氧量增大,加重对锅炉、给水加热器、相关阀门及管路的腐蚀。

为保证凝水质量良好,轮机人员应监督并定期检查凝水的含盐量。含盐量若增加,可能是由于冷却水管破裂等原因导致海水漏入凝水中,必须根据具体情况做相应处理。另外,定期测取冷凝器热温工况能及时反映凝汽设备的不正常现象,有助于检查、分析故障原因,及时排除故障。

3.凝汽设备停用

当汽轮机停机时,在停止向汽轮机外部汽封供汽10~15 min后,关闭空气抽除器,再将冷凝器中凝水全部抽出,然后停止凝水泵,最后停止循环水泵。当汽轮机短时间停用时,冷却水管仍充满海水,防止下次起动时冷却水管中出现气泡。汽轮机长期停用时,冷却水管中的冷却水应全部排尽,防止冷凝器锈蚀。

4.凝汽设备常见故障的分析和处理

在日常管理工作中,轮机人员应严格遵守汽轮机操作规程,科学管理凝汽设备,保证其可靠性和经济性。凝汽设备主要有如下常见故障:

(1)冷凝器真空下降

如果冷凝器真空急剧下降,多半是由于凝汽设备故障和工况严重破坏引起。如果真空缓慢下降,主要原因有:①冷却水量不足或水温过高;②冷却水管脏污;③与冷凝器连接的管路、阀门等不严密;④汽封系统平衡箱蒸汽压力不足;⑤空气抽除器蒸汽压力不足或冷却器的凝水量不足等。

一旦出现冷凝器真空下降的故障,应立即查找原因,及时消除缺陷,尽快恢复正常工作。如果冷凝器真空持续下降,应降低汽轮机负荷,直至真空停止下降为止。如果冷凝器真空下降到极限值以下,又无法恢复正常时,则应停机处理。

(2)空气抽除器工作异常

空气抽除器工作异常的主要原因有:①工作蒸汽压力低;②喷嘴前蒸汽滤网堵塞;③喷嘴堵塞、磨损或安装位置不正确;④空气抽除器冷却器的冷却水管堵塞、破裂或表面脏污;⑤空气抽除器冷却器的冷却水量不足。

(3)凝水过冷度超过规定值

凝水过冷度超过规定值的主要原因有:①凝汽设备气密性不好,混入冷凝器中的空气量增加;②空气抽除器工作异常;③冷凝器内凝水水位过高;④冷却海水流量过大,水温过低。

一旦出现故障,工作人员应尽快查明原因,并采取相应措施予以排除。

5.凝汽设备的保养

应定期清洁冷凝器的水侧和汽侧空间,特别是水侧空间,其采用海水冷却,水管容易脏堵。另外,锌块也要定期检查、更换。当冷却水管损坏,无备品更换时,可临时将其堵塞,但是,堵塞管子数量不得超过总冷却水管的5%。应经常检查循环水泵和凝水泵,确保其工作状态良好。轴封磨损严重时应换新。空气抽除器应经常清洁滤网,定期清洁它的冷却器。还要定期检查喷嘴工作表面状态、尺寸及安装位置,发现损坏要及时换新。

9.5 船舶汽轮机动力装置热线图

9.5.1 船舶汽轮机动力装置热线图概述

船舶汽轮机动力装置多采用主机三级抽汽和辅机排汽共同加热给水的回热循环进行工作。为了实现船舶汽轮机动力装置的热循环,必须配备相应的机械和设备,并用管路将其按一定顺序连接起来。为了方便分析和研究,通常用线图来表示这些设备、管路的相互关系,指明工质(水和蒸汽)的流动方向和顺序,并标出各处工质的参数和数量。这样的线图称为船舶汽轮机动力装置的热线图。

根据热线图,可以进行船舶汽轮机动力装置的热平衡计算,评定整个动力装置的运行质量。设计热线图时,要求保证动力装置不论在船舶航行或停泊时都能达到尽可能高的有效效率,并使动力装置尽量简化、重量轻、尺寸小和制造成本低。限于篇幅,本节仅以某 LNG 船主汽轮机动力装置热线图为例简要介绍蒸汽、凝水系统循环流程,不介绍热平衡计算。

9.5.2 回热循环

船舶汽轮机动力装置采用回热循环,是利用一部分在主汽轮机内已做过一定功的蒸汽,从主汽轮机抽出后输送至给水加热器中加热给水,以提高给水温度,减少锅炉供给的热量。这样,可将从汽轮机抽出蒸汽的热量回收入循环中,从而减少在冷凝器中被冷却水带走的热量,达到提高循环热效率的目的。

从主汽轮机中抽出一部分蒸汽加热给水,会导致主汽轮机发出的功率减少。因此,采用回热循环的汽轮机动力装置耗汽率比非回热循环的耗汽率要大。但是,由于抽汽的热量用来加热给水,其热量并没有被冷却水带走。所以,采用回热循环的汽轮机动力装置的耗热率比非回热循环的耗热率要小。船舶汽轮机动力装置采用回热循环,不仅可以提高循环热效率,还能提高汽轮机的内效率。这是因为采用回热循环时,通过汽轮机前几级的蒸汽流量增加,使喷嘴(或静叶)和动叶工作部分的高度随之增加,从而可以减少端部漏汽损失和内部漏汽损失。另外,从汽轮机级内蒸汽湿度最大的外围抽汽,有利于减少后几级的湿气损失。此外,抽汽还会使流出末级的蒸汽量减少,从而减少末级的余速损失。

从主汽轮机通流部分中多处抽汽来分段加热给水,可更多地利用较低压力下的蒸汽。这是因为低压抽汽与高压抽汽相比,它已在汽轮机内做过更多的功,相应减少了一定功率下汽轮机总的耗汽量,也就相对减少了通向冷凝器的蒸汽量及随之带来的冷源损失。只要抽汽加热级数、抽汽压力和抽汽量选取适当,不仅可使循环热效率明显提高,还能提高汽轮机的内效率。此外,由于给水终温提高和含氧量的降低,锅炉水侧的腐蚀程度也会减轻。这种动力装置要求主汽轮机长期在额定工况下稳定运行,以保持抽汽压力和抽汽量稳定,故在商船上得到广泛应用。

背压式辅汽轮机的排汽全部用来加热给水,其背压约为 0.2 MPa(绝对压力),这是经过动力装置热平衡计算后确定的最佳值,运行中应维持不变。凝汽式辅汽轮机排汽全部排入冷凝器。一般来说,发电用辅汽轮机总是采取凝汽式,因为这种辅汽轮机功率较大,它的经济性对整个动力装置的经济性有较大的影响。

9.5.3 再热循环

为提高循环热效率,船舶汽轮机动力装置工作蒸汽初参数不断提高。但是,工作蒸汽初温的提高受到金属材料的限制,一般在 530 ℃ 以下。如果仅提高工作蒸汽初压,会使汽轮机末级内蒸汽的终湿度超过许用范围(10% ~ 14%),降低汽轮机的内效率,还会使后几级动叶的侵蚀情况加重,于是,可采用再热循环来解决以上问题。

再热循环是将高压缸汽轮机内已做过一定功的蒸汽引入再热器中加热,然后进入低压缸汽轮机内继续做功。例如,蒸汽初参数为 8.4 MPa、510 ℃,再热后温度为 510 ℃ 的再热循环,与蒸汽初参数相同的非再热循环相比,汽轮机末级的蒸汽湿度从 12% 降至 7%,耗热率减少6% 左右。一般采用再热循环,可以提高循环效率 4% ~ 8%。但是,采用再热循环会使动力装置更复杂,同时增加了制造成本。所以,船舶汽轮机动力装置通常采用一次再热。

再热器中工作蒸汽的最佳再热压力理论上约为工作蒸汽初压的 10% 左右,偏离最佳再热压力会使再热循环热效率降低,以至于低于朗肯循环热效率。在理论最佳再热压力时,相应的蒸汽比容较大,使再热器管子粗大,不仅增加了制造成本,而且布置不便。因此,当船舶汽轮机动力装置采用再热循环时,再热压力一般取为工作蒸汽初压的 23% ~ 27%。再热蒸汽温度取值一般与工作蒸汽初温相等。限于篇幅,再热循环热线图实例本节不再给出。

9.5.4 船舶汽轮机动力装置热线图实例

图 9-11 为某大型 LNG 船主汽轮机动力装置热线图。该船配备两台川崎重工生产的型号为 UME 65/52 的主锅炉(锅炉参数和结构详见第 2 章第 5 节)和一台型号为 UA-400 的主汽轮机。该汽轮机最大持续功率为 29 030 kW,蒸汽初参数为 5.74 MPa、520 ℃,冷凝器真空度为 96 kPa(海水温度 27 ℃)。

该系统采用主汽轮机抽汽三级加热给水,即回热循环。高压抽汽从高压缸汽轮机第五级抽出,中压抽汽从高压缸汽轮机至低压缸汽轮机的连接管抽出,低压抽汽从低压缸汽轮机的第三级抽出。

该热线图对应的汽轮机工况为 100% 最大持续负荷,主锅炉为燃气模式,负荷为 100%。图中仅标出主要的蒸汽、凝水和给水循环回路的压力、温度和流量值,比焓值未标出。

现将主要的蒸汽、凝水和给水循环流程简要描述如下:

在主锅炉 1 中,来自汽包的饱和蒸汽流进过热器 2,过热器中引出一部分过热蒸汽至水筒中的调温器,再流回过热器,从而使过热器 2 出口的蒸汽过热度满足要求。流出主锅炉的过热蒸汽大部分输送至高压缸汽轮机 4,小部分流回主锅炉汽包中的减温器,减温蒸汽再流向蒸汽吹灰器 21 和燃烧器 22 供其使用。还有一部分过热蒸汽输送至汽轮机 16 驱动锅炉给水泵,另一部分输送至左舷发电汽轮机 17 供发电用。从驱动给水泵的汽轮机 16 流出的蒸汽可汇入中压抽汽或低压抽汽中。从左舷发电汽轮机 17 流出的蒸汽则流入主冷凝器 6。

来自高压缸汽轮机 4 的高压抽汽经辅助减温器 33 后,输送至重油舱加热 23、LNG 蒸发器 26 等各个用汽设备处。各个用汽设备的凝水经凝水冷却器 34 和 35 冷却后流回大气凝水柜 19。

进入高压缸汽轮机 4 的过热蒸汽做功后大部分流至低压缸汽轮机 5,小部分作为中压抽汽被抽出,引入高压给水加热器 10 和除氧器 12,加热锅炉给水。还有一部分输送至空气加热器 11,加热助燃空气。

进入低压缸汽轮机 5 的蒸汽小部分被抽出后,作为低压抽汽被输送至造水机 8 中加热海水,凝水流回主冷凝器 6。剩下的大部分蒸汽在低压缸汽轮机 5 做功后直接流入主冷凝器 6。主冷凝器中的凝水大部分被主冷凝器凝水泵 7 输送至造水机 8,冷凝造水机中海水蒸发产生的蒸汽,然后流向汽封蒸汽冷凝器 13,冷凝汽封蒸汽后,流向低压水加热器 15,被低压汽轮机 5 的一部分抽汽加热,之后流向除氧器 12。

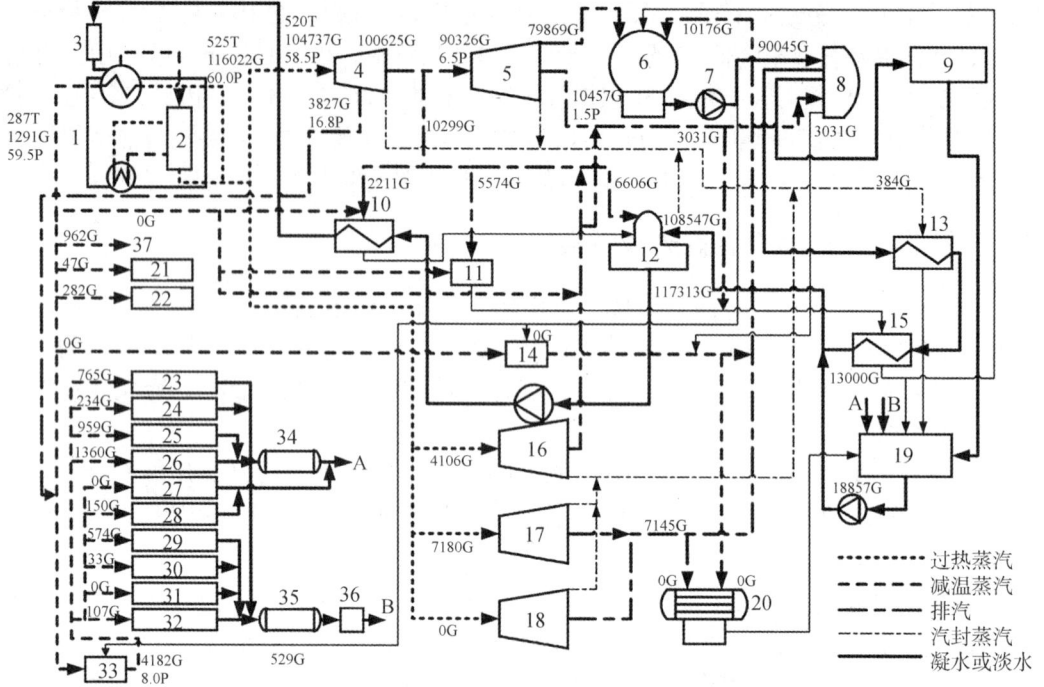

图 9-11　某大型 LNG 船主汽轮机动力装置热线图

1—主锅炉;2—过热器;3—经济器;4—高压缸汽轮机;5—低压缸汽轮机;6—主冷凝器;7—主冷凝器凝水泵;
8—造水机;9—蒸馏水舱;10—高压给水加热器;11—空气加热器;12—除氧器;13—汽封蒸汽冷凝器;
14—主排汽外部减温器;15—低压给水加热器;16—锅炉给水泵及汽轮机;17—左舷发电汽轮机;
18—右舷发电汽轮机;19—大气凝水柜;20—辅助冷凝器;21—蒸汽吹灰器;22—燃烧器;23—重油舱加热;
24—乙二醇加热器;25—蒸发气加热器;26—LNG 蒸发器;27—生活区加热;28—机舱加热;
29—燃油柜加热;30—机舱舱柜加热;31—锅炉燃油加热器;32—滑油分油机加热器;33—辅助减温器;
34,35—凝水冷却器;36—去油器;37—系统损失;P—压力(bar);T—温度(℃);G—流量(kg/h)

　　造水机 8 造出的蒸馏水被输送至蒸馏水舱 9,蒸馏水舱 9 内的蒸馏水可补入大气凝水柜 19 中,与各个加热设备流回的凝水一起被泵送至除氧器 12 中。

　　除氧器 12 中的凝水被加热后,被锅炉给水泵 16 输送至高压给水加热器 10,被中压抽汽或减温蒸汽加热后,流至经济器 3 中被锅炉烟气加热,最后流入主锅炉 1 的汽包中。

第 10 章　船舶汽轮机的调速系统和自动保护系统

10.1　船舶汽轮机的调速系统

船舶在进出港、过航道等情况下,航速和航向经常发生变化。但是,在定速航行时,则要求航速相对稳定,不允许有很大的偏差。因此,要求船舶主汽轮机的调速系统能够正确、迅速、平稳地改变汽轮机转速,在稳定工况下运行时,汽轮机转速与给定值之间的偏差值在允许的范围内。对于发电汽轮机,则要求调速系统能够将汽轮机发出的功率与外界的用电负荷保持平衡,将发电机转速、电流频率和电压的变化限制在规定范围内。

10.1.1　调速系统的基本工作原理

对于船舶主汽轮机,如果把船舶轴系看作旋转运动的刚体,不计摩擦时运动方程为:

$$J \frac{\mathrm{d}\omega}{\mathrm{d}t} = M_\mathrm{T} - M_\mathrm{R} \tag{10-1}$$

式中:J——螺旋桨、轴系及折算到轴上的汽轮机转子和减速齿轮的转动惯量之和,$\mathrm{N \cdot m \cdot s^2}$;

　　　M_T——汽轮机转矩;

　　　M_R——螺旋桨阻力矩。

当汽轮机转矩等于螺旋桨阻力矩,即 $M_\mathrm{T} = M_\mathrm{R}$ 时,角速度 ω = 常数,汽轮机转速保持不变。当 $M_\mathrm{T} > M_\mathrm{R}$ 时,因外界负荷减少,汽轮机增速,调速系统减少进汽量,减少汽轮机输出功率,使转速趋于恢复。反之,当 $M_\mathrm{T} < M_\mathrm{R}$ 时,因外界负荷增加,汽轮机减速,调速系统增加进汽量,增加汽轮机输出功率,使转速趋于恢复。这就是船舶主汽轮机调速系统的任务。M_T 与 M_R 之间的关系,实质上是汽轮机发出的功率 N_T 与螺旋桨消耗的功率 N_R 之间的关系。

如图 10-1 所示,曲线组 a 与 b 分别表示汽轮机外特性与螺旋桨特性。汽轮机在稳定工作点 o_1 工作时,转速为 n_1。当外界负荷减少时,螺旋桨特性曲线由 b_1 变为 b_2,由于汽轮机进汽量未改变,稳定工作点由 o_1 移至 o_2。这时,汽轮机在转速 n_2 下稳定工作,但该转速与设定转速 n_1 偏差太大。如果转速自动调节系统改变汽轮机的进汽量,使外特性曲线由 a_1 变为 a_2,则稳定工作点由 o_2 移至 o_3,汽轮机转速则变为 n'_1,它与 n_1 的偏差为较小的 Δn。所以,转速自动调节系统是有差调节系统,其转速偏差 Δn 大小视调节系统的性能而定。

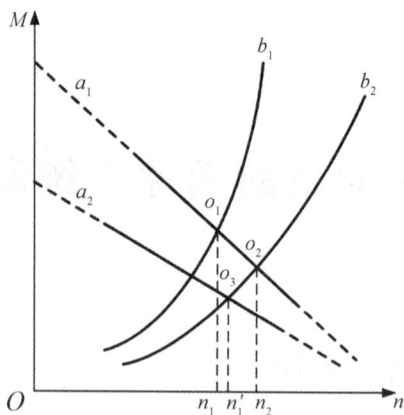

图 10-1　汽轮机外特性和螺旋桨特性

10.1.2　调速系统的组成

船舶汽轮机多采用具有负反馈作用的闭环调速系统。

1.直接调节系统

一些小功率辅汽轮机采用直接调节系统,如图 10-2 所示。在该调节系统中,调速器为转速感受机构,杠杆为传动放大机构,调节阀为配汽机构,用同步器调整转速给定值。当转速发生变化时,由于离心力发生改变,飞重距离转轴 3 的距离相应发生改变,从而带动滑环 4 沿转轴 3 发生相对移动。移动的滑环 4 通过杠杆 6 直接操纵调节阀 7,改变它的开度,从而改变汽轮机 8 的进汽量,使汽轮机转子的转矩发生改变,使其转速变化维持在设定值附近。

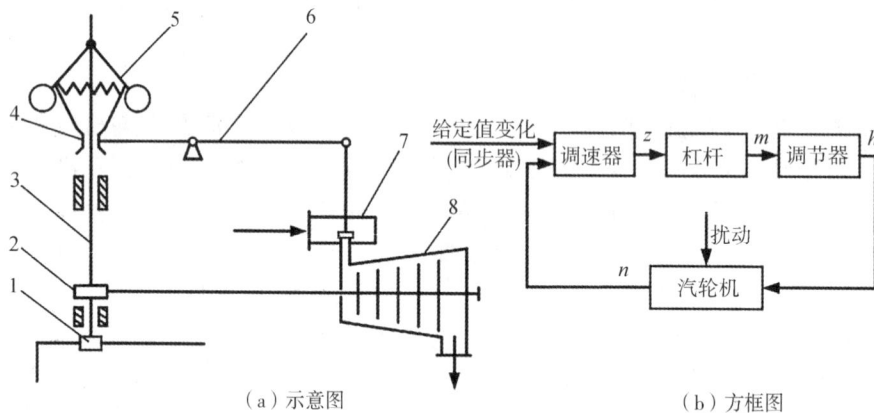

（a）示意图　　　　　　　　　　　（b）方框图

图 10-2　直接调节系统

1—滑油泵;2—蜗轮蜗杆传动机构;3—转轴;4—滑环;5—调速器;6—杠杆;7—调节阀;8—汽轮机

2.间接调节系统

对于功率较大,新蒸汽参数较高的汽轮机组,开启调节阀的提升力过大,不可能由调速系统直接操纵调节阀。因此,船舶主汽轮机和大功率辅汽轮机广泛采用间接调节系统,如图 10-3 所示。

在间接调节系统中,传动放大机构由滑阀、油动机和反馈机构组成。调速器测得转速变化后,滑阀、油动机将转速偏差信号进行传送和能量放大,带动调节阀动作,改变汽轮机进汽量,从而改变汽轮机转子的转矩,使其转速达到或接近设定值。与此同时,杠杆机构发出一个负反馈信号,将调节阀的位置回输给调速器滑环,用来使被调量很快接近给定值,保证调节过程稳定。

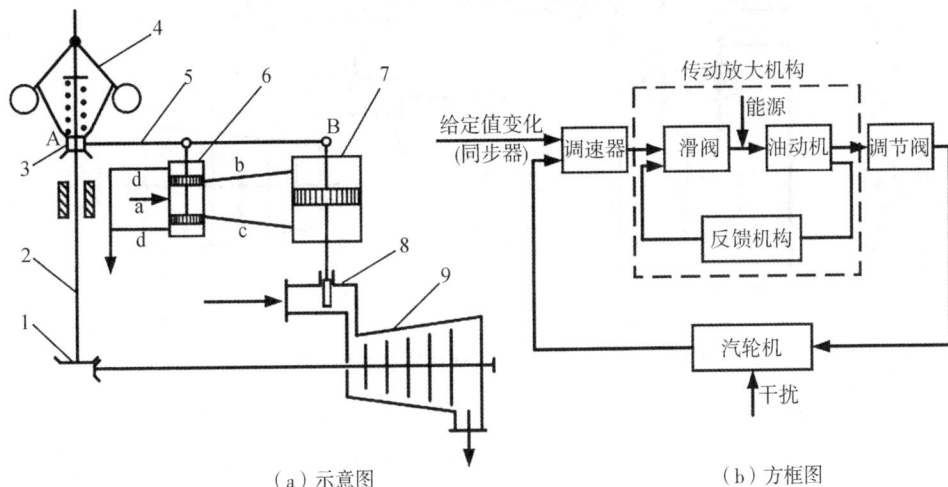

图 10-3 间接调节系统

1—齿轮减速传动机构;2—转轴;3—滑环;4—调速器;5—杠杆;6—滑阀;7—油动机;8—调节阀;9—汽轮机;a、b、c、d—油管

间接调节系统的具体工作过程如下:当外界负荷发生变化时,引起汽轮机转速改变。由于离心力的改变,调速器的飞重距离转轴 2 的距离发生变化,带动滑环 3 沿转轴 2 发生移动。此时,杠杆 5 以油动机 7 的活塞杆 B 为支点带动滑阀 6 离开中间位置,开启通往油动机 7 的进排油路,使油动机活塞在上下油压差的作用下发生移动,操纵调节阀 8 改变开度,进而改变汽轮机 9 的进汽量,直到汽轮机 9 发出的功率与外界负荷平衡为止,使其转速恢复或接近于给定值。与此同时,在油动机活塞移动时,以滑环 3(A 点)为支点,通过反馈杠杆 5 作用使滑阀 6 复位,重新堵住通往油动机 7 的进排油路,使油动机活塞停止移动,调节过程迅速稳定下来。

间接调节系统在油动机中引入二次能源(压力油),使它具有强大的能量去启闭调节阀,保证调节阀动作迅速、准确,提高了调速系统工作的可靠性。同时,由于采用滑阀-油动机机构,可以把调速器做得很小,提高其灵敏度。此外,采用负反馈,使汽轮机转速很快接近设定值,保证调节过程稳定。

3.液压调节系统

液压调节系统采用液压调速器,它由脉冲油泵和压力变换器组成,如图 10-4 所示。脉冲油泵由汽轮机转子直接驱动,其出口油压与转速的平方成正比变化。压力变换器把脉冲油泵油压的变化转变成与之成比例的活塞位移信号,带动滑阀-油动机放大机构。

如图 10-4 所示,主油泵 8 为滑阀-油动机提供压力油,同时为润滑系统提供滑油。为了保证主油泵 8 和脉冲油泵 2 工作正常,两台油泵的进口都与射油增压器 1 的出口连通,使油泵进口总是在正压力下工作。射油增压器 1 用脉冲油泵 2 排出的油作为工质。

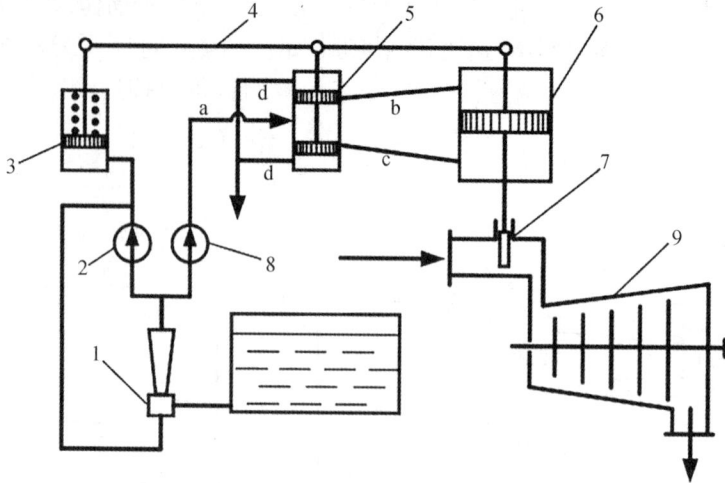

图 10-4　液压调节系统示意图

1—射油增压器;2—脉冲油泵;3—压力变换器;4—杠杆;5—滑阀;6—油动机;7—调节阀;8—主油泵;9—汽轮机;a、b、c、d—油管

　　液压调节系统的优点是调速器工作可靠、动作灵敏,由于各元件相互间用油管连接,方便系统布置。但是,脉冲油泵有时在转速不变时,出口油压会发生低频周期性波动,影响汽轮机正常运行。

　　为了克服机械、液压调节元件"时滞"大、工作灵敏度低的缺点,新型调速系统广泛采用电子调节元件。与此同时,考虑到持续操纵作用力大的液压油动机在启闭调节阀时的独特优点,这样就出现了电子调节元件和液压执行机构结合起来的电液调节系统,它是汽轮机调速系统的发展方向之一。现代大型汽轮机普遍采用数字电液调节系统(Digital Electro-Hydraulic Control System,简称 DEH),它将数字计算机系统与液压执行机构的优点结合起来,使油动机尺寸大大缩小,能够解决复杂的控制问题,并且延缓率小,可靠性高,便于维护。

　　船舶主汽轮机有的采用开环液压调节系统,输出量对输入量的控制没有直接的影响。因此,当汽轮机转速发生波动时是不能自动调整的。船舶汽轮机在采用开环调节系统时,常设有全工况限速装置,即在全速工况时为闭环调节系统。这样,当螺旋桨露出水面而超速时,可将汽轮机转速限制在一定范围内。

10.2　船舶汽轮机自动保护系统

10.2.1　船舶汽轮机自动保护系统概述

　　船舶汽轮机组运行过程中,自动保护系统对汽轮机组的各种运行参数进行连续监测。当某个运行参数超过设定值时,自动保护系统将发出报警信号,或自动地调整某些参数以避免事故发生。如果机组运行状况继续恶化,则自动关闭速闭阀,使汽轮机立即停止工作。在紧急情况下,也可手动操作应急停车开关,使速闭阀迅速关闭。对于汽轮发电机组,在截止汽轮机进汽的同时,还应使相应的发电机自动从电网解列。

船舶汽轮机自动保护系统由速闭阀、超速保安器、轴向位移保安器、低滑油压力保安器、低真空保安器和应急停车开关等组成。自动保护系统中各安全器的动作设定值大致如下：

(1)超速保安器,当汽轮机转速为额定值的110%~114%时动作。

(2)轴向位移保安器,当汽轮机转子轴向位移超过1 mm时动作。

(3)低滑油压力保安器,滑油压力降低至报警值时,会发出警报。当降低到某一压力时备用滑油泵自动起动。当压力降低至0.05 MPa(表压力)时,低滑油压力保安器动作。

(4)低真空保安器,当冷凝器内绝对压力升高至某一数值时,汽轮机将自动降速运行。当冷凝器内绝对压力升高到0.08 MPa时,低真空保安器动作。

(5)盘车机联锁保护、紧急停车机构等投入工作。

不同厂家、不同型号的汽轮机自动保护系统的设定值有所不同。上述各保安装置中任何一个动作时,或手动应急停车时,都能使速闭阀自动迅速关闭,截止汽轮机进汽,防止发生严重事故。

10.2.2　自动保护系统的主要部件

本节以超速保安器和轴向位移保安器为例简要介绍自动保护系统的主要部件。

1.超速保安器

超速保安器是不稳定调速器,它不可与调速系统中的调速器共用一个敏感元件。比较常见的超速保安器有飞锤式和飞环式等。如图10-5所示,当汽轮机转速升高到一定程度,飞锤或飞环产生的离心力大于弹簧的预紧力,使飞锤或飞环跳出,通过杠杆或紧急停车机构使应急停车机构速闭阀迅速关闭。

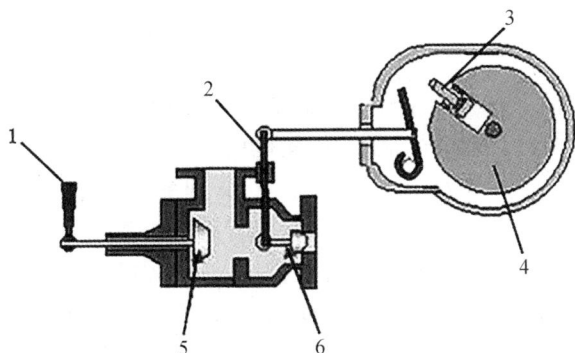

图10-5　超速保安器原理图

1—调速器控制杆;2—杠杆;3—飞锤;4—汽轮机轴;5—主蒸汽阀;6—蒸汽速闭阀

2.轴向位移保安器

轴向位移保安器有液压式、电磁式等几种。电磁式轴向位移保安器原理如图10-6所示。当转子处于正常位置时,其圆盘在铁芯缺口的中间位置,两侧绕组 L_2 和 L_3 感应电动势大小相等、方向相反,可互相抵消。此时,电流表A中无电流,触发器J无信号输入。当转子发生轴向移动时,圆盘在铁芯缺口中发出偏移,圆盘两侧间隙不相等,两侧绕组中磁路的磁阻不同,产生的感应电动势不相等。于是,电流表A中有电流通过,其电流方向和大小表示了转子的移动方向和移动量。当转子轴向位移达到设定值时,两侧绕组中感应电动势之差使触发器J触发,其输出信号通过综合开关,使速闭阀迅速关闭,汽轮机停车。

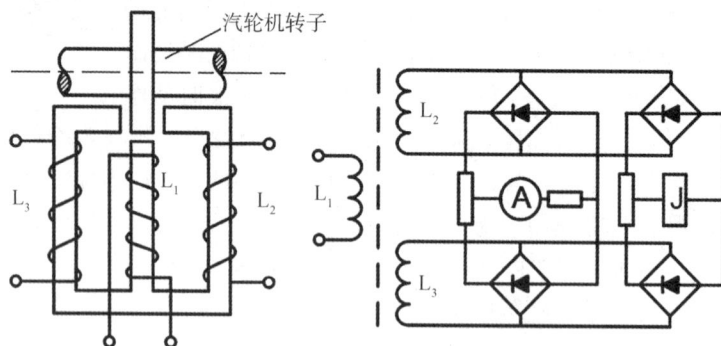

图 10-6　电磁式轴向位移保安器原理图

10.3　船舶汽轮机控制系统实例

　　如图 10-7 所示为某大型 LNG 船主汽轮机控制系统原理图。该控制系统由 Nabco Ltd 生产,它为操作人员和主汽轮机之间提供了一个交互界面,可以按照预设的程序执行来自驾驶台和集控室操纵台的指令。该系统属于电液式系统,它由双重控制计算机、电子电气回路、程序信号交互单元以及正车和倒车操纵阀执行器的液压伺服机构等部件组成。用于监测主汽轮机功能的综合自动系统图像界面包括主汽轮机遥控系统和主汽轮机状态显示两部分。

10.3.1　控制油系统

　　控制油系统的压力油来自主汽轮机的润滑系统(参见图 8-11)。该压力油由滑油泵提供,但是其压力比滑油压力更高,因为向轴承和齿轮机构供应的滑油会经过节流孔节流。

　　调速器马达和电磁阀的控制是由单独的汽轮机管理系统通过驾驶台或集控室的操纵台来执行,它使用控制油来调节操纵阀的开度。汽轮机管理系统的信号被转换成电气位置马达或调速器的位移。该马达会驱动先导阀的阀芯,通过打开或关闭油孔来控制通往操纵阀伺服活塞的油流。压力油驱动伺服活塞向要求的方向移动,从而驱动操纵阀的阀芯移动。正车操纵阀或倒车操纵阀控制蒸汽以一定的流量进入汽轮机。当伺服活塞移动至期望的量时,它会给先导阀一个反馈,先导阀的油孔将会关闭,将不再有油流流至伺服活塞,伺服活塞也不再移动。

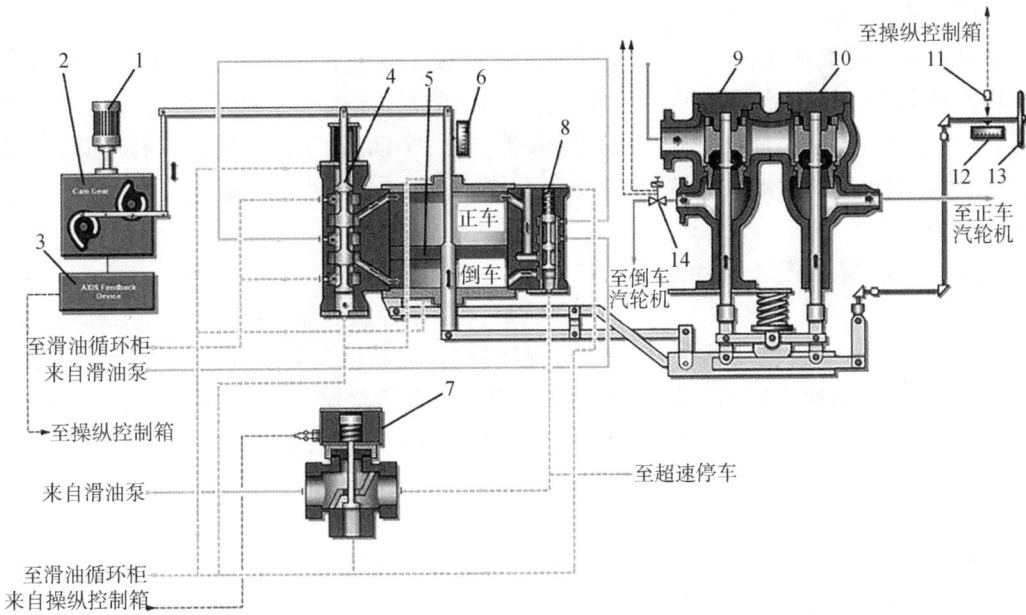

图 10-7 某大型 LNG 船主汽轮机控制系统原理图

1—调速器马达;2—凸轮机构;3—反馈装置;4—先导阀;5—伺服活塞;6—升程指示器;7—三通电磁阀;

8—应急切断阀;9—倒车操纵阀;10—正车操纵阀;11—限位开关;12—升程指示器;13—手轮;14—倒车保安阀

10.3.2 主汽轮机遥控装置

主汽轮机遥控装置的控制手柄与车钟合为一体,它可将车钟的指令传输给计算机。计算机则通过连续、分级的程序执行该指令,使汽轮机改变转速或转向。汽轮机遥控系统由下列各部分组成:

1.主汽轮机操纵控制面板

主汽轮机操纵控制面板设置在集控室内,面板界面如图 10-8 所示。该面板接收车钟的指令,并且包括各种需要的相关部件用来根据车钟指令控制主汽轮机。它包括控制计算机、模拟操作板和各种电气和电子信号回路。

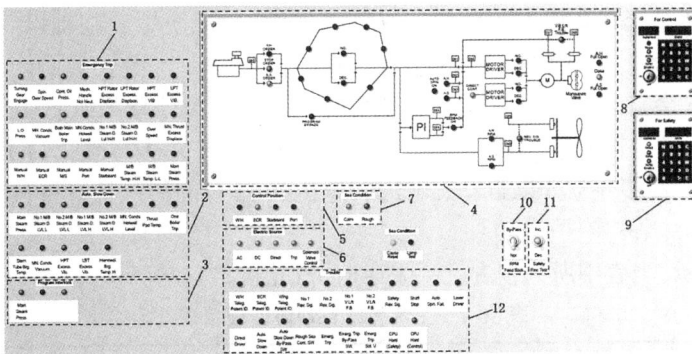

图 10-8 主汽轮机操纵控制面板

1—应急停车;2—自动降速;3—程序联锁;4—机组状态;5—控制位置;6—电源;7—海况;

8—控制板;9—安全板;10—转速反馈;11—安全回转测试;12—故障指示

2.驾驶台主汽轮机操纵台

驾驶台主汽轮机操纵台由如下部件构成:(1)操纵手柄及车钟传感器:可移动至期望的汽轮机转速设定值、正车或倒车,车钟指令由主汽轮机操纵控制面板处理和执行。(2)车钟手柄位置指示器。(3)车钟逻辑器。(4)转速显示器。(5)子面板:包括操纵位置转换开关、操纵按钮、指示灯和车钟复示器。(6)主汽轮机应急停车。(7)主汽轮机降速越控。(8)主汽轮机停车越控。

3.机舱集控室主汽轮机操纵台

机舱集控室主汽轮机操纵台由如下部件构成:(1)车钟接收器及操纵手柄。(2)操纵阀升程指示器。(3)子面板:包括操纵和泄放阀、程序控制、控制模式切换、应急系统和放残阀、操纵阀操作开关(弹簧预紧)和指示灯。(4)车钟手柄位置指示器。(5)转速显示器。(6)主汽轮机转动计数器。(7)主汽轮机应急停车。(8)主汽轮机降速旁通。(9)主汽轮机应急停车旁通。

4.机旁应急控制面板

机旁应急控制面板由如下部件构成:(1)主汽轮机停车复位按钮。(2)控制位置转换开关。(3)操纵阀升程指示器。(4)转速显示器。(5)仪表盘:显示蒸汽和滑油压力、主冷凝器真空度。(6)主汽轮机应急停车和停车旁通开关。(7)应急操纵阀手轮。(8)指示灯:显示汽轮机停车及操纵位置状态。

10.3.3 主汽轮机遥控系统的功能

1.自动旋转(盘车)

它可以在汽轮机停止的时候,通过使汽轮机转子频繁地正转和倒转来防止热的汽轮机转子下垂。它还可以在汽轮机再次起动时使汽轮机保持足够高的温度以防止热损伤。

当汽轮机在机动操纵过程中停止时和如下情况时,将起动自动旋转功能:(1)集控室操纵台控制模式转换开关转至"手柄"位置。(2)车钟手柄设定在"停止"位置。(3)主汽轮机停车被复位。(4)螺旋桨轴转速低于3 r/min。

如果螺旋桨轴转速低于3 r/min的时间达2.5 min,自动旋转系统将开启倒车蒸汽操纵阀至预设位置,使螺旋桨轴以3 r/min的转速旋转,然后关闭该操纵阀。一旦螺旋桨轴停止时间达3 min,自动旋转系统将开启正车蒸汽操纵阀至预设位置,使螺旋桨轴以3 r/min的转速旋转,然后关闭该操纵阀。该程序每3 min重复一次。

自动旋转模式会自动激活,与此同时,在驾驶台和机舱集控室操纵台上的"旋转区域"指示灯会亮起。如果要关闭自动旋转功能,可将"自动旋转"开关从"开启"转为"关闭",或将操纵手柄从"停止"位置移开。如果自动旋转的转速达到12 r/min,汽轮机将自动停车。

2.自动降速

如表10-1所示,当表中所列情况之一发生时,汽轮机将自动降速。

表10-1 主汽轮机自动降速项目表

序号	描述及代码	设定值
1	主蒸汽压力低 MT055	5.35 MPa
2	主锅炉汽包液位高 MT056/057	+160 mm

续表

序号	描述及代码	设定值
3	主锅炉汽包液位低 MT058/059	−170 mm
4	主冷凝器真空度低 MT061	80 kPa
5	主冷凝器热水井液位高 MT062	N+300 mm
6	艉管轴承温度高 MT063	60 ℃
7	一台锅炉熄火	
8	主推力轴承温度高 MT064	110 ℃
9	主蒸汽温度高高 MT026	530 ℃
10	齿轮机构和汽轮机轴承温度高高 MT151~159	齿轮:57 ℃ 汽轮机轴承:77 ℃
11	中间轴承温度高 MM088/089	65 ℃

在必要情况下,可通过将驾驶台或机舱集控室操纵台上的自动降速开关转至"越控"位置来取消自动降速功能。

3.主汽轮机报警和停车

主汽轮机下列报警和停车功能应每三个月测试一次。在驾驶台、货物控制室、机舱集控室和机旁还设置有手动应急停车开关。主汽轮机通过各种报警和停车得到保护,这些报警和停车的项目在综合自动系统中均有显示。主汽轮机报警项目如表10-2所示,主汽轮机自动停车项目如表10-3所示。

表 10-2 主汽轮机报警项目表

序号	描述及代码	设定值
1	滑油压力低 PX-131	70 kPa
2	控制油压力低 PX-134	25 kPa
3	主冷凝器真空度低 VX-129	80 kPa
4	汽封蒸汽压力高 PX-128	50 kPa
5	汽封蒸汽压力低 PX-128	5 kPa
6	高压汽轮机推力轴承轴向位移	0.5 mm
7	低压汽轮机推力轴承轴向位移	0.5 mm
8	主推力轴承轴向位移	1.1 mm
9	高压汽轮机振动 XAH-173V	100 μm
10	低压汽轮机振动 XAH-174V	150 μm
11	主减速齿轮振动 XAH-175V	7 mm/s
12	轴承滑油温度高 TX-147	50 ℃
13	齿轮滑油压力低 MT-049	7 kPa

续表

序号	描述及代码	设定值
14	主冷凝器液位高 MT-161	+300 mm
15	主冷凝器液位低 LX-161	−140 mm
16	高压/低压汽轮机和推力轴承温度 TX-151~155	75 ℃
17	主齿轮轴承 TX-159	55 ℃
18	主推力轴承 TAH-160~1	55 ℃
19	进汽温度 TX-141	530 ℃
20	低压汽轮机排汽室温度高 TX-145	150 ℃
21	倒车蒸汽温度高 TX-127	350 ℃
22	进汽压力低 PX-121	5.4 MPa
23	进汽压力高 PX-121	6.0 MPa

如表 10-3 所示,当表中所列情况之一发生时,汽轮机将自动停车。

表 10-3　主汽轮机自动停车项目表

序号	描述及代码	设定值
1	手动应急停车(正车和倒车)	
2	超速停车 机械/电子/倒车	103.5/101.1/ 71.8 r/min
3	滑油压力低低 PS-69	50 kPa
4	控制油压力低低 PS-70	200 kPa
5	主冷凝器真空度低低 ESD-129	66.5 kPa
6	主冷凝器热水井液位过高 FS-161A	N+500 mm
7	高压汽轮机转子轴向位移超限 XAH-173A	1.0 mm
8	低压汽轮机转子轴向位移超限 XAH-174A	1.0 mm
9	主推力轴承轴向位移超限 XAH-175A	1.6 mm
10	高压汽轮机转子振动超限 XAH-173V	130 μm
11	低压汽轮机转子振动超限 XAH-174V	180 μm
12	主减速齿轮振动超限 XAH-175V	18 mm/s
13	盘车机啮合	
14	两台锅炉同时熄火	
15	锅炉汽包液位高高	+200 mm
16	电源失电	
17	应急操纵手柄不在中位	
18	安全系统电源失电	
19	自动旋转超速	12 r/min
20	暖机超速	12 r/min

第11章　船舶汽轮机组的技术管理

11.1　船舶汽轮机组的起动

　　船舶汽轮机组的起动是机组技术管理中的重要工作之一,如果操作不当,容易导致汽轮机出现故障,甚至会影响汽轮机的寿命。汽轮机组的起动分为正常起动和低速起动两种,前者通常按起动前准备、暖机和试车的步骤进行,后者为直接低速起动汽轮机。

11.1.1　起动前准备

　　主汽轮机组起动前的准备工作主要包括如下两个方面:

　　1.动力装置各部分的检查和准备

　　首先,应检查主锅炉以及为其服务各种辅机和相关系统,使它们处于正常工作状态,将蒸汽压力按规定逐步升高至额定值。起动汽轮机时,锅炉应维持额定蒸汽压力不变。

　　其次,检查主汽轮机组以及为其服务的各种辅机和相关系统,使它们处于正常工作状态。检查各系统管路上的阀门,确保其启闭状态正确且能够正常工作。检查机组的各轴承间隙,测量转子的轴向和径向位置。

　　起动盘车机构盘车,仔细倾听机内有无杂音,检查盘车机构电流值有无变化。盘车前,用手摇泵或电动滑油泵向各轴承和齿轮啮合处供油。

　　2.起动各辅助系统并测试调速系统和保安设备

　　(1)在主汽轮机组起动前,检查滑油系统中各主要部件并使它们处于正常工作状态。起动滑油泵后,检查滑油压力、温度是否正常。滑油的正常温度一般为 35 ~ 40 ℃,不应低于25 ℃,否则应起动滑油加热器。注意排出滑油系统中的空气、油柜放残水,检查各处供油情况,有无堵塞或泄漏现象,还应注意检查滑油质量。

　　(2)在汽轮机组暖机前,应先起动冷凝装置。为此,首先检查海水系统中各设备和阀门的工作状态,按操作规程依次将其投入工作。注意放出系统中各处的空气,检查海水是否已充入冷凝器以及循环水泵的工作状况。其次应检查冷凝器内的凝水水位,该水位不得低于水位表高度的一半。当凝水和给水系统工作正常后,起动凝水泵。然后,检查并起动主空气抽除器和汽封系统,使它们处于正常工作状态。这时,采取凝水再循环的方式使汽封抽汽冷却器有足够的凝水通过,保证冷凝器达到正常的真空度。

　　(3)起动汽轮机之前,按操作规程对调速系统和保安设备进行检查和测试,确保其工作正常。

11.1.2 暖机

暖机的目的是使汽轮机从冷状态安全地过渡到热状态,其方法是用蒸汽加热汽轮机,使其接近工作状态。暖机的过程中,由于结构的原因,汽轮机内各零件或同一零件不同部分之间温升速度不同。汽轮机内不仅会产生径向温差,在周向和轴向温度也不相同。在圆周方向,一般上部温度比下部高。在轴线方向,从进汽端向排汽端温度逐渐降低。这些温差还随时间而变化,直至汽轮机工况稳定时为止。暖机时,由于温差的存在,会产生如下两方面的问题:

1.气缸和转子的相对膨胀

暖机时,气缸和转子虽然同时受热,但是由于传热速度和受热条件不同(转子被蒸汽包围,而气缸向外散热),二者的温升速度不同,导致气缸和转子的热膨胀量不同,出现相对膨胀量,称为相对胀差。相对胀差的存在会使汽轮机静子和转子之间的轴向间隙发生变化。当相对胀差为零时,汽轮机内静子和转子间的轴向间隙正常。当相对胀差较大时,汽轮机内轴向间隙随之产生较大变化。情况严重时可能导致转子和静子之间相碰并发生摩擦。

由于结构不同,汽轮机气缸和转子的自由膨胀方向可能相同,也可能相反,即出现同向膨胀或异向膨胀。同向膨胀时,气缸和转子都以有推力轴承的一端为始点,一同向另一端膨胀。异向膨胀时,转子仍以有推力轴承的一端为始点,向另一端膨胀,而气缸膨胀方向则正好相反。

无论是同向膨胀还是异向膨胀,相对胀差从靠近推力轴承的第一段向以后各段逐渐增大,至另一端外部汽封处相对胀差达到最大值。因此,为了保证汽轮机工作安全,转子与静子间的轴向间隙必须设计成从推力轴承一端向另一端逐级增大。

2.气缸和转子的热变形和热应力

在暖机过程中,由于温差的存在,气缸和转子必然产生热变形和热应力。温差越大,热变形和热应力越大。所以,在汽轮机暖机时,应尽可能地减小温差,使热变形和热应力控制在允许范围内。在暖机初期应采用低温、低压蒸汽,之后,随着汽轮机各零部件温度的升高,可逐渐提高加热蒸汽的压力和温度。

相较于额定蒸汽流量,暖机用的蒸汽量很少。因此,当蒸汽进入汽轮机内,压力立即降低到接近于冷凝器的压力。可以用改变冷凝器真空度的方法来控制进入汽轮机内蒸汽温度的变化。暖机开始前,先起动空气抽除器,并向汽封系统供汽。暖机开始时,将冷凝器真空度提高到最大值,使暖机的蒸汽温度不至于过高,并可尽量减少使传热恶化的空气。然后,通蒸汽进入汽轮机内,使汽轮机内各部件温度逐渐升高。同时,通过对空气抽除器进汽压力节流使冷凝器真空度逐渐降低到 $66\sim73$ kPa,保持此真空度进行暖机。

在暖机过程中,循环水泵也要保持低速工作,供给冷凝器一定量的冷却水,防止其过热。为防止暖机时汽轮机内积水过多,应打开汽轮机所有的疏水阀,排出凝水。暖机时,还应向汽轮机各轴承和齿轮啮合处正常输送润滑油,同时定期盘车,不断改变转子的位置,防止转子发生过量的挠曲变形,同时可以检查转子的旋转是否正常。还要测量各轴承温度以及气缸和转子的膨胀程度(轴向和径向位置)等。

对于不同的机组,其气缸温度等暖机指标也不相同,具体暖机过程应按操作规程进行,达到操作规程要求的暖机指标后,暖机结束。

11.1.3　试车

暖机结束后,应按照操作规程进行试车。试车的目的是检查暖机的质量,并判断汽轮机组能否从静止状态安全地过渡到运转状态。同时,也有进一步暖机的作用。

试车前应先加热主蒸汽管、速闭阀、正车和倒车操纵阀、倒车隔离阀和各喷嘴阀等,并仔细疏水,防止试车时凝水和工作蒸汽一起进入汽轮机内。另外,试车前必须先将盘车机脱开,并仔细检查滑油泵的工作和齿轮啮合处的供油情况。

试车时,通常都是开足一部分喷嘴阀,并用操纵阀使蒸汽节流,控制进入汽轮机的蒸汽压力和流量。用新蒸汽使汽轮机转子从静止状态开始转动时,应特别监视当时调节级喷嘴前的蒸汽压力,该压力称为冲转气压或称试车压力。在汽轮机的说明书和操作规程中,都会标出冲转气压的具体数值。如果冲转气压达到规定数值而转子仍未开始转动,一般允许重复两次。第三次试车转子仍不转动,或有异常声音或振动,应停止试车,查明原因,排除故障。故障原因可能是暖机不当使转子和静子相碰,或疏水不足使气缸内积水过多。

试车应正、倒车交替进行数次。如转子在规定的冲转汽压下开始转动(转速为 20 ~ 30 r/min),应立即关闭操纵阀,并开启倒车操纵阀,进行倒车起动试车。

试车过程中,应注意观察转速表、压力表等仪表,密切监视汽轮机组的各个参数和运行状态。如果出现不正常的噪声或振动时,应立即查明原因,排除故障。暖机和试车结束后,表示正常起动工作已经完成,汽轮机可以逐步增速投入工作。

11.1.4　低速暖机法

低速暖机法是用新蒸汽直接驱动汽轮机,这是在紧急情况下要求船舶主汽轮机从冷的静止状态过渡到热的运转状态的应急措施。低速暖机时,起动前的准备工作与正常起动一样,不过要求时间更短一些。低速暖机时,进入汽轮机的蒸汽温度比正常暖机时高得多。因此,为避免汽轮机产生过大的热应力和热变形,低速暖机法只允许汽轮机在很低的转速下运行。

船舶辅汽轮机通常采用低速暖机法。暖机时,先在冷凝器低真空度和低转速下持续转动 5 ~ 10 min,然后将冷凝器真空度提高到额定值,并继续转动 5~10 min。之后,辅汽轮机即可投入工作。

从机组结构设计上,允许主汽轮机组冷态紧急起动。但是采用该起动方法时汽轮机容易出现故障,且会影响机组使用寿命,因此,应尽可能避免使用该起动方法。

11.1.5　保持热状态

汽轮机试车结束或临时停车后,根据航行需要,船舶有时并不立即启航,而是要求汽轮机能够随时在规定时间内投入工作。这时,要求汽轮机必须保持热状态,防止冷却过快或冷却不均而产生过大的热变形和热应力,保证汽轮机重新起动时安全可靠。

汽轮机停车后,气缸、转子和其他零部件开始自然冷却。如果冷却过快或冷却不均,气缸和转子等主要部件会产生过大的热变形和热应力,转子和静子间的间隙会发生变化,甚至可能出现转子与静子相碰的情况。因此,汽轮机保持热状态时,应定期盘车,使气缸和转子上、下部温度均匀,使转子在冷却时拱曲挠度明显减小。

根据任务不同,主汽轮机保持热状态一般分为:随时准备状态、1 h 准备状态和 1 h 以上准备状态三种,具体可参照操作规程或说明书进行操作。

11.2　船舶汽轮机组的运行管理

船舶主汽轮机组的运行管理一般包括机动操纵时的运行管理和正常航行时的运行管理两个方面。辅汽轮机组的运行管理较为简单,本节不再赘述。

11.2.1　船舶主汽轮机组的变速和变向

船舶机动航行时,经常会改变主汽轮机和螺旋桨的转速和转向。这时,船舶主汽轮机组在保证安全的前提下,应在尽可能短的时间内实现车钟指令,使船舶获得最大的机动性。

1.船舶主汽轮机的变速

当主汽轮机组增速时,蒸汽流量增加,蒸汽参数升高。此时,蒸汽与气缸和转子等主要部件表面间的温差,以及这些部件的内外温差相应增大。如果增速过快,气缸和转子等主要部件内会产生过大的热应力和热变形,转子和静子间的间隙也会变化过大。因此,主汽轮机组增速应严格按照操作规程分阶段进行。另外,如果增速过快,还会使主汽轮机组进汽量突然增加,导致锅炉发生汽水共腾。

当主汽轮机组减速时,不会出现过大的热应力和热变形问题,因此,没有时间限制。但是,在采用混合调节时,应避免只有一组喷嘴投入工作,使调节级等熵焓降过大而超负荷。此时,必须监测调节级后的压力,使其不超过固定值。如果减速操作过快,会使锅炉气压急剧升高,甚至顶开安全阀。

当主汽轮机变速时,还应按规定疏水、保持冷凝器真空度稳定、润滑系统工作正常,还应保持蒸汽初参数稳定。

2.船舶主汽轮机组的变向

当船舶进行前进与后退的转变时,主汽轮机组要进行正、倒车转换,以实现主汽轮机和螺旋桨的转向改变,称为变向过程。机组的变向性能除直接影响到船舶的机动性和滑行距离外,还是使船舶迅速制动的一种手段。为提高船舶机动性,就要缩短船舶滑行距离和主汽轮机的变向时间。

正航船舶的变向过程可分为如下四个阶段:

(1)减速滑行。当接到倒车指令后,迅速关闭正车进汽阀,在阻力矩作用下汽轮机和螺旋桨转速迅速下降。但船舶由于巨大的惯性,航速下降缓慢。该阶段从关闭正车进汽阀时起,到水动力矩与阻力矩相平衡为止。

(2)制动过程。如果要求迅速倒航,可在正车汽轮机未停转之前就向倒车汽轮机供汽,使正车汽轮机和螺旋桨转速迅速下降。该阶段从倒车汽轮机开始进汽到正车汽轮机停转为止。此时,船舶仍继续向前滑行。

(3)倒车前冲。在该阶段倒车汽轮机已开始倒转并加速,船舶仍继续前冲,直到航速降为零为止。从正车汽轮机停汽到船舶停止前进这个过程中船舶前进的距离称为滑行距离。

(4)倒航加速。在该阶段倒车转速和倒航船速不断增加。

3.回汽制动

当船舶倒航或对主汽轮机制动使正航船舶航速迅速降为零时,都需要倒车汽轮机投入工作。在船舶正航时,倒车汽轮机不进汽,而被正车汽轮机带动倒转。

正航船舶制动时,首先关闭正车操纵阀,停止向正车汽轮机供汽。这时,主汽轮机转子在惯性力作用下仍按原来的方向转动(称为惰转),船舶在惯性力作用下继续向前滑行。但是,螺旋桨由于受到水的阻力,转速迅速降低。正车操纵阀关闭后,立即开启倒车操纵阀,使工作蒸汽进入倒车汽轮机级(在机动操纵前,预先开启倒车隔离阀),发出一定的倒车功率,迫使正车汽轮机先停止转动,接着开始倒转,从而带动螺旋桨产生后退的推力,使船舶停止向前航行。该制动过程称为回汽制动。

显然,如果能在停止正车进汽后,立即使用倒车全速时使用的初蒸汽参数进行回汽制动,则变向所需的时间最短。但是,这时汽轮机转子和减速齿轮的受力情况将大大恶化,其中产生的应力将明显增大。当交替使用正车、倒车汽轮机时,除应力增大外,汽轮机的受热情况也会发生变化。因此,为了确保汽轮机组在各种工况下都能安全工作,通常在操作规程中对回汽制动和交替使用正车、倒车汽轮机的操作都有严格的规定,必须遵照执行。

11.2.2 船舶汽轮机在额定工况下的运行管理

1.概述

船舶在海上定速航行时,主汽轮机在额定工况下稳定运行。为了保证动力装置运行可靠,同时获得最高的经济性,轮机管理人员必须做好以下工作:(1)保证工作蒸汽的初、终参数在规定范围内。(2)保证润滑系统工作正常。(3)保证汽轮机和减速齿轮运行状态良好,防止出现振动。(4)定时(每1 h 或 2 h)检查运行参数(调节级前后的蒸汽压力、冷凝器内的真空度、凝水过冷度、汽封蒸汽压力、各轴承中的滑油温度等),并记入轮机日志中,与历次记录进行对比分析,及时发现问题,消除隐患。(5)经常监视各种辅助机械和设备的运行状态,防止各种异常现象的发展,避免事故的发生。一旦出现故障,应尽快查明原因,及时妥善处理。

本节只对润滑系统和凝汽设备的管理要点加以叙述。

2.润滑系统的管理

在汽轮机组运行过程中,润滑系统要向机组各轴承、减速齿轮、机组控制和保护系统提供足够压力和温度适宜的润滑油或动力油。该系统对于保障汽轮机组的安全运行至关重要,必须在日常管理中给予足够重视。

汽轮机组应选用说明书中指定牌号的润滑油,例如46号防锈汽轮机油。在润滑油使用过程中,除严密监视滑油压力、温度以及油柜液位等参数,保证滑油系统各处压力、温度适宜外,还应保证滑油质量良好。在正常情况下,可采用沉淀油箱使滑油沉淀澄清,并通过分油机分离出滑油中的水和杂质。另外,滑油应按说明书要求定期化验,一旦化验指标超过限值必须换用新滑油。

3.凝汽设备的管理

为保证船舶汽轮机安全、经济地运行,必须保证凝汽设备工作正常,特别是应在各种工况下保持冷凝器内最佳真空度。为此,轮机管理人员应做好以下工作:

(1)根据运行情况经常监视并及时调整空气抽除器和循环水泵的工作,在保持冷凝器内真空度适宜的情况下,尽量减少耗汽量和用电量。例如,空气抽除器真空过高或循环水量过大会增加凝水过冷度,影响装置运行的经济性。如果冷凝器冷却水进出温差大于标准值,表示冷却水量不足,应提高循环水泵转速。当冷凝器真空度变化,应调整空气抽除器的工作蒸汽压力。当空气抽除器冷却器的冷却水进出温差过大时,应开启凝水系统中的再循环阀,保证空气抽除器有足够的冷却水量。

(2)保证汽封系统工作正常和与冷凝器连通的管路、阀件完全气密。开式汽封系统运行时冒汽管应该保持有少量蒸汽冒出,闭式汽封系统运行时应保持汽封蒸汽平衡箱中的压力在规定范围内。

(3)保持冷凝器内凝水水位正常。如果凝水水位过高,凝水会淹没冷凝器内最底层的冷却水管,减少有效冷却面积,增加凝水过冷度;如果凝水水位过低,会使汽封抽气冷却器的冷却水量不足。二者都会引起冷凝器内真空度降低。当冷凝器内凝水水位过低时,必须相应调整(增大)再循环阀的开度,增加再循环的凝水量。

(4)保持冷凝器冷却水管内、外壁面清洁。当冷凝器运行时,冷却水管内壁表面可能黏附沉淀物和盐垢,而外壁表面上可能附着凝水带来的滑油。这两种情况都会影响冷却水管的传热效果。因此,要定期清洁冷凝器内部和冷却水管内外壁面,还应保持循环水泵吸口滤器的清洁。

(5)定期检查冷凝器中的凝水过冷度(一般不超过$2\sim3$ ℃)。凝水过冷度增大的原因可能是冷凝器的冷却水量过大,或凝水水位过高,或漏入机内空气增多。

(6)应定时(1 h 或 2 h)化验冷凝器凝水的水质。主要的化验指标有凝水含氧量和氯化物含量。凝水含氧量一般不应大于 0.05 mg/L。凝水含氧量过大可能是凝水过冷度超过规定值等原因导致。凝水中氯化物的含量一般不应超过 $3\sim9$ mg/L。凝水氯化物含量升高可能是冷却海水漏入凝水中所致。

11.2.3　船舶汽轮机在特殊工况下的运行管理

在特殊工况下,汽轮机组管理的主要任务是确保船舶和机组本身的安全。

1.在浅水中航行

船舶在浅水域航行时,船体阻力会增加,因此不可高速航行。应按车钟指令减速航行,还应检查冷却水系统和降低循环水泵转速,防止吸入泥沙,堵塞冷凝器。注意机组振动情况,防止螺旋桨触及海底泥沙。

2.在大风浪中航行

船舶在大风浪中航行时,工作人员应集中精力操纵主机,尽可能保持主机转速稳定,防止因螺旋桨露出水面引起超速保安器动作而自动停车,或主机飞车。同时应加强机舱巡视,认真检查机组各轴承的油压和油温以及机组的振动情况,并且注意冷凝器水位、滑油循环柜油位等液面波动情况。

此外,拖带与被拖带以及单机航行两种工况比较少见,这里不再赘述。

11.3　船舶汽轮机停机及不工作时的保养

在汽轮机停机过程中,如果处理不当,会使汽轮机某些部件产生过大的热变形和热应力,还会使汽轮机内的间隙发生异常变化,或导致某些部位发生锈蚀等。在这些情况下,再次起动汽轮机是很危险的。

11.3.1 停机的基本程序

1.切断进汽、疏汽和疏水

停机时,首先关闭主汽轮机的正、倒车操纵阀,停止进汽。在关闭锅炉的主停汽阀后,打开正、倒车操纵阀箱上的疏水阀,排出主汽管内的残汽和凝水。待主汽管内压力降到 0.3 MPa 以下,开启正、倒车操纵阀,将主蒸汽管内蒸汽驱于机内。2~3 min 后,关闭主汽管和主机上的所有阀门,然后打开主汽管和阀门的疏水阀,彻底疏出凝水。

2.冷却和疏干

主机停汽后,凝汽设备、汽封系统和润滑系统应继续工作。关小空气抽除器的工作蒸汽阀,使主冷凝器真空保持在 66.6~80 kPa 的低真空范围内。循环水泵低速运转,滑油冷却器出口油温保持正常值。

此时,冷凝器真空对应的饱和蒸汽温度小于气缸和转子的温度,使气缸和转子被冷却。为防止冷却过快,冷凝器应保持较低真空度。但是,由于气缸和转子的温度高于机内积水的温度(饱和温度),凝水被加热蒸发成蒸汽,起到了排除机内积水的作用,这称为疏干。

在冷却和疏干时,转子传往轴颈的热量被循环的滑油带走,所以要保持轴承油温不超过规定值。疏干所需时间的长短,应以气缸内基本干燥和气缸各处温度均匀为准。

3.定时盘车

为了尽量减少热变形,冷却和疏干开始时,还应起动盘车机构,每隔 5 min 盘车一次,并将转子停在和原位置相差 180°的新位置上。

主汽轮机停止转动后,气缸内下部冷却得比上部快,上下部温差可达到 50~60 ℃。转子会向上拱曲变形,如果在静止状态下冷却,变形值会相当大,并且变形持续时间长,待转子完全冷却后变形才会消失。如果转子在定期盘车的情况下冷却,则弯曲变形会明显减小,持续时间也缩短很多。因此,汽轮机在停机过程中应定期盘车。

4.停止辅机

当冷凝器壳体温度不再升高时,停止循环水泵、主空气抽除器和汽封系统的工作。疏干结束时,为保持机内干燥,将冷凝器的凝水尽量抽干后,再停止凝水泵的工作。

5.主机的干燥保养

汽轮机停机后,气缸内温度逐渐降低,加之进入气缸内的空气总含有一定量的水分,它们附着在较冷的金属壁面上,引起金属壁面锈蚀。为了防止锈蚀,有些主汽轮机装有干燥系统,将经过加热的空气不断送入气缸内,使气缸内保持干燥,并在主汽轮机不工作期间,使气缸内温度比机舱内温度高约 15 ℃以上。通常情况下,当气缸温度降低到 50 ℃时,接通干燥系统。

6.充油和油封

在主滑油泵停止工作后,电动滑油泵必须继续工作。一是供给主汽轮机盘车时轴承需要的滑油;二是用滑油不断带走从气缸内传到各轴承的热量,防止轴承过热。电动滑油泵工作需持续几小时(具体时间参照操作规程),一般应使轴承温度保持在 75 ℃以下。

除润滑和冷却外,电动滑油泵向轴承供给滑油还能起到清洁轴承的作用,使轴承和转子轴颈保持清洁,防止锈蚀。在停机过程中,滑油分油机也要保持运行,除去滑油中的水分和杂质。

电动滑油泵停止工作后,再过一段时间(约 2 h),应向各轴承注入防护油(含 0.5%精制油酸的汽轮机油),进行油封保养。支持轴承可以从滑油指示器的孔注入防护油,推力轴承可以从温度表孔注入防护油。注入防护油时,可用盘车机将转子转动一圈半,使防护油能布满整个转子轴颈上。

7.测量检查

停机结束时,必须测量汽轮机转子和减速齿轮第二级大齿轮的轴向和径向位置及滑动轴承座的位置,并记录在轮机日志中。盘车时,还应记录电动机的电流值,同时还应注意倾听汽轮机和减速齿轮内有无异常噪声。

11.3.2 汽轮机组停用时的保养

如果船舶汽轮机停用时间较长,应对其进行保养,以防止其锈蚀并确保其处于能保证安全运行的技术状态。主要保养内容如下:

(1)保持机舱内温度和湿度正常。注意经常通风,使机舱内温度高于大气温度10℃以上,机舱内相对湿度小于85%。汽轮机和冷凝器内可放适量的干燥剂(如生石灰)。

(2)每天定时盘车略超过一圈,使转子每次停在一个新的位置上。盘车时,应起动电动滑油泵,并记录电动机的电流值,注意倾听汽轮机和减速齿轮内有无异常噪声。

(3)关闭通往主汽轮机的汽、水管上的阀门,防止汽、水进入汽轮机内。如果汽轮机停用超过三个月,则应将这些汽、水管封闭。

(4)定期检查润滑系统中的滑油质量以及容易锈蚀的润滑表面,如转子轴颈、推力盘和减速齿轮等。

(5)定期检查和清洗冷凝器。

参考文献

[1] 陈义亮. 船舶锅炉与汽轮机[M]. 大连:大连海事大学出版社,1995.

[2] 陈海泉. 船舶辅机[M]. 大连:大连海事大学出版社,2016.

[3] 张兴彪. 轮机概论[M]. 大连:大连海事大学出版社,2017.

[4] 张存有,李可顺,李伟. 轮机业务概论[M]. 3版. 大连:大连海事大学出版社,2021.

[5] 施润华,张维竞. 船舶汽轮机动力装置[M]. 上海:上海交通大学出版社,1994.

[6] 斯莫利尼克. 船用蒸汽锅炉[M]. 龚三省,译. 北京:人民交通出版社,1991.

[7] 王新军,李亮,宋立明,等. 汽轮机原理[M]. 西安:西安交通大学出版社,2014.

[8] 陈刚. 锅炉原理[M]. 武汉:华中科技大学出版社,2012.

[9] 房德明,马宏军,梅雪松,等. 汽轮机调节系统[M]. 北京:科学出版社,2019.

[10] 车得福. 冷凝式锅炉及其系统[M]. 北京:机械工业出版社,2002.

[11] 王学义. 工业汽轮机技术[M]. 北京:中国石化出版社,2011.

[12] 刘海力,陆卓群. 汽轮机原理及运行[M]. 北京:中国水利水电出版社,2019.

[13] 杨巧云,李建刚. 汽轮机设备及运行[M]. 北京:中国电力出版社,2014.

[14] 李世臣. 海上轮机实习[M]. 大连:大连海事大学出版社,2010.